U0127962

贛文化通典

—— 方志卷　第四冊

目錄

代序 003

序 015

敘例 021

上編

第一章｜統部

吳　豫章舊志八卷·徐整纂　佚 103

晉　豫章舊志三卷·熊默纂　佚 105

晉　豫章舊志後撰一卷·熊欣纂　佚 109

晉　豫章記·張僧鑒纂　佚 109

南朝宋　江州記·劉澄之纂　佚 110

南朝宋　豫章記一卷·雷次宗纂　佚 112

豫章　舊經·佚名修纂　佚 115

梁　江州記三卷·蕭繹纂　佚 116

陳　豫章記・佚名修纂　佚 116

唐　續豫章記・董慎纂　佚 118

宋　江西諸郡圖經・佚名修纂　佚 119

宋　江西圖經・謝源纂　佚 119

　　江西志・佚名修纂　佚 120

嘉靖　江西通志三十七卷・林庭、周廣修　存 120

嘉靖　江西省大志七卷・王宗沐修　存 124

萬曆　饒南九三府圖說一卷・王世懋修　存 126

萬曆　江西省大志八卷・陸萬垓修　存 128

萬曆　江西輿地圖說一卷・趙秉忠纂　存 129

萬曆　江西省志・姜鴻緒纂　佚 130

萬曆　豫章書一百二十二卷・郭子章纂　未見 130

康熙　江西通志五十四卷・于成龍、張所志、安世鼎修，

　　　杜果等纂　存 131

康熙　西江志二百零六卷・白潢修，查慎行等纂　存 133

雍正　江西通志一百六十二卷首三卷・謝旻修，陶成、

　　　惲鶴生纂　存 136

嘉慶　江西全省圖說一卷・胡武孫纂　存 138

同治　江西全省輿圖十四卷・沈葆楨、劉坤一修　存 138

光緒　江西通志一百八十卷首五卷・劉坤一、劉秉璋、

　　　李文敏修，劉繹等纂　存 139

光緒　江西全省輿圖十四冊・佚名修纂　存 142

民國　江西通志一百冊・吳宗慈等纂　存 143

第二章｜南昌市

南昌

南唐　（豫章）古今志三卷・塗廙纂　佚　　　　　　　146

　　　豫章志・佚名修纂　佚　　　　　　　149

　　　豫章圖經・佚名修纂　佚　　　　　　　149

祥符　洪州圖經・佚名修纂，李宗諤等修　佚　　　150

宋　南昌古圖經・佚名修纂　佚　　　　　　　151

宋　豫章舊圖經・佚名修纂　佚　　　　　　　152

治平　（洪州）圖經・佚名修纂　佚　　　　　　153

宋　南昌志・佚名修纂　佚　　　　　　　154

宋　豫章志・佚名修纂　佚　　　　　　　154

宣和　豫章職方乘三卷・洪芻纂　佚　　　　　156

淳熙　隆興續職方乘十二卷・程叔達修，李大異纂　佚　158

宋　豫章職方乘・佚名修纂　佚　　　　　　159

宋　豫章續志六冊・佚名修纂　佚　　　　　160

宋　隆興府志・佚名修纂　佚　　　　　　161

元　續豫章職方乘十四卷・劉有慶、潘鬥元纂　佚　161

元　續豫章志十三卷・趙迎山纂　佚　　　　162

元　豫章續志・佚名修纂　佚　　　　　　163

　　　南昌府豫章志・佚名修纂　佚　　　　　163

　　　（豫章）郡志・佚名修纂　佚　　　　　164

洪武　南昌府圖志・王莊修，丁之翰纂　佚　　164

宣德　南昌府志‧任蕭修，胡儼纂　佚　165

弘治　南昌府志四十三卷‧祝瀚修，羅輔纂　佚　166

萬曆　南昌府志¹三十卷‧范淶修，章潢纂　存　167

萬曆　南昌府志²五十卷‧盧廷選修　佚　168

康熙　南昌郡乘五十五卷‧葉舟修，陳弘緒纂　闕　169

乾隆　南昌府志¹六十八卷‧黃良棟修，熊為霖、
　　　馬俊良等纂　未見　171

乾隆　南昌府志²七十六卷首一卷末一卷‧陳蘭森修，
　　　謝啟昆纂　存　172

道光　南昌府志補‧姜曾纂　未見　175

同治　南昌府志六十六卷首一卷末一卷‧許應、
　　　王之藩修，曾作舟、杜防纂　存　175

清　　志乘刪補‧鄒樹榮纂　存　176

乾隆　南昌縣志¹七十卷首一卷‧顧錫鬯修、
　　　蔡正筜等纂　存　177

乾隆　南昌縣志²三十二卷首一卷末一卷‧徐午修，
　　　萬廷蘭等纂　存　178

道光　南昌縣志¹四十卷首一卷末一卷‧阿應鱗、文海、
　　　徐清選修，彭良裔等纂　存　179

道光　南昌縣志²三十九卷首一卷末一卷‧慶雲、
　　　張賦林修，吳啟楠、姜曾纂　存　180

道光　南昌縣志補‧姜曾纂　未見　182

同治　南昌縣志三十六卷首一卷末一卷・陳紀麟、

汪世澤修，劉于潯、曾作舟纂　存　　　　　183

民國　南昌縣志六十卷・江召棠修，魏元曠纂　存　　185

民國　南昌紀事十四卷首一卷・汪浩修，周德華等纂　存　186

新建

天聖　新建圖經・余靖修　佚　　　　　　　　188

洪武　新建圖志・丁之翰纂　佚　　　　　　　188

萬曆　新建縣志・喻均纂　佚　　　　　　　　189

康熙　新建縣志三十卷首一卷末一卷・楊周憲修，

趙曰冕等纂　存　　　　　　　　　　189

乾隆　新建縣志七十四卷首一卷末一卷・邸蘭標修，

曹秀先纂　存　　　　　　　　　　　191

道光　新建縣志¹七十四卷首一卷末一卷・雷學淦修，

曹師曾纂　存　　　　　　　　　　　192

道光　新建縣續志十一卷首一卷・雷學淦等纂，曹師曾、

曹六興纂　存　　　　　　　　　　　193

道光　新建縣志²九十卷首一卷末一卷・崔登鼇、彭宗岱修，

塗蘭玉纂　存　　　　　　　　　　　195

同治　新建縣志九十九卷首一卷末一卷・承霈修，杜友棠、

楊兆崧纂　存　　　　　　　　　　　196

民國　新建縣志一百二十卷首一卷末一卷・傅少胥等修，

程學洵等纂　闕　　　　　　　　　　197

進賢

成化　進賢縣志‧孫貴修　佚　199

正德　進賢縣志¹‧談一鳳纂　佚　199

正德　進賢縣志²十卷‧劉源清修，楊二和纂　佚　200

嘉靖　進賢縣志¹‧程光甸修，李惟寅纂　伯　201

嘉靖　進賢縣志²八卷‧程光甸修，汪集、萬浩纂　存　201

崇禎　進賢縣志‧蔣德瑗等修，陳良訓、金廷璧纂　佚　202

　　　進賢邑乘‧熊人霖纂　未見　203

康熙　進賢縣志二十卷‧聶當世修，陳時懋等纂　存　204

乾隆　進賢縣志‧羅荃纂　佚　205

道光　進賢縣志二十五卷首一卷‧朱楣修，賀熙齡纂　存　206

同治　進賢縣志二十五卷首一卷‧江璧、李文同等修，

　　　胡景辰纂　存　207

安義

嘉靖　安義縣志二冊‧高暘修，周希貴等纂　佚　209

康熙　安義縣志十卷‧陳王筆修，周曰泗等纂　存　210

嘉慶　安義縣志‧張景修　佚　211

同治　安義縣志十六卷首一卷末一卷‧杜林修，彭鬥山、

　　　熊寶善纂　存　212

民國　安義縣志九卷‧王斌修，黃希仲纂　存　213

第三章 | 景德鎮市萍鄉市新余市鷹潭市

浮梁

咸淳　浮梁縣志・鄭興纂　佚　215

泰定　浮梁志・段廷珪修，臧廷鳳纂　佚　216

洪武　浮梁縣志[1]・徐遜纂　佚　217

洪武　浮梁縣志[2]・程勵修，計希孟等纂　佚　217

永樂　浮梁縣志・王（失名）等修，朱昭等纂　佚　218

嘉靖　浮梁縣志[1]・劉守愚修　未見　219

嘉靖　浮梁縣志[2]十四卷・汪宗伊修　未見　220

萬曆　浮梁縣志八卷・周起元修　佚　221

清　（浮梁）縣志考誤・朱來繡纂　佚　222

清　（浮梁）縣志摘謬・朱來繡纂　佚　222

康熙　浮梁縣志[1]八卷首一卷・王臨元修，
曹鼎元等纂　闕　222

康熙　浮梁縣志[2]九卷首一卷・陳淯修，李絔奇等纂　存　223

乾隆　浮梁縣志[1]二十卷・沈嘉徵、李涺德修，汪壎纂　存　225

乾隆　浮梁縣志[2]十二卷首一卷・程廷濟修，
淩汝綿纂　存　226

乾隆　續增浮梁縣志一卷・何浩修　存　228

道光　浮梁縣志二十二卷首一卷・喬溎修，賀熙齡、
游際盛等纂　存　228

樂平

開元 　（樂平縣）記・佚名修纂　佚　231

　　　樂平志・佚名修纂　佚　231

德祐 　樂平廣記三十卷・李士會纂　佚　232

明 　續樂平廣記十卷・洪初纂　佚　233

正德 　樂平縣志・張文應修，詹陵纂　佚　234

萬曆 　續樂平廣記十冊・高遜纂　佚　234

萬曆 　樂平縣志・金忠士修，程道淵等纂　佚　235

順治 　樂平縣志十四卷・王德明、索景藻修，

　　　程紹明等纂　存　236

康熙 　樂平縣志十六卷首一卷・宋良翰修，

　　　楊光祚等纂　存　237

乾隆 　樂平縣志¹　陳訥修，楊人傑等纂　未見　237

乾隆 　樂平志補・鄒儒纂　佚　238

乾隆 　樂平縣志² 三十二卷首一卷續志四卷・王猷修，

　　　楊人傑、歐陽聯等纂　存　239

道光 　樂平縣志十二卷首一卷末一卷・孫爾修修，

　　　黃華璧、汪葆泰纂　存　241

同治 　樂平縣志十卷首一卷・董萼榮、梅毓翰修，

　　　汪元祥、陳謨纂　存　243

（以上今景德鎮市）

萍鄉

正德　萍鄉縣志‧高桂修，鄒暘纂　佚　　　　　　　244

萬曆　萍鄉縣志[1]‧常自新修，劉文和、夏中纂　佚　245

萬曆　萍鄉縣志[2] 六卷‧姚一理修　佚　　　　　246

萬曆　萍鄉縣志[3] 六卷‧陸世勣修，簡繼芳纂　佚　247

康熙　萍鄉縣志[1]‧台瞻鬥修　未見　　　　　　248

康熙　萍鄉縣志[2] 八卷‧尚崇年修，譚詮等纂　存　248

乾隆　萍鄉縣志十二卷‧胥繩武修，歐陽鶴鳴纂　存　249

嘉慶　萍鄉縣志二十卷‧張彭齡、周繼炘修，

　　　劉鳳誥等纂　存　　　　　　　　　　250

道光　萍鄉縣志十六卷‧黃濬修　存　　　　　251

咸豐　萍鄉縣志十一卷首一卷‧陳喬樅修　未見　252

同治　萍鄉縣志十卷首一卷‧錫榮、王明璠修，蕭玉銓、

　　　敖星煌纂　存　　　　　　　　　　　252

民國　昭萍志略十二卷首一卷末一卷‧劉洪辟等纂　存　253

蓮花

乾隆　蓮花廳志八卷首一卷末一卷‧李其昌修　存　255

道光　蓮花廳志八卷首一卷末一卷‧李蔭樞修，

　　　李素珠等纂　存　　　　　　　　　　256

同治　蓮花廳志八卷首一卷末一卷‧張樹煊修，

　　　張敬書等纂　存　　　　　　　　　　257

光緒　愛蓮編十卷‧賀恢纂　存　　　　　　258

（以上今萍鄉市）

新余

洪武 新喻縣志·高執中修，梁寅纂　佚　　　　　　　259

景泰 新喻縣志·佚名修纂　佚　　　　　　　　　　260

弘治 新喻縣志¹·盧翊修，彭治纂　佚　　　　　　261

弘治 新喻縣志²·鄭瓛修，彭治纂　佚　　　　　　261

康熙 新喻縣志¹·符執桓修　未見　　　　　　　　262

康熙 新喻縣志² 十四卷·符執桓修　存　　　　　　263

康熙 新喻縣志³·張景蒼修　未見　　　　　　　　264

乾隆 新喻縣志三十卷首一卷·暨用其修　存　　　265

道光 新喻縣志十四卷首一卷附詩存一卷文存一卷·

　　　陸堯春修　存　　　　　　　　　　　　　266

道光 增修新喻縣志八卷·黃之晉修　存　　　　　267

同治 新喻縣志十六卷首一卷·祥安、文聚奎修，

　　　吳增逵纂　存　　　　　　　　　　　　　268

分宜

嘉定 鈐岡志三卷·謝好古修　佚　　　　　　　　270

淳祐 （分宜）縣志·佚名修纂　佚　　　　　　　271

至正 鈐岡新志·趙思順修　佚　　　　　　　　　271

萬曆 分宜縣志六卷·周應治修　佚　　　　　　　273

康熙 分宜縣志十卷·蔡文鸑修，林育蘭等纂　存　273

乾隆 分宜縣志二十卷首一卷·林邦珖、黃維綱修，

　　　歐陽星等纂　存　　　　　　　　　　　　275

道光　分宜縣志¹ 三十二卷首一卷・龔笙修，

　　　習家駒等纂　　存　　　　　　　　　　　　　276

道光　分宜縣志² 三十二卷首一卷・李銛、高夢麟修　存　277

咸豐　分宜縣志十七卷首一卷・陳喬樅修　存　　　278

同治　分宜縣志十卷首一卷・李寅清、夏琮鼎修，

　　　嚴升偉等纂　　存　　　　　　　　　　　　　279

民國　分宜縣志十六卷・蕭家修、謝壽如修，歐陽紹祁、

　　　黃秉鉞纂　　存　　　　　　　　　　　　　　279

（以上今新余市）

貴溪

（貴溪）舊志・佚名修纂　佚　　　　　　　　　　282

景泰　貴溪縣志・張鐸纂　佚　　　　　　　　　　282

天順　貴溪縣志八卷・陳敏修，王增祐等纂　佚　　282

萬曆　貴溪縣志・錢邦偉修　佚　　　　　　　　　283

　　　貴溪縣志・汪慕齋纂　佚　　　　　　　　　284

順治　貴溪縣志・汪燴南修，徐大儀纂　佚　　　　284

康熙　貴溪縣志¹ 八卷・畢士俊修，楊璟、江熙龍纂　存　285

康熙　貴溪縣志² 高駿升修　未見　　　　　　　　286

乾隆　貴溪縣志¹ 二十四卷・華西植等修，黃炎纂　存　287

乾隆　貴溪縣志² 十四卷首一卷・鄭高華修　存　　288

道光　貴溪縣志三十二卷首一卷・胡宗簡修，

　　　張金鎔等纂　　存　　　　　　　　　　　　288

同治　貴溪縣志十卷首一卷・楊長傑等修，

　　黃聯珏等纂　存 289

余江

（安仁）縣經・佚名修纂　佚 291

嘉靖　安仁縣志・蕭時中修，李崇才、吳汝新纂　佚 292

萬曆　安仁縣志四冊・佚名修纂　佚 292

崇禎　安仁縣志・熊兆禎修，毛雲鵬等纂　佚 293

康熙　安仁縣志[1]・朱在鎬等修，陳曦、吳士驥纂　佚 294

康熙　安仁縣志[2]八卷・邱象豫修，吳士驥等纂　存 295

乾隆　安仁縣志十卷首一卷・魏鈜修，鄭長瑞等纂　存 296

道光　安仁縣志[1]十卷首一卷・陳天爵修，趙玉蟾、

　　艾友蘭、善徵纂　存 297

道光　安仁縣志[2]三十二卷首一卷・陳天爵、沈廷枚修，

　　鄭大琮、彭祖棟纂　存 298

同治　安仁縣志三十六卷首一卷末一卷・朱潼修，

　　徐彥楠、劉兆傑纂　存 299

（以上今鷹潭市）

第四章│九江市

九江

晉　九江圖一卷・張須無纂　佚 302

晉　尋陽記二卷・張僧鑒纂　佚　　　　　　　　303

晉　九江記・何晏纂　佚　　　　　　　　　　306

　　尋陽記・王真之纂　佚　　　　　　　　　306

南朝宋　尋陽記・山謙之纂　佚　　　　　　　307

唐　九江記・佚名修纂　佚　　　　　　　　　309

唐　九江新舊錄三卷・張容纂　佚　　　　　　310

　　九江錄・佚名修纂　佚　　　　　　　　　311

　　（江）州圖經・佚名修纂　佚　　　　　　312

　　九江圖經・佚名修纂　佚　　　　　　　　313

宋　（江州）前志・佚名修纂　佚　　　　　　313

開寶　江州圖經・佚名修纂　佚　　　　　　　313

宋　（江州）舊經・佚名修纂　佚　　　　　　314

祥符　江州圖經・李宗諤等修　佚　　　　　　315

大觀　江州圖經・佚名修纂　佚　　　　　　　315

宋　江州圖經[1] 一卷・佚名修纂　佚　　　　　315

宋　尋陽志・佚名修纂　佚　　　　　　　　　316

淳熙　潯陽志十二卷・曹訓修，晁百揆纂　佚　317

宋　潯陽志・佚名修纂　佚　　　　　　　　　318

　　（潯陽）郡志・佚名修纂　佚　　　　　　318

宋　（江州）舊志・佚名修纂　佚　　　　　　319

　　潯陽續志一冊・佚名修纂　佚　　　　　　320

淳祐　江州圖經・志佚名修纂　佚　　　　　　320

宋　江州圖經[2]・佚名修纂　佚　　　　　　　　　　　320

宋　江州志・子澄纂　佚　　　　　　　　　　　　　　321

　　九江府志一冊・佚名修纂　佚　　　　　　　　　　322

明　九江志・佚名修纂　佚　　　　　　　　　　　　　323

明　江州志・佚名修纂　佚　　　　　　　　　　　　　324

弘治　九江府志十四卷・童潮修　未見　　　　　　　　325

嘉靖　九江府志十六卷・何棐、馮曾修，李汛纂　存　　326

天啟　九江府志二十一卷・陸夢龍修　未見　　　　　　327

順治　九江府志二十二卷・胡宗虞修　未見　　　　　　328

康熙　潯陽蹠醢六卷・文行遠纂　存　　　　　　　　　329

康熙　九江府志十八卷・江殷道修，張秉鉉等纂　存　　330

嘉慶　九江府志三十卷首一卷・朱棨修，曹芸細纂　存　331

同治　九江府志五十四卷首一卷末一卷・達春布修，

　　黃鳳樓、歐陽燾纂　存　　　　　　　　　　　　332

　　德化縣記・佚名修纂　佚　　　　　　　　　　　　333

　　江州縣志・佚名修纂　佚　　　　　　　　　　　　334

康熙　德化縣志・寧維邦修　闕　　　　　　　　　　　334

乾隆　德化縣志[1]十六卷・高植修，何登棟等纂　未見　335

乾隆　德化縣志[2]十六卷・沈錫三修，羅為孝等纂　存　335

同治　德化縣志五十四卷首一卷・陳鼐修，吳彬等纂　存　337

民國　德化備志・李盛鐸纂　存　　　　　　　　　　　338

瑞昌

瑞昌志・佚名修纂　佚　　　　　　　　　　　　　　　339

弘治　瑞昌縣志・潘曰厚修　佚　　　　　　　　　340

正德　瑞昌縣志・黃源大修，陳邦儀等纂　佚　　340

嘉靖　瑞昌縣志[1]・朱綽修　佚　　　　　　　　341

嘉靖　瑞昌縣志[2]・駱秉韻修，陳良顯、曹一中等纂　佚　341

隆慶　瑞昌縣志八卷・劉儲修，謝顧等纂　存　342

萬曆　瑞昌縣志・陳詔修　佚　　　　　　　　　343

康熙　瑞昌縣志八卷・江臯修　存　　　　　　　344

雍正　瑞昌縣志八卷・郝之芳修，章國錄等纂　存　344

乾隆　瑞昌縣志二十二卷・蔣有道修，聶師煥等纂　存　346

同治　瑞昌縣志十卷首一卷・姚暹修，馮士傑等纂　存　347

彭澤

明　彭澤志・佚名修纂　佚　　　　　　　　　　348

成化　彭澤縣志・淩杞修　佚　　　　　　　　　349

弘治　彭澤縣志・王琦修，陶堅纂　佚　　　　　350

萬曆　彭澤縣志九卷・葉朝榮修，戴震亨纂　闕　350

康熙　彭澤縣志十四卷首一卷・王廷藩修，
　　　何圖書等纂　存　　　　　　　　　　　351

乾隆　彭澤縣志十六卷・吳會川、何炳奎修，
　　　何顯等纂　存　　　　　　　　　　　　352

嘉慶　彭澤縣志十五卷首一卷・周岩修，劉黻、
　　　柯翹等纂　存　　　　　　　　　　　　　353

同治　彭澤縣志十八卷首一卷・趙宗耀、陳文慶修，
　　　歐陽燾等纂　存　　　　　　　　　　　354

光緒　彭澤縣志補遺一卷・陳友善修，張經畬纂　存　355

民國　彭澤縣志・長編汪辟疆纂　未見　　　　　356

德安

德安志・佚名修纂　佚　　　　　　　　　　　357

永樂　（德安）圖志・曾節纂　佚　　　　　　357

正統　德安縣志四卷・周振纂　未見　　　　　358

嘉靖　德安縣志・蔡元偉修，周在纂　佚　　　358

萬曆　德安縣志八卷・劉鍾修，朱德孚等纂　佚　359

康熙　德安縣志[1]・李朝棟修，劉之光纂　未見　359

康熙　德安縣志[2]十卷・姚文燕修，曾可求等纂　未見　360

康熙　德安縣志[3]十卷・馬璐修，馬珀等纂　存　360

乾隆　德安縣志十五卷首一卷・曹師聖修，周龍官纂　存　361

同治　德安縣志十五卷・沈建勳修，程景周等纂　存　363

湖口

明　湖口縣志・佚名修纂　佚　　　　　　　　364

嘉靖　湖口縣志八卷・沈詔修，段孟賢等纂　佚　365

崇禎　湖口縣志八卷・陳文德修，張思問、
　　　張維極等纂　未見　　　　　　　　　　366

康熙　湖口縣志十卷首一卷·喬鉢、范之煥修，

　　　陳啟禧纂　存　　　　　　　　　　367

乾隆　湖口縣志十八卷首一卷·郭承縉修，黃河昆、

　　　曹天瑾等纂　存　　　　　　　　368

嘉慶　湖口縣志十八卷首一卷·宋庚等修，

　　　洪宗訓等纂　存　　　　　　　　369

同治　湖口縣志十卷首一卷·殷禮、張興言修，

　　　周謨等纂　存　　　　　　　　　370

星子

宋　　（南康）舊經·佚名修纂　佚　　372

祥符　（南康）圖經·李宗諤等修　佚　372

宋　　（南康）圖經·佚名修纂　佚　　372

宋　　南康軍志·佚名修纂　佚　　　　373

　　　（南康）舊志一冊·佚名修纂　佚　373

淳熙　南康志八卷·朱端章修　佚　　　374

寶祐　南康志·胡存修　佚　　　　　　375

　　　南康志·佚名修纂　佚　　　　　375

　　　南康郡志·佚名修纂　佚　　　　376

成化　南康府志·曹凱修　佚　　　　　377

正德　南康府志[1] 十卷·陳霖修，陳微等纂　未見　378

正德　南康府志[2] 十卷·陳霖修，陳微等纂　存　379

萬曆　南康志十二卷·田琯修，高瀔等纂　未見　379

順治　南康府志・薛所習修　未見　　　　　　　　380

康熙　南康府志十二卷・廖文英修，熊維典、

　　　錢正振纂　存　　　　　　　　　　　　　381

同治　南康府志二十四卷首一卷・盛元修　存　　383

宋　星子志・佚名修纂　佚　　　　　　　　　　383

嘉慶　星子縣志十二卷・狄尚絧修，查振纂　未見　384

同治　星子縣志十四卷首一卷・藍煦、徐鳴皋修，

　　　曹徵甲等纂　存　　　　　　　　　　　　385

都昌

嘉靖　都昌縣志・邵仍纂　佚　　　　　　　　　386

萬曆　都昌縣志[1]・黃坤纂　佚　　　　　　　　387

萬曆　都昌縣志[2]・陳舜諮修，胡天祿等纂　佚　387

明　訂補（都昌）縣志・杜（失名）纂　佚　　　388

崇禎　都昌縣志十卷・陳嗣清修，余應桂纂　未見　388

康熙　都昌縣志十卷首一卷・曾王孫、康敬修，

　　　徐孟深等纂　存　　　　　　　　　　　　389

乾隆　訂補（都昌）縣志輯略十六卷・劉峚龍纂　佚　390

道光　都昌縣志三十二卷首一卷・曹人傑修　存　　391

同治　都昌縣志十六卷首一卷・狄學耕修，黃昌蕃纂　存　392

光緒　都昌縣志十六卷首一卷何慶朝修　存　　　394

永修

（建昌）舊記・佚名修纂　佚　　　　　　　　　　　　396

天順　建昌縣志七卷・張湜修　未見　　　　　　　　　397

萬曆　建昌縣志十卷・蒲秉權修，徐中素纂　闕　　　397

康熙　建昌縣志十一卷・李道泰修，熊維典、袁懋芹纂　存398

道光　建昌縣志十卷首一卷・馬旋圖修，郭祚熾纂　存　400

同治　建昌縣志十二卷首一卷・陳惟清修，閔芳言、

　　　王士彬纂　存　　　　　　　　　　　　　　　400

武寧

永樂　（武寧）圖志・鄭觀纂　未見　　　　　　　　401

成化　武寧縣志八卷・馮琦修，楊廉、殷縉纂　佚　　402

弘治　武寧縣志八卷・易榮修，陳通、沈秀纂　佚　　403

嘉靖　武寧縣志[1] 六卷・唐牧修，徐麟等纂　未見　　403

嘉靖　武寧縣志[2] 六卷・吳思齊修，朱安邦纂　存　　404

萬曆　武寧縣志[1] 六卷・胡東陽修，李振士等纂　佚　404

萬曆　武寧縣志[2]・周道昌修，陳一泰等纂　未見　　405

崇禎　武寧縣志・寇可教修，余學優等纂　未見　　　406

康熙　武寧縣志十卷首一卷・馮其世修，汪克淑等纂　存　406

乾隆　武寧縣志[1]・劉宏略修，張應遴等纂　未見　　408

乾隆　武寧縣志[2] 三十卷・鄒應元修，盛大謨等纂　存　408

乾隆　武寧縣志[3]・宋調元修，湯大坊纂　未見　　　409

乾隆　武寧縣志[4]三十卷首一卷・梁鳴岡、石贊韶修，
楊光鬥、盛元績等纂　存　　　　　　　　　　410

道光　武寧縣志[1]四十四卷首一卷・陳雲章修，
張紹璣纂　存　　　　　　　　　　　　　411

道光　武寧縣志[2]四十四卷首一卷・李珣修，
陳世馨等纂　存　　　　　　　　　　　412

同治　武寧縣志四十四卷首一卷末一卷・何慶朝修，
劉鎮等纂　存　　　　　　　　　　　413

修水

（分寧）邑圖・佚名修纂　佚　　　　　　　　414

嘉泰　修水志十卷・徐筠修　佚　　　　　　　415

成化　寧縣志四卷・蕭光甫修，龔章纂　佚　　　416

正德　修水備考二十卷・周季鳳纂　佚　　　　416

嘉靖　寧州志十八卷・陸統、萬民望修，龔暹纂　存　418

萬曆　寧州志八卷・楊維城、方沆修，周賁等纂　未見　419

康熙　寧州志[1]八卷・徐永齡修，徐名緯、陳欽殷等纂　佚　421

康熙　寧州志[2]八卷・任暄猷修，彭璟、戴玉藻纂　未見　422

康熙　寧州志[3]八卷・班衣錦修，戴玉藻、徐淮纂　存　423

乾隆　寧州志十卷・張耀曾修，陳昌言纂　存　　423

乾隆　艾國拾遺二卷・劉顯祖纂　未見　　　　424

道光　義寧州志[1]四卷・胡浚源纂　未見　　　425

道光　義寧州志[2]三十二卷首一卷・曾暉春修，冷玉光、
查望洋纂　存　　　　　　　　　　　425

同治　義寧州志四十卷首一卷・王維新等修，

　　塗家傑纂　存　　　　　　　　　　　　427

第五章|上饒地區

上饒

（信州）舊經・佚名修纂　佚　　　　　　　429

信州圖經・佚名修纂　佚　　　　　　　　430

宋　上饒記・佚名修纂　佚　　　　　　　431

宋　（信州）舊經・佚名修纂　佚　　　　431

宋　信州圖經・佚名修纂　佚　　　　　　432

宋　（信州）圖志・佚名修纂　佚　　　　432

　　（信州）圖經志・佚名修纂　佚　　　433

紹興　上饒志一冊・王自中修，趙蕃纂　佚　433

嘉泰　上饒志十卷・孟猷修　佚　　　　　434

明　上饒志・佚名修纂　佚　　　　　　　434

洪武　廣信府志三冊・佚名修纂　佚　　　435

　　廣信府上饒志・佚名修纂　佚　　　　436

景泰　廣信府志・佚名修纂　佚　　　　　436

成化　廣信府志・佚名修纂　佚　　　　　437

嘉靖　廣信府志二十卷・張士鎬修，費寀、江汝璧、

　　楊麒纂　存　　　　　　　　　　　　437

萬曆　信乘續葑・張履正修，鄭以偉等纂　未見　438

崇禎 （廣信）府志·龕補陳蓋修　未見　　　　　　　　439

康熙 廣信府志[1] 二十卷·高夢說修　佚　　　　　　　440

康熙 廣信府志[2] 二十卷·孫世昌修　存　　　　　　　441

康熙 廣信府志[3] 四十卷末一卷·周錞元修，

　　　馬道畊纂　存　　　　　　　　　　　　　　　442

乾隆 廣信府志二十六卷首一卷·康基淵、

　　　連柱等修　存　　　　　　　　　　　　　　　443

同治 廣信府志十二卷首一卷·蔣繼洙修，

　　　李樹藩等纂　存　　　　　　　　　　　　　　444

淳祐 上饒縣志·章鑄修　佚　　　　　　　　　　　　445

　　　上饒縣志·佚名修纂　佚　　　　　　　　　　　445

萬曆 上饒縣志·劉伯輝修　佚　　　　　　　　　　　446

康熙 上饒縣志[1]·佚名修纂　佚　　　　　　　　　　446

康熙 上饒縣志[2] 十二卷·馬之驥修，祝雷聲纂　存　　447

乾隆 上饒縣志[1] 十六卷首一卷·汪文麟修，

　　　鄭紹淳等纂　存　　　　　　　　　　　　　　447

乾隆 上饒縣志[2] 十三卷首一卷·程肇豐修　存　　　449

道光 上饒縣志三十二卷首一卷·陶堯臣修，

　　　周毓麟纂　存　　　　　　　　　　　　　　　449

同治 上饒縣志二十六卷首一卷·王恩溥、邢德裕等修，

　　　李樹藩等纂　存　　　　　　　　　　　　　　450

玉山

（玉山）舊記·佚名修纂　佚　　　　　　　452

（玉山）縣圖·佚名修纂　佚　　　　　　　452

成化　玉山縣志·方中修　佚　　　　　　　453

萬曆　玉山縣志·錢應門修　佚　　　　　　453

康熙　玉山縣志[1]十卷·唐世徵修，郭金台等纂　未見　　454

康熙　玉山縣志[2]十卷·彭天福修，黃世蘭等纂　存　　455

乾隆　玉山縣志十三卷首一卷·李實福等修　存　　456

道光　玉山縣志三十二卷首一卷·武次韶修，

　　　余、劉子敏纂　存　　　　　　　　　457

同治　玉山縣志十卷首一卷附補遺一卷·黃壽祺、

　　　俞憲曾修，吳華辰、任廷槐纂　存　　　458

弋陽

宋　弋陽縣志·陳康伯纂　佚　　　　　　　460

　　（弋陽）舊經·佚名修纂　佚　　　　　　460

元　弋陽縣志·張純仁纂　佚　　　　　　　460

成化　弋陽縣志·佚名修纂　佚　　　　　　461

嘉靖　弋陽縣志·季本修　佚　　　　　　　461

萬曆　弋陽縣志[1]十二卷·程有守修，汪遜等纂　存　462

萬曆　弋陽縣志[2]·李徵儀修　佚　　　　　463

崇禎　弋陽縣志·王萬祚修，周師範、汪德滋纂　佚　463

康熙　弋陽縣志[1]十卷·陶燿修，鄧瑗、汪嘉錫纂　存　464

康熙　弋陽縣志² 八卷・譚瑄修　存　　　465

康熙　弋陽縣志³・王度修　佚　　　466

乾隆　弋陽縣志¹ 十八卷・陳元麟修　存　　　467

乾隆　弋陽縣志² 十三卷首一卷・左方海修　存　　　467

咸豐　弋陽縣志十四卷首一卷・陳喬樅修　存　　　468

同治　弋陽縣志十四卷首一卷・俞致中修，

　　　汪炳熊纂　存　　　469

民國　弋陽縣志十九卷首一卷・汪樹德修，

　　　汪拔群等纂　存　　　470

鉛山

慶元　永平志・吳紹古纂　佚　　　471

宋　鉛山縣志四冊・佚名修纂　佚　　　472

　　鉛山志・佚名修纂　佚　　　473

　　廣信府鉛山縣志・佚名修纂　佚　　　473

明　鉛山縣志金璿纂　佚　　　473

嘉靖　鉛山縣志十二卷・朱鴻漸修，費寀纂　存　　　474

萬曆　鉛書八卷・笪繼良修，柯仲炯纂　存　　　475

康熙　鉛山縣志¹・吳士恒修　佚　　　475

康熙　鉛山縣志²・徐友貞修　佚　　　476

康熙　鉛山縣志³ 八卷・潘士瑞修，詹兆泰等纂　存　　　476

乾隆　鉛山縣志¹ 十五卷・鄭之僑修，蔣垣等纂　存　　　477

乾隆　鉛山縣志² 十三卷首一卷・陽浩然修　存　　　478

嘉慶　鉛山縣志十七卷・陶廷琡等修　存 479

道光　鉛山縣志十七卷首一卷・王之道修　存 480

同治　鉛山縣志三十卷首一卷・張廷珩、毓斌修，
　　　華祝三等纂　存 480

廣豐

泰定　永豐縣志・佚名修纂　佚 481

嘉靖　永豐縣志四卷・管景修，周書、楊天倫纂　存 482

萬曆　永豐縣志十四卷・李思敬修　佚 483

康熙　廣永豐縣志[1] 二十四卷・夏顯煜修，
　　　李煜等纂　未見 484

康熙　廣永豐縣志[2] 二十四卷・齊贊宸修，史志纂　闕 485

康熙　廣永豐縣志[3] 二十四卷・傅而保修　存 485

乾隆　廣豐縣志[1] 十六卷首一卷・游法珠修，
　　　張彌等纂　闕 486

乾隆　廣豐縣志[2] 十三卷首一卷・胡光祖修　存 486

道光　廣豐縣志三十二卷首一卷・文炳、陳增印修，
　　　徐奕溥等纂　存 487

光緒　廣豐縣志十卷首一卷・雙全、劉承輦修，顧蘭生、
　　　林廷傑等纂　存 488

橫峰

萬曆　興安縣志・劉一貫修　佚 490

康熙　興安縣志[1]・劉儀寵修，鄭大雅纂　未見　　　　491

康熙　興安縣志[2]八卷・胡裕世修，廖如珮纂　闕　　　492

康熙　興安縣志[3]八卷・孔鵬修　存　　　　492

乾隆　興安縣志[1]八卷・劉夢魁修，李一培纂　闕　　　493

乾隆　興安縣志[2]十二卷・雷汾清修　存　　　　494

道光　興安縣志三十二卷首一卷・余成彪、申佑修，
　　　鄒夢蓮、饒元英纂　存　　　　494

同治　興安縣志十六卷首一卷・李賓暘修，
　　　趙桂林等纂　存　　　　496

鄱陽

南朝宋　鄱陽記・劉澄之纂　佚　　　　497

唐　鄱陽記[1]・佚名修纂　佚　　　　498

唐　鄱陽記[2]一卷・王德槤纂　佚　　　　500

唐　鄱陽記[3]・徐諶纂　佚　　　　502

唐　（饒州）舊經・佚名修纂　佚　　　　503

　　（饒州）圖經・佚名修纂　佚　　　　504

宋　鄱陽圖經一卷・佚名修纂　佚　　　　504

宋　（饒州）新圖經・佚名修纂　佚　　　　505

　　鄱陽圖志・佚名修纂　佚　　　　505

宋　鄱陽志十卷・洪邁纂　佚　　　　506

嘉定　饒州志二卷・史定之修　佚　　　　506

　　番江志・佚名修纂　佚　　　　507

番陽志・佚名修纂　佚　　　　　　　　　　　507

饒州志二冊・佚名修纂　佚　　　　　　　　　508

洪武　饒州府圖經志・王哲修　佚　　　　　　　508

洪武　饒州府志五冊・王哲修　佚　　　　　　　509

永樂　饒州府志・葉砥修　佚　　　　　　　　　511

正德　饒州府志四卷・陳策修，劉錄纂　存　　　512

萬曆　饒州府志[1]・林欲廈修　佚　　　　　　　513

萬曆　饒州府志[2]四十五卷・侯加采修，陳大綏纂　未見　513

康熙　饒州府志[1]四十卷・王澤洪修，史彪古等纂　存　514

康熙　饒州府志[2]四十卷・黃家遴修，王用佐等纂　存　515

同治　饒州府志三十二卷首一卷・錫德修，石景芬纂　存　517

鄱陽縣圖經一卷・佚名修纂　佚　　　　　　　517

嘉定　鄱陽志三十卷・史定之修　佚　　　　　　518

至元　鄱陽續志十五卷・狄師聖修，吳存、楊端如纂　佚　520

至元　鄱陽新志二十四卷・狄師聖修，吳存、

楊端如纂　佚　　　　　　　　　　　　521

鄱陽縣志，佚　　　　　　　　　　　　　521

永樂　鄱陽新志・章孟宣等纂　佚　　　　　　　522

景泰　鄱陽續志二十卷・章鳳應纂　佚　　　　　522

嘉靖　鄱陽縣志・胡韶纂　佚　　　　　　　　　523

萬曆　鄱陽縣志十六卷・顧自植、潘禹謨修，

劉應麒纂　佚　　　　　　　　　　　　524

康熙　鄱陽縣志[1]・盧元培修，史彪古等纂　佚 　　　524

康熙　鄱陽縣志[2]十六卷・王克生修，王用佐等纂　佚 　　525

乾隆　鄱陽縣志二十四卷首一卷末一卷・黃登谷修，
　　　凌之調、熊兆飛等纂　存 　　　527

道光　鄱陽縣志三十二卷首一卷末一卷・霍樹清、
　　　陳驤修，張瓊英等纂　存 　　　528

同治　鄱陽縣志二十四卷首一卷末一卷・陳志培修，
　　　王廷鑒、程迓衡纂　存 　　　529

民國　鄱陽縣志十二卷・曹錫福、江思清纂　存 　　　529

餘干

宋　餘干縣志・楊元鑒纂　佚 　　　530

　　干越志一冊・佚 　　　531

洪武　干越志十六卷・陶安、畢福修，章綸纂　佚 　　531

嘉靖　餘干縣志十六卷・石簡、周振、葛豫修，
　　　鄧秀纂　佚 　　　533

萬曆　餘干縣志二十七篇・劉諧修，章世禎、
　　　揭思孔等纂　佚 　　　534

康熙　餘干縣志[1]十二卷首一卷・江南齡修　闕 　　535

康熙　餘干縣志[2]十二卷首一卷・呂瑋修，張潔、
　　　胡思藻纂　存 　　　536

道光　餘干縣志二十三卷首一卷・朱暎修，
　　　洪錫光等纂　存 　　　538

同治　餘干縣志二十卷首一卷末一卷·區作霖、

　　馮蘭森修，曾福善纂　存　538

民國　餘干縣志·吳曰熊纂　闕　539

德興

宋　銀峰志·佚名修纂　佚　540

　　（德興縣）圖·佚名修纂　佚　541

　　德興縣志·佚名修纂　佚　541

永樂　德興縣志·佚名修纂　佚　542

景泰　德興縣志·佚名修纂　佚　543

嘉靖　德興縣志·許公高修，舒西麓、笪近山纂　佚　543

萬曆　德興縣志十四卷·何鑅修，俞廷佐、

　　余言卿纂　未見　544

康熙　德興縣志[1]十卷首一卷·毛九瑞修，嚴濟明纂　闕　546

康熙　德興縣志[2]十卷首一卷·吳啟新修，

　　葉友柏等纂　存　547

道光　德興縣志[1]·江志鵬、蔣啟歝修，余廷愷等纂　未見　548

道光　德興縣志[2]十二卷首一卷末一卷·江志鵬、

　　蔣啟歝、宋大寅修，余廷愷、程步矩等纂　存　550

同治　德興縣志十卷首一卷末一卷·孟慶雲修，

　　楊重雅等纂　存　551

民國　德興縣志十卷首一卷末一卷·何振瀾、沈良弼、

　　盧文煥修，董鳳笙等纂　存　552

萬年

正德　萬年縣志[1]·林城修，劉錄纂　佚　　554

正德　萬年縣志[2]·白繡修，葉如樂纂　佚　　555

萬曆　萬年縣志·蔡毅中纂　佚　　555

康熙　萬年縣志[1]十卷·王萬鑒修，江九遠等纂　存　　556

康熙　萬年縣志[2]·張勱知修，胡世琦等纂　佚　　557

雍正　萬年縣志·劉鎬修　未見　　558

乾隆　萬年縣志二十四卷·李繼聖修，劉文表等纂　存　　558

道光　萬年縣志二十二卷首一卷末一卷·周履祥、
　　　張宗裕等修，彭世瑛等纂　存　　559

同治　萬年縣志十二卷首一卷·項柯修，
　　　劉馥桂等纂　存　　560

婺源

婺源縣古縣記·佚名修纂　佚　　562

咸淳　星源圖志·洪從龍修，胡升纂　佚　　562

至正　星源續志·汪幼鳳纂　佚　　563

至正　婺源州志·俞元膺纂　佚　　564

明　星源志十二卷·程賢纂　佚　　564

正德　婺源縣志六卷·劉司直修，傅鼎纂　佚　　565

嘉靖　婺源縣志六卷·馮炫修　闕　　565

天啟　婺源縣志·趙昌期、黃世臣、盧化鼇修，
　　　葉茂震等纂　佚　　566

順治　婺源縣志・張宏美修　佚　　　　　　　　　　　　566

康熙　婺源縣志[1] 十二卷・劉光宿修，詹養沆等纂　存　　567

康熙　婺源縣志[2] 十二卷・蔣燦修，戴本長、余杲纂　存　568

乾隆　婺源縣志[1] 三十九卷首一卷・俞雲耕、陳士元修，
　　　潘繼善、江永、余煉金纂　存　　　　　　　　　569

乾隆　婺源縣志[2] 三十九卷首一卷・彭家桂修，張圖南、
　　　洪騰蛟等纂　存　　　　　　　　　　　　　　　570

乾隆　婺源埤乘一卷・洪騰蛟纂　未見　　　　　　　　571

嘉慶　婺源縣志三十九卷首一卷・趙汝為修　存　　　　571

道光　婺源縣志三十九卷首一卷・黃應昀、朱元理修，
　　　董桂科纂　存　　　　　　　　　　　　　　　　572

同治　婺源縣志・佚名修纂　佚　　　　　　　　　　　573

光緒　婺源縣志六十四卷首一卷・吳鶚修，汪正元、
　　　李昭煒、張貴良纂　存　　　　　　　　　　　　573

民國　婺源縣志七十卷末一卷・葛韻芬等修，
　　　江峰青纂　存　　　　　　　　　　　　　　　　574

▌下編▐

第六章 | 宜春地區

宜春

宜春記・佚名修纂　佚　　　　　　　　　　　　　　580

唐　宜春圖經・佚名修纂　佚　　　　　　　　　　581

　（袁）州圖・佚名修纂　佚　　　　　　　　　　582

　（袁州）舊圖經・佚名修纂　佚　　　　　　　　582

　（袁州）古圖經・佚名修纂　佚　　　　　　　　583

祥符　袁州圖經・李宗諤等修　佚　　　　　　　　584

紹興　宜春志十卷・李觀民修，童宗說纂　佚　　　585

宋　（袁州）圖志・佚名修纂　佚　　　　　　　　586

嘉定　袁州新編圖經・佚名修纂　佚　　　　　　　587

嘉定　宜春志十卷集八卷・滕強恕修，林護新纂　佚　588

嘉熙　續修宜春志十卷・郭正己修，陳哲夫纂　佚　590

明　袁州府志三冊・佚名修纂　佚　　　　　　　　591

明　袁州府續志・佚名修纂　佚　　　　　　　　　592

成化　袁州府志九卷・劉懋修，陳定纂　佚　　　　592

正德　袁州府志十四卷・徐璉修，嚴嵩纂　存　　　593

嘉靖　袁州府志¹十卷・陳德文修　存　　　　　　594

嘉靖　袁州府志²二十卷・嚴嵩、范欽等修　闕　　595

嘉靖　袁州府志³ 二十卷・季德甫修　存　　　　　　　　　596

萬曆　袁州府志・佚名修纂　佚　　　　　　　　　　　　597

泰昌　袁州府志二十卷・黃鳴喬修，袁業泗等纂　佚　　　598

順治　袁州府志十卷・吳南岱修，陳之龍、
　　　袁繼梓纂　未見　　　　　　　　　　　　　　　599

康熙　袁州府志二十卷首一卷・施閏章、李春芳修，
　　　袁繼梓等纂　存　　　　　　　　　　　　　　　600

乾隆　袁州府志¹ 三十八卷首一卷・陳廷枚修，熊曰華、
　　　魯鴻纂　存　　　　　　　　　　　　　　　　　601

乾隆　袁州府志² ・黃河清修　未見　　　　　　　　　602

咸豐　袁州府志十五卷首一卷・陳喬樅修　存　　　　　603

同治　袁州府志十卷首一卷・駱敏修、黃恩浩等修，
　　　蕭玉銓等纂　存　　　　　　　　　　　　　　　603

康熙　宜春縣志¹ 二十卷首一卷末一卷・王光烈修，
　　　周家楨等纂　闕　　　　　　　　　　　　　　　604

康熙　宜春縣志² 二十卷首一卷末一卷・江為龍修，
　　　李紹蓮等纂　存　　　　　　　　　　　　　　　605

乾隆　宜春縣志・黃河清修　未見　　　　　　　　　　606

道光　宜春縣志三十二卷首一卷末一卷・程國觀修　存　606

咸豐　宜春縣志十五卷首一卷・陳喬樅修　存　　　　　607

同治　宜春縣志十卷首一卷・路青雲修，李佩琳、
　　　陳瑜纂　存　　　　　　　　　　　　　　　　　608

民國　宜春縣志二十四卷首一卷・漆能廉、謝祖安等修，

　　蘇玉賢纂　存 609

萬載

明　萬載圖經志・佚名修纂　佚 610

成化　萬載縣志四冊・喻淳纂　佚 611

嘉靖　萬載縣志・彭澄等纂　佚 612

崇禎　萬載縣志十二卷・韋明傑修，譚經濟纂　佚 613

康熙　萬載縣志十六卷首一卷・常維楨修，

　　江映極纂　存 614

雍正　萬載縣志十六卷首一卷・汪元采修，

　　楊言等纂　存 615

道光　萬載縣志三十卷首一卷・衛鵷鳴等修，

　　郭大經纂　存 616

咸豐　萬載縣志摘要十八卷首一卷・陳喬樅修　存 618

同治　萬載縣志三十卷首一卷・金第、杜紹斌修　存 618

民國　萬載縣志・龍賡言纂　佚 619

民國　萬載縣志十二卷首一卷末一卷・張獅甫修，

　　龍賡言纂　存 620

樟樹

宋　（臨江軍）舊經・佚名修纂　佚 621

宋　臨江軍圖經七卷・袁震纂　佚 622

宋　臨江志・佚名修纂　佚　　　　　　　　　　　　　623

宋　重修臨江志七卷・李伸纂　佚　　　　　　　　　624

宋　臨江府舊圖志・佚名修纂　佚　　　　　　　　　624

宋　臨江府圖志・佚名修纂　佚　　　　　　　　　　625

元　臨江舊志・佚名修纂　佚　　　　　　　　　　　625

洪武　臨江府志三冊・佚名修纂　佚　　　　　　　　626

明　臨江府圖經志・佚名修纂　佚　　　　　　　　　627

弘治　臨江府志十四卷・吳敘修，陳嘉纂　佚　　　　628

嘉靖　臨江府志九卷・徐顥修，楊鈞、陳德文纂　存　628

隆慶　臨江府志十四卷・管大勳修，劉松纂　存　　　629

康熙　臨江府志十六卷・施閏章等修，高詠纂　存　　630

同治　臨江府志三十二卷首一卷・德馨、鮑孝光修，

　　　朱孫詒、陳錫麟纂　存　　　　　　　　　　631

宋　清江志・佚名修纂　佚　　　　　　　　　　　　632

洪武　清江志・佚名修纂　佚　　　　　　　　　　　633

崇禎　清江縣志八卷・秦鏞修　存　　　　　　　　　634

乾隆　清江縣志三十二卷首一卷・鄧廷輯修，

　　　熊為霖纂　存　　　　　　　　　　　　　　635

道光　清江縣志二十八卷首一卷末一卷・張湄修，

　　　楊學光等纂　存　　　　　　　　　　　　　636

同治　清江縣志十卷首一卷・潘懿、胡湛修，

　　　朱孫詒纂　存　　　　　　　　　　　　　　637

豐城

祥符　豐城圖經・李宗諤等修　佚　　　　　　　　　638

紹興　豐城圖經・胡璉修，何章纂　佚　　　　　　639

淳熙　續豐城圖經・蕭寶修，甘同叔纂　佚　　　　639

寶慶　豐水志三卷・王孝友纂　佚　　　　　　　　640

淳祐　豐水志六卷・劉卿月修，李義山等纂　佚　　641

延祐　豐水續志六卷・李克家纂　佚　　　　　　　642

元　富州志・佚名修纂　佚　　　　　　　　　　　644

　　　豐城縣志・佚名修纂　佚　　　　　　　　　644

正統　馬湖志・朱暄修，熊觀纂　佚　　　　　　　645

明　豐城志稿[1]・杜立纂　佚　　　　　　　　　646

明　豐城志稿[2]・楊孜纂　佚　　　　　　　　　646

嘉靖　豐乘十卷・王徽猷修，李貴纂　闕　　　　　647

萬曆　續豐乘・韓文修　佚　　　　　　　　　　　648

康熙　豐城縣志十二卷・何士錦修，陸履敬纂　存　648

乾隆　豐城縣志二十卷首一卷末一卷・滿岱修，

　　　唐光雲纂　存　　　　　　　　　　　　　　649

嘉慶　豐城縣志二十三卷首一卷・鄭塏修，羅拔、

　　　丁猷駿纂　存　　　　　　　　　　　　　　650

道光　豐城縣志二十四卷首一卷・徐清選、李培緒修，

　　　毛輝鳳纂　存　　　　　　　　　　　　　　651

同治　豐城縣志二十八卷首一卷・王家傑等修，周文鳳、

　　　李庚纂　存　　　　　　　　　　　　　　　653

民國　豐城縣志三十六卷首一卷・任傳藻修，

楊向時纂　存　　　　　　　　　　　　653

奉新

嘉定　新吳志二卷・張國鈞修　佚　　　　　655

永樂　奉新縣志[1]・孫敏才修，楊永源纂　佚　655

永樂　奉新縣志[2] 六卷・趙理修，張昭纂　佚　656

景泰　奉新縣志・邵忠等纂　佚　　　　　657

成化　奉新縣志八卷・謝焌修，林淳纂　佚　657

弘治　奉新縣志・佚名修纂　佚　　　　　658

嘉靖　奉新縣志・朱雲鳳修，陸任忠纂　未見　658

萬曆　奉新縣志・黃卷纂　佚　　　　　659

康熙　奉新縣志十四卷・黃虞再修，閔鉞纂　存　659

乾隆　奉新縣志[1]・甘禾纂　佚　　　　　660

乾隆　奉新縣志[2] 二十八卷首一卷末一卷・余潮修，

甘志道等纂　存　　　　　　　　　　661

乾隆　奉新縣志[3]・佚名修纂　佚　　　　662

道光　奉新縣志十二卷首一卷・鄒山立修，

趙敬襄纂　存　　　　　　　　　　　663

同治　奉新縣志十六卷首一卷末一卷・呂懋先修，

帥方蔚纂　存　　　　　　　　　　　663

靖安

（靖安縣）圖經·佚名修纂　佚　　　　　　　　666

靖安志一冊·佚名修纂　佚　　　　　　　　666

正統　靖安縣志·佚名修纂　佚　　　　　　667

天順　靖安縣志·佚名修纂　佚　　　　　　667

弘治　靖安縣志四卷·王晟纂　佚　　　　　667

正德　靖安縣志·佚名修纂　佚　　　　　　668

嘉靖　靖安縣志六卷·趙公輔修，吳琯纂　存　668

康熙　靖安縣志八卷·高克藩修，李日彰等纂　存　669

乾隆　靖安縣志¹十卷首一卷·馮渠、朱堂修，
　　　舒亮友等纂　存　　　　　　　　　670

乾隆　靖安縣志²十卷首一卷·李紀修，舒亮友纂　存　671

道光　靖安縣志十六卷首一卷末一卷·張國鈞修，
　　　舒懋官等纂　存　　　　　　　　　672

道光　靖安縣續志二卷·祁啟萼修，舒化民纂　存　673

同治　靖安縣志十六卷首一卷·徐家瀛修，
　　　舒孔恂纂　存　　　　　　　　　　674

同治　續纂靖安縣志十卷首一卷·徐家瀛修，
　　　舒孔恂纂　存　　　　　　　　　　674

民國　靖安縣志十七卷·鍾有組等修，舒信實等纂　闕　675

高安

唐　（筠州）古圖經・佚名修纂　佚　　　　677

宋　（筠州）圖經・佚名修纂　佚　　　　677

宋　（筠州）舊經・佚名修纂　佚　　　　678

宋　蜀江志・雷公纂　佚　　　　678

嘉定　瑞陽志十卷・周綸修，雷孝友纂　佚　　　679

至治　瑞陽志十冊・崔棟修，楊升雲纂　佚　　　681

明　瑞州府志・佚名修纂　佚　　　　683

景泰　瑞州府志・佚名修纂　佚　　　　684

正德　瑞州府志十四卷・鄺璠修，熊相纂　存　　　684

崇禎　瑞州府志二十四卷・陶履中修，徐登瀛纂　存　　685

康熙　瑞州府志二十四卷・佚名修纂　佚　　　686

同治　瑞州府志二十四卷首一卷・黃廷金修，蕭浚蘭、

　　　熊松之纂　存　　　　687

　　　（高安）舊圖經・佚名修纂　佚　　　688

慶曆　高安縣記・余靖修　佚　　　　688

嘉定　（高安）縣志三卷・周綸修，雷孝友纂　佚　　689

宋　高安志・辛元龍纂　佚　　　　689

元　瑞陽高安縣志・佚名修纂　佚　　　690

　　　高安縣志・佚名修纂　佚　　　691

康熙　高安縣志十卷・張文旦修，陳九疇纂　存　　691

乾隆　高安縣志十二卷首一卷・聶元善修　存　　692

嘉慶　高安縣志十二卷首一卷·俞聖基、吳楷修　未見　　693

道光　高安縣志二十二卷首一卷·高以本修　存　　693

同治　高安縣志二十八卷首一卷·夏燮、張鵬翯等修，

　　　熊松之等纂　存　　695

上高

上高縣志·佚名修纂　佚　　696

正統　上高縣志·朱孔年修，杜宗纂　佚　　697

嘉靖　上高縣志二卷·陳廷舉修，鄭廷俊纂　存　　697

康熙　上高縣志六卷·劉啟泰修，李淩漢纂　存　　698

乾隆　上高縣志·王道隆修　佚　　700

嘉慶　上高縣志十七卷首一卷末一卷·劉丙修，

　　　晏善澄纂　存　　700

道光　上高縣志十二卷首一卷末一卷·林元英修，

　　　傅祖錫、趙汝舟纂　存　　701

同治　上高縣志十四卷首一卷末一卷·馮蘭森修，

　　　陳卿雲纂　存　　703

宜豐

（新昌）圖經·佚名修纂　佚　　704

宋　新昌圖經·佚名修纂　佚　　705

寶慶　新昌圖經·趙綸修　佚　　706

延祐　新昌州志·馬嗣良纂　佚　　707

　　　新昌志·佚名修纂　佚　　708

永樂　新昌縣志・佚名修纂　佚　　　　　　　　　　708

成化　新昌縣志・汪道修　佚　　　　　　　　　　709

正德　新昌縣志二卷・李長修，陳懷經等纂　佚　　　710

嘉靖　新昌縣志九卷・俞宗梁修，趙文奎纂　佚　　　710

康熙　新昌縣志[1]六卷・黃運啟修，漆嘉祉等纂　存　711

康熙　新昌縣志[2]六卷・吉必兆修　存　　　　　　712

乾隆　新昌縣志二十五卷首一卷末一卷・楊文峰、
　　　龔果修，萬廷蘭等纂　存　　　　　　　　　713

道光　新昌縣志二十五卷首一卷末一卷附補遺一卷
　　　續編一卷・曾錫麟、譚孟騫修　存　　　　　714

同治　新昌縣志三十二卷首一卷末一卷・朱慶萼、
　　　謝雲龍等修　存　　　　　　　　　　　　　714

民國　鹽乘十六卷首一卷・胡思敬纂　存　　　　　715

第七章｜撫州地區

臨川

永初　臨川記・荀柏子修　佚　　　　　　　　　　718

　　　臨川記・佚名修纂　佚　　　　　　　　　　720

　　　（臨川）舊圖經・佚名修纂　佚　　　　　　721

宋　　臨川舊志・佚名修纂　佚　　　　　　　　　722

祥符　（撫州）圖經・李宗諤等修　佚　　　　　　723

淳熙　臨川志・佚名修纂　佚　　　　　　　　　　723

宋　臨川志·佚名修纂　佚　724

宋　臨汝志·佚名修纂　佚　725

宋　撫州志·佚名修纂　佚　726

嘉泰　臨汝圖志十五卷·張貴謨修　佚　727

嘉定　（臨川）圖志·佚名修纂　佚　727

咸淳　臨川志三十五卷·家坤翁修，周彥約纂　佚　728

　　　撫州府圖經·佚名修纂　佚　731

洪武　撫州府志四冊·佚名修纂　佚　731

弘治　撫州府志二十八卷·胡孝、呂傑修，黎喆纂　存　732

嘉靖　撫州府志十六卷·黃顯修，陳九川、徐良傅纂　存　733

崇禎　撫州府志二十卷·蔡邦俊修　存　734

康熙　撫州府志[1]三十五卷首一卷·劉玉瓚修，

　　　饒昌胤等纂　存　735

康熙　撫州府志[2]三十五卷首一卷·張四教修，

　　　曾大升纂　存　736

雍正　撫州府志四十五卷·羅複晉修，李茹旻等纂　存　737

光緒　撫州府志八十六卷首一卷·許應鑅、朱澄瀾修，

　　　謝煌纂　存　739

淳熙　臨川縣志·趙善譽修　佚　740

嘉定　臨川縣志·屠雷發修，徐天麟纂　佚　742

　　　臨川縣志·佚名修纂　佚　743

崇禎　臨川記三十卷·傅占衡纂　佚　744

康熙　臨川縣志三十卷・胡亦堂修　存　　　　　　　　　744

乾隆　臨川縣志四十九卷・李廷友修，李紱纂　存　　　745

嘉慶　臨川縣續志十二卷・秦沆修　存　　　　　　　　747

道光　臨川縣志三十二卷・姜銓等修，紀大奎等纂　存　749

同治　臨川縣志五十四卷首一卷末一卷・童范儼修，

　　　陳慶齡纂　存　　　　　　　　　　　　　　　750

民國　臨川縣志九冊・陳元慎纂　存　　　　　　　　　750

崇仁

祥符　（崇仁縣）圖經・李宗諤等修　佚　　　　　　　751

宋　（崇仁）舊志・佚名修纂　佚　　　　　　　　　　752

嘉定　羅山志[1]十卷・李伯醇修，羅鑒纂　佚　　　　753

嘉定　羅山志[2]・范應鈴修，黃元纂　佚　　　　　　754

天曆　羅山志補四卷・吳寶翁纂　佚　　　　　　　　754

元　寶唐拾遺・彭壽卿纂　佚　　　　　　　　　　　755

至元　羅山續志・楊峭峰纂　佚　　　　　　　　　　757

元　撫州羅山志・佚名修纂　佚　　　　　　　　　　757

　　　撫州府羅山志・佚名修纂　佚　　　　　　　　758

永樂　崇仁縣志[1]・黃中纂　佚　　　　　　　　　　758

永樂　崇仁縣志[2]・王克義修，陳永纂　佚　　　　　759

成化　崇仁縣志十卷・李祥修，楊宗道、陳雅言纂　佚　760

明　崇仁縣志補・熊文奎纂　佚　　　　　　　　　　760

萬曆　崇仁縣志八卷・李紹春修，吳道南等纂　佚　　　761

順治　崇仁縣志・謝胤璜修，陳蜚英等纂　未見　　　762

康熙　崇仁縣志四卷・陳潛修，劉壽祺等纂　存　　　763

乾隆　崇仁縣志・陳兆鼎纂　佚　　　764

道光　崇仁縣志二十七卷首一卷・原步顏修，

　　　袁章華等纂　存　　　765

同治　崇仁縣志十卷首一卷附編一卷・盛銓、俞致中修，

　　　黃炳奎纂　存　　　765

金溪

景定　金溪縣志・佚名修纂　佚　　　767

明　金溪縣志・王經纂　佚　　　767

永樂　金溪縣志・王福慶纂　佚　　　768

洪熙　金溪縣志・姚文彧修，楊慶同纂　佚　　　768

嘉靖　金溪縣志九卷・林初修，王鍌纂　闕　　　769

康熙　金溪縣志[1]三十五卷・白琮如修，張士任纂　闕　　　770

康熙　金溪縣志[2]十三卷・王有年纂　存　　　771

乾隆　金溪縣志八卷首一卷・宋若臨、楊文灝修，

　　　杭世馨、丁健纂　存　　　772

道光　金溪縣志[1]六十卷首一卷末一卷・李雲修，

　　　楊饒纂　存　　　774

道光　金溪縣志[2]二十六卷首一卷・松安等修　存　　　774

道光　金溪縣志[3]三十六卷首一卷末一卷・吳柄權修，

　　　鄧應台纂　存　　　775

同治　金溪縣志三十六卷首一卷末一卷・程芳修，
　　　鄭浴修纂　存　　　　　　　　　　　　　　776

宜黃

宜黃志・佚名修纂　佚　　　　　　　　　　　　778

弘治　宜黃縣志・畫芳修　佚　　　　　　　　　778

嘉靖　宜黃縣志・鮑鳳修，廖澄、譚鎬等纂　佚　778

嘉靖　宜黃縣志考訂十四卷・黃漳修　闕　　　　779

萬曆　宜黃縣志十二卷・王尚廉修，黃濯纓纂　未見　780

康熙　宜黃縣志八卷・尤稚章修，歐陽鬥照等纂　存　781

道光　宜黃縣志三十二卷一卷・札隆阿、史念徵修，
　　　程卓梁等纂　存　　　　　　　　　　　　782

同治　宜黃縣志五十卷首一卷・張興言修，謝煌等纂　存　783

樂安

淳熙　鼇溪志・王謹修，蕭廷驥纂　佚　　　　　785

鹹淳　鼇溪志・唐元齡修，蕭彬纂　佚　　　　　785

　　　鼇溪志拾遺・佚名修纂　佚　　　　　　　786

至元　樂安縣志・變理溥化修，李蕭纂　佚　　　786

洪武　樂安縣志・黃德民修，黃九皋纂　佚　　　787

永樂　樂安縣志・王銘修，黃仲瑤等纂　佚　　　788

正統　樂安縣志・成偉修，夏乘良纂　佚　　　　788

正德　樂安縣志[1]・穆世傑修，詹崇等纂　佚　　789

正德　樂安縣志[2]·陶諤修，王素節纂　佚　　　　　　790

康熙　樂安縣志[1]八卷·楊之琳修，原良纂　未見　　790

康熙　（樂安）志書存略·原良纂　未見　　　　　791

康熙　樂安縣志[2]八卷·鄭潤中修，原敬等纂　闕　791

康熙　樂安縣志[3]十卷·方湛修，詹相廷纂　存　　793

道光　樂安縣志·梁棲鸞、繆共學修，遊稚松纂　未見　794

同治　樂安縣志十一卷首一卷附補遺二卷·朱奎章修，

　　　胡芳杏纂　存　　　　　　　　　　　　　794

東鄉

嘉靖　東鄉縣志二卷·秦鎰等修，饒文璧纂　存　　796

萬曆　東鄉縣志·諸大倫修　佚　　　　　　　797

康熙　東鄉縣志[1]八卷·沈士秀修，梁奇纂　存　　798

康熙　東鄉縣志[2]五卷首一卷·朱旋修　存　　　798

嘉慶　東鄉縣志二十一卷首一卷末一卷·周鐘泰、周軾修，

　　　吳嵩梁、黎中輔纂　存　　　　　　　　　799

道光　東鄉縣志二十一卷首一卷末一卷·吳名鳳修　存　800

同治　東鄉縣志十六卷首一卷末一卷·李士棻、王維新修，

　　　胡業恒等纂　存　　　　　　　　　　　　801

民國　東鄉縣志·饒肇基纂　存　　　　　　　801

南城

（建武軍）圖經·佚名修纂　佚　　　　　　　803

祥符　建昌軍圖經・李宗諤等修　佚 ……………………………… 804

紹興　旴江志十卷・胡舜舉修，童宗說、黃敷忠纂　佚 …………… 804

淳熙　旴江志・佚名修纂　佚 ……………………………………… 806

慶元　旴江續志十卷・陳岐修　佚 ………………………………… 807

宋　旴江續志十卷・姜得平修　佚 ………………………………… 807

開慶　旴江圖志・曾埜修　佚 ……………………………………… 808

宋　旴江後志五冊・佚名修纂　佚 ………………………………… 810

　　　建昌府志・佚名修纂　佚 …………………………………… 810

明　建昌府圖經・志佚名修纂　佚 ………………………………… 812

景泰　建昌郡志・何文淵纂　佚 …………………………………… 812

正德　建昌府志十九卷・夏良勝纂　存 …………………………… 813

嘉靖　建昌府志・陳公升修，羅汝芳等纂　佚 …………………… 814

明　建昌郡志・佚名修纂　佚 ……………………………………… 815

萬曆　建昌府續志十四卷・鄒鳴雷、趙元吉修，

　　　陸鍵等纂　存 ………………………………………………… 815

康熙　建昌府志二十六卷高天爵修，吳挺之纂　存 ……………… 816

乾隆　建昌府志[1]一百卷附勸捐一卷・姚文光修，

　　　周宣猷等纂　存 ……………………………………………… 817

乾隆　建昌府志[2]六十四卷首一卷・孟炤修，黃祐、

　　　嚴潔等纂　存 ………………………………………………… 818

同治　建昌府志十卷首一卷・邵子彝修，魯琪光纂　存 ………… 819

宋　（南城縣）舊記・佚名修纂　佚 ……………………………… 820

萬曆　南城縣志[1]・范淶修　佚　　　　　　　　　　820

萬曆　南城縣志[2]・鄔鳴雷修　佚　　　　　　　　　821

康熙　南城縣志[1]十二卷・曹養恒修，蕭韻等纂　存　822

康熙　南城縣志[2]十二卷・羅秉義修，陶成、張江纂　存　823

乾隆　南城縣志十卷首一卷・趙丹樞、范安治修，梅廷對、

　　　嚴潔纂　存　　　　　　　　　　　　　　　　824

道光　南城縣志三十二卷首一卷・松安、張景、時式敷修，

　　　廖連纂　存　　　　　　　　　　　　　　　　826

同治　南城縣志十卷首一卷・李人鏡修，梅體萱纂　存　827

南豐

（南豐）圖記・佚名修纂　佚　　　　　　　　　　　829

大德　南豐州志十五卷・李彝修，劉壎纂　佚　　　　829

元　　南豐州續志・佚名修纂　佚　　　　　　　　　831

明　　南豐縣志・佚名修纂　佚　　　　　　　　　　831

永樂　南豐縣志・佚名修纂　佚　　　　　　　　　　832

景泰　南豐縣志・汪澤修，汪倫纂　佚　　　　　　　832

弘治　南豐縣志・雷頤修　佚　　　　　　　　　　　833

正德　南豐縣志十九卷・符遂纂　佚　　　　　　　　834

明　　南豐縣志・鄧倬纂　佚　　　　　　　　　　　834

萬曆　南豐備錄十一卷・譚浚纂　佚　　　　　　　　835

萬曆　南豐縣志[1]七卷・程三省修，王璽纂　存　　　835

萬曆　南豐縣志[2]・鄭秉厚修，高士貞纂　佚　　　　837

順治　邑乘紺珠三十二卷・趙師賓纂　佚　　　　　　　　838

康熙　南豐縣志十六卷・鄭釴修，劉凝纂　存　　　　　839

清　南豐續志稿六卷・李灝纂　佚　　　　　　　　　840

乾隆　南豐縣志四十卷首一卷・盧崧、朱若炟修，陸嘉穎、

　　　閔鑒纂　存　　　　　　　　　　　　　　　841

道光　南豐縣續志四十卷首一卷末一卷・鄭芬、孫爾修、

　　　張兼山、徐江修，徐湘潭纂　存　　　　　　842

道光　南豐縣續志節錄二十六卷・徐湘潭纂　存　　　843

同治　南豐縣志四十六卷首一卷末一卷・柏春修，

　　　魯琪光等纂　存　　　　　　　　　　　　843

民國　南豐縣志三十六卷首一卷末一卷・包發鷥修，

　　　趙惟仁纂　存　　　　　　　　　　　　　844

黎川

永樂　新城縣志・朱徽纂　佚　　　　　　　　　　　846

正德　新城縣志十三卷・黃文修，塗紱等纂　存　　　846

隆慶　新城縣志十卷・李嘉猷修，王材纂　佚　　　　848

康熙　新城縣志十卷・周天德修，塗景祚纂　存　　　849

乾隆　新城縣志十四卷首一卷・方懋祿、李珥修，

　　　夏之翰纂　存　　　　　　　　　　　　　850

道光　新城縣志十四卷・徐江修，周鳳誥、喻端士纂　存　851

同治　新城縣志十二卷首一卷末一卷・劉昌岳、金時宣修，

　　　鄧家琪等纂　存　　　　　　　　　　　　851

廣昌

元　廣昌縣志二集・連仲默纂　佚　　　　　　　　　853

正統　重修廣昌志・何宗纂　佚　　　　　　　　　853

嘉靖　廣昌縣志¹二卷・黃德純修，李喬纂　佚　　854

嘉靖　廣昌縣志²・強仕修　佚　　　　　　　　　855

萬曆　廣昌縣志¹・顏魁槐修　佚　　　　　　　　855

萬曆　廣昌縣志²・陳時修，陳夢槐纂　佚　　　　855

崇禎　廣昌縣志・徐時進修　佚　　　　　　　　　856

順治　新修廣昌縣志・沈寅修，何三省等纂　未見　857

康熙　廣昌縣志¹・王維翰修　未見　　　　　　　858

康熙　廣昌縣志²六卷・王景升修，魏宗衡等纂　存　858

道光　續鈔（廣昌）縣志・曾興仁修　佚　　　　　859

同治　廣昌縣志十卷首一卷・曾毓璋修　存　　　　860

資溪

萬曆　瀘溪縣志¹五卷・陳王廷修　未見　　　　　862

萬曆　瀘溪縣志²・梁應掄修　佚　　　　　　　　863

康熙　瀘溪縣志¹十一卷首一卷末一卷・佘履度修，
　　　鄧化日等纂　存　　　　　　　　　　　　863

康熙　瀘溪縣志²・衛執躬修，魏奇纂　未見　　　864

雍正　瀘溪縣志十一卷首一卷末一卷・李如瑤修，
　　　譚先等纂　存　　　　　　　　　　　　　865

乾隆　瀘溪縣志十二卷首一卷末一卷·朱崧修，

　　　周立愛等纂　存　　　　　　　　　　　　866

道光　瀘溪縣志[1]·吳喬年修，林策纂　佚　　867

道光　瀘溪縣志[2]十二卷首一卷·張澍修　存　867

同治　瀘溪縣志十四卷首一卷·楊松兆、孫毓秀修，

　　　彭鐘華纂　存　　　　　　　　　　　　868

第八章｜吉安地區

吉安

廬陵記·梁福纂　佚　　　　　　　　　　　　872

（吉州）圖經九卷·佚名修纂　佚　　　　　　873

（吉州）舊圖經·佚名修纂　佚　　　　　　　874

宋　（吉州）舊志·佚名修纂　佚　　　　　　874

宋　吉州記三十四卷·吳機纂　佚　　　　　　875

宋　吉州志·佚名修纂　佚　　　　　　　　　875

宋　廬陵志·周必大纂　佚　　　　　　　　　876

嘉泰　新廬陵志·趙善修，王子俊、許景陽等纂　佚　877

至元　廬陵志·佚名修纂　佚　　　　　　　　878

元　吉州郡志·佚名修纂　佚　　　　　　　　879

明　吉安府圖經志·佚名修纂　佚　　　　　　880

明　吉安府志四冊·佚名修纂　佚　　　　　　880

永樂　吉安府志·佚名修纂　佚　　　　　　　881

景泰　吉安府志·佚名修纂　佚　　　　　　　　　　　　882

成化　吉安郡志·吳節纂　佚　　　　　　　　　　　　882

明　吉安郡志·徐輔修　佚　　　　　　　　　　　　883

正德　吉安郡志·佚名修纂　佚　　　　　　　　　　883

明　吉安府志三十二卷·劉養正纂　佚　　　　　　　884

嘉靖　吉安府志十九卷·王昂纂　闕　　　　　　　　884

萬曆　吉安府志三十六卷·余之禎修，王時槐纂　存　885

萬曆　（吉安）記·王樟纂　佚　　　　　　　　　　886

萬曆　吉安府志補十二卷·郭子章纂　佚　　　　　　887

順治　吉安府志三十六卷·李興元修，歐陽主生等纂　存　888

乾隆　吉安府志七十四卷·盧崧修，朱承煦，

　　　林有席纂　存　　　　　　　　　　　　　　　888

光緒　吉安府志五十三卷首一卷·定祥、特克紳布等修，

　　　劉繹等纂　存　　　　　　　　　　　　　　890

嘉泰　盧陵縣志·趙善修，王子俊、許景陽等纂　佚　892

明　盧陵縣志四卷·佚名修纂　佚　　　　　　　　　893

嘉靖　盧陵縣志六卷·佚名修纂　佚　　　　　　　　893

康熙　盧陵縣志[1]二十六卷·于藻修，張貞生纂　存　894

康熙　盧陵縣志[2]二十六卷首一卷·濮應台，陸在新修，

　　　彭殿元、趙縱等纂　存　　　　　　　　　　895

乾隆　盧陵縣志四十五卷首一卷·平觀瀾修，錢時雍、

　　　黃有恆纂　存　　　　　　　　　　　　　　896

道光　盧陵縣志四十八卷首一卷・梅大鶴、陳徵芝、

　　　馬旋圖修，王錦芳等纂　存　　　　　　　　　897

同治　盧陵縣志五十六卷附補編一卷・陳汝禎、彭芝、

　　　李寅清、承霈修，匡汝諧等纂　存　　　　　898

民國　盧陵縣志二十八卷首一卷末一卷・王補、

　　　曾燦材纂　存　　　　　　　　　　　　　900

民國　吉安縣紀事五卷・李士梅、王祜纂　存　　901

民國　吉安縣志四十八卷首一卷末一卷・李正誼修，

　　　鄒鵠纂　存　　　　　　　　　　　　　902

泰和

（太和）縣記・佚名修纂　佚　　　　　　　　　904

（太和）圖經・佚名修纂　佚　　　　　　　　　905

淳熙　西昌縣志十卷・陳秀實修，張可遠等纂　佚　905

嘉泰　太和縣志・趙汝薔修，曾之謹、嚴萬全纂　佚　907

洪武　泰和圖經・徐遜修　佚　　　　　　　　　909

永樂　泰和縣志[1]・佚名修纂　佚　　　　　　　909

永樂　泰和縣志[2]・佚名修纂　佚　　　　　　　910

景泰　泰和縣志・佚名修纂　佚　　　　　　　　911

弘治　泰和縣志十四卷・李穆纂　佚　　　　　　911

弘治　泰和縣志批評・羅璟纂　佚　　　　　　　913

萬曆　泰和縣志十卷・唐伯元修，梁庚等纂　闕　913

萬曆　白下大記三十卷・郭子章纂　佚　　　　　914

康熙　泰和縣志十二卷・田惟冀修，張銓纂　未見　　915

乾隆　西昌志四十卷首一卷・楊國瓚修，郭經纂　存　917

乾隆　泰和縣志四十卷附錄一卷・冉棠修，沈瀾纂　存　917

清　續白下大記三卷・彭敏求纂　佚　　918

道光　泰和縣志¹四十八卷首一卷・楊訒修，蕭錦纂　存　919

道光　泰和縣志²四十八卷首一卷・徐迪惠修　存　919

同治　泰和縣志四十四卷首一卷・宋瑛、吳純錫、高廷楨修，

　　彭啟瑞纂　存　　920

光緒　泰和縣志三十卷首一卷・周之庸修　存　921

民國　泰和縣志三十六卷・歐陽輔、郭志仁纂　存　922

吉水

嘉泰　吉水縣志・趙善修，王子俊、許景陽等纂　佚　923

元　吉水州志三冊・佚名修纂　佚　924

明　吉水縣志・佚名修纂　佚　925

景泰　吉水縣志・錢習禮修纂　佚　925

嘉靖　吉水縣志十卷・周廣修　佚　926

康熙　吉水縣志十六卷・王雅修，李振裕等纂　闕　927

乾隆　吉水縣志¹四十二卷・米嘉績修，黃世成纂　存　928

乾隆　吉水縣志²三十六卷・申發祥修，廖恒纂　存　929

道光　吉水縣志三十二卷首一卷・周樹槐修，葉向榮、

　　解世榮等纂　存　　930

光緒　吉水縣六十六卷首一卷‧彭際盛等修，

　　　胡宗元纂　存　　　　　　　　　　　　　　931

永豐

至和　新建永豐縣志‧段縫修　佚　　　　　　　932

紹興　恩江志十卷‧陳豐元修　佚　　　　　　　933

隆興　續恩江志‧蘇升修　佚　　　　　　　　　934

嘉泰　永豐縣志‧趙善修，王子俊、許景陽等纂　佚　935

　　　永豐縣志三冊‧佚名修纂　佚　　　　　　935

洪武　永豐縣志‧劉倩玉纂　佚　　　　　　　　936

正統　永豐縣志‧黃永從修　佚　　　　　　　　937

萬曆　永豐縣志八卷‧吳期炤修　佚　　　　　　938

順治　吉安府永豐縣志六卷‧鄧秉恒修，

　　　塗拔尤等纂　存　　　　　　　　　　　　939

康熙　永豐縣志¹八卷‧陸湄修　存　　　　　　940

康熙　永豐縣志²二十四卷‧王坦修　未見　　　941

道光　永豐縣志六十四卷首一卷‧陳徵芝、畢光榮、

　　　戴名源、孫承祖修　未見　　　　　　　　942

同治　永豐縣志四十卷‧雙貴、王建中修，劉繹纂　存　943

安福

南朝宋　安成記‧王孚纂　佚　　　　　　　　　945

　　　　安成記‧王烈之纂　佚　　　　　　　　947

隋　安成記·佚名修纂　佚　　　　　　　　　　　　　　948

嘉泰　安福縣志·趙善修，王子俊、許景陽等纂　佚　　950

　　　安福地理志·佚名修纂　佚　　　　　　　　　　950

　　　安福志·佚名修纂　佚　　　　　　　　　　　　950

嘉靖　安福叢錄二十二卷·張崧纂　佚　　　　　　　　951

萬曆　福乘藏稿十卷輯遺一卷·劉元卿纂　佚　　　　　952

康熙　安福縣志¹·焦榮修，邱壽等纂　佚　　　　　　954

康熙　安福簡明志稿·張召南修　佚　　　　　　　　　955

康熙　安福縣志²六卷·張召南修，劉翼張纂　存　　　956

康熙　安福縣志³八卷·黃寬、劉學愉修，王謙言等纂　存　957

乾隆　安福縣志二十二卷首一卷·高崇基、張繡中修，

　　　王基、劉映璧纂　存　　　　　　　　　　　　957

同治　安福縣志十八卷首一卷末一卷·姚濬昌修，

　　　周立贏、趙廷愷等纂　存　　　　　　　　　　958

遂川

嘉泰　龍泉縣志·趙善修，王子俊、許景陽等纂　佚　960

　　　吉安府龍泉縣志·佚名修纂　佚　　　　　　　961

景泰　龍泉縣志·佚名修纂　佚　　　　　　　　　　962

康熙　吉安府龍泉縣志十卷·張揚彩修，李士璜纂　存　962

康熙　龍泉縣志十六卷·董聞京修　佚　　　　　　　963

清　泉江類編八卷·梁明瑛纂　未見　　　　　　　　963

乾隆　龍泉縣志二十卷首一卷末一卷・杜一鴻修，

　　　周壎纂　存　　　　　　　　　　　　　　　964

道光　龍泉縣志十八卷首一卷末一卷・文海修，

　　　高世書纂　存　　　　　　　　　　　　965

同治　龍泉縣志十八卷首一卷末一卷・王肇渭、

　　　黃瑞圖修，郭崇輝等纂　存　　　　　　966

萬安

嘉泰　萬安縣志・趙善修，王子俊、許景陽等纂　佚　　968

明　萬安志・佚名修纂　佚　　　　　　　　　968

宣德　萬安縣志・佚名修纂　佚　　　　　　　969

正統　萬安縣志・吳清修，羅洪彥纂　佚　　　969

明　萬安縣志・蕭維楨、吳節纂　佚　　　　　970

弘治　萬安縣志・郭英修王汝南纂　佚　　　　970

嘉靖　萬安縣志・盧肇修，林相纂　佚　　　　971

萬曆　萬安縣志・張肇林修纂　佚　　　　　　972

康熙　吉安府萬安縣志十二卷・胡樞修，周晃、

　　　郎星纂　存　　　　　　　　　　　　　973

康熙　萬安縣志十二卷首一卷・黃圖昌修，

　　　劉應舉纂　存　　　　　　　　　　　　974

道光　萬安縣志十二卷・魏緗、張兼山修，張映宿纂　存　975

同治　萬安縣志二十卷首一卷末一卷・歐陽駿、

　　　周之鏞修　存　　　　　　　　　　　　976

永新

（永新）縣圖・佚名修纂　佚　　　　　　　　　　　　　977

淳熙　永新縣圖經・柴必勝修　佚　　　　　　　　　　978

嘉泰　永新縣志・趙善修，王子俊、許景陽等纂　佚　　978

　　　永新志・佚名修纂　佚　　　　　　　　　　　　979

宣德　永新縣志・佚名修纂　佚　　　　　　　　　　　979

成化　永新圖經・曹謙纂　佚　　　　　　　　　　　　980

萬曆　永新縣志八卷首一卷・龔錫爵修，尹台纂　存　　980

康熙　永新縣志十卷・王運禎修，劉爵生等纂　存　　　981

乾隆　永新縣志十卷・王瀚修，陳善言纂　存　　　　　982

乾隆　禾川新志正訛錄・程尚贇修　未見　　　　　　　983

乾隆　禾川書二十卷・譚尚書纂　存　　　　　　　　　984

道光　永新縣志・徐作偕修，尹襟三纂　佚　　　　　　986

同治　禾川書舊志・糾謬三卷尹繼隆纂　存　　　　　　987

同治　永新縣志¹ 十卷・尹繼隆纂　存　　　　　　　　987

同治　永新縣志² 二十六卷首一卷・陳恩浩、蕭玉春修，
　　　李煒、段夢龍纂　存　　　　　　　　　　　　　989

寧岡

弘治　永寧縣志七卷・馬鉦修　佚　　　　　　　　　　991

嘉靖　永寧縣志¹・謝元光修　佚　　　　　　　　　　991

嘉靖　永寧縣志²・佚名修纂　佚　　　　　　　　　　991

萬曆　永寧縣志六卷・單有學修　佚　　　　　　　　　992

康熙　永寧縣志二卷・陳欲達修，袁有龍纂　存　　　　　993

乾隆　永寧縣志八卷・賴能發修　存　　　　　994

道光　永寧縣志八卷首一卷・孫承祖修，黃節纂　存　　　　　995

同治　永寧縣志十卷首一卷・楊輔宜、蔡體乾、程丙星修，

　　　蕭應乾等纂　存　　　　　996

民國　寧岡縣志六卷後志四卷・鄧南驤、丁國屏修，

　　　鄒代藩、陳家駿纂　存　　　　　997

新幹

嘉泰　新淦縣志・趙善修，王子俊、許景陽等纂　佚　　　999

淳祐　新淦志・高斯從修　佚　　　　　1000

　　　新淦縣志・佚名修纂　佚　　　　　1000

隆慶　新淦縣志十二卷・蔡常毓、夏大勳修，曾樂纂　佚 1001

崇禎　新淦縣志[1]十二卷・劉以仁修，張壽祺等纂　佚 1002

崇禎　新淦縣志[2]十二卷・陳以運修，呂應宮等纂　佚 1003

康熙　新淦縣志[1]十五卷・董謙吉修，曾三接等纂　存 1004

康熙　新淦縣志[2]十五卷・王毓德修，江砥等纂　存 1005

道光　新淦縣志三十二卷首一卷・宋庚修，陳化纂　存 1006

同治　新淦縣志十卷首一卷・王肇賜修，陳錫麟纂　存 1006

民國　新淦縣志・佚名修纂　佚　　　　　1007

峽江

嘉靖　峽江縣志九卷・何堅修　未見　　　　　1008

崇禎　峽江縣志・佚名修纂　佚　　　　　　　　　　　1009

康熙　峽江縣志九卷・佟國才修，邊繼登、

　　　謝錫蕃等纂　存　　　　　　　　　　　　　　1009

乾隆　峽江志十四卷首一卷・張九鉞、喬大椿修，

　　　王金英等纂　存　　　　　　　　　　　　　　1010

道光　峽江縣志十四卷首一卷・兆元修，

　　　郭廷賡纂　存　　　　　　　　　　　　　　　1011

同治　峽江縣志十卷首一卷・暴大儒修，

　　　廖其觀纂　存　　　　　　　　　　　　　　　1012

民國　峽江縣志十六卷・施廣德修，毛世俊纂　存　　1013

第九章 | 贛州地區

贛縣

南朝宋　南康記[1]・鄧德明纂　佚　　　　　　　　　1017

南朝宋　南康記[2]・王韶之纂　佚　　　　　　　　　1020

　　　　南康記・劉嗣之纂　佚　　　　　　　　　　1022

唐　南康記・佚名修纂　佚　　　　　　　　　　　　1022

　　（虔州）古記・佚名修纂　佚　　　　　　　　　1024

　　南康圖經・佚名修纂　佚　　　　　　　　　　　1024

　　虔州圖經・佚名修纂　佚　　　　　　　　　　　1025

　　南康志・佚名修纂　佚　　　　　　　　　　　　1025

宋　贛州圖經・周夢祥纂　佚　　　　　　　　　　　1026

章貢圖志・佚名修纂　佚　　　　　　　　　　　　1027

宋　章貢志十二卷・李盛纂　佚　　　　　　　　　1027

宋　（贛州）郡志・佚名修纂　佚　　　　　　　　1028

紹定　章貢志・佚名修纂　佚　　　　　　　　　　1029

　　　贛州志二冊・佚名修纂　佚　　　　　　　　1029

明　贛州圖經志・佚名修纂　佚　　　　　　　　　1030

明　贛州府志三冊・佚名修纂　佚　　　　　　　　1030

弘治　贛州府志・佚名修纂　佚　　　　　　　　　1031

嘉靖　贛州府志**1**・邢珣、羅輅、張權修，

　　　李堅等纂　佚　　　　　　　　　　　　　　1031

嘉靖　虔台志**1**十二卷・唐胄修　未見　　　　　1032

嘉靖　贛州府志**2**十二卷・王世芳等修，董天錫等纂　存　1032

嘉靖　虔台志**2**十二卷・虞守愚修　未見　　　　1034

嘉靖　續虔台志五卷・談愷修　未見　　　　　　　1034

天啟　贛州府志二十卷・余文龍等修，謝詔纂　存　1034

康熙　贛州府志**1**二十卷・李文獻修，易學實纂　闕　1036

康熙　贛州府續志三卷・孫麟貴、郭泰符纂　未見　1036

康熙　贛州府志**2**七十八卷首一卷・黃汝銓修，

　　　張尚瑗纂　存　　　　　　　　　　　　　　1037

乾隆　贛州府志**1**・朱宸修　未見　　　　　　　1038

乾隆　贛州府志**2**四十四卷首一卷・竇忻修，

　　　林有席纂　存　　　　　　　　　　　　　　1039

道光　贛州府志七十八卷首一卷・李本仁修，

　　　陳觀酉纂　存　　　　　　　　　　　　　1040

同治　贛州府志七十八卷首一卷・魏瀛修，魯琪光、

　　　鐘音鴻等纂　存　　　　　　　　　　　1041

弘治　贛縣志・佚名修纂　佚　　　　　　　　1041

康熙　贛縣志十六卷首一卷・劉瀚芳修，孫麟貴纂　存　1042

乾隆　贛縣志三十四卷首一卷・沈均安修，黃世成、

　　　馮渠纂　存　　　　　　　　　　　　　1043

道光　贛縣志三十二卷首一卷・王維屏修，

　　　周步驤纂　存　　　　　　　　　　　　1044

同治　贛縣志五十四卷首一卷・黃德溥、崔國榜修，

　　　褚景昕纂　存　　　　　　　　　　　　1044

民國　贛縣新志稿三篇・張愷修，陳建中等纂　存　1045

于都

紹興　雩都圖經・邱欽若修　佚　　　　　　　1047

嘉熙　雩都縣志・周頌修　佚　　　　　　　　1048

正統　雩都縣志・蔣遠修，孫思遠纂　佚　　　1048

弘治　雩都縣志・高伯齡修，袁端纂　佚　　　1049

嘉靖　雩都縣志[1] 二卷附外志一卷・許來學修，

　　　袁琚纂　存　　　　　　　　　　　　　1050

嘉靖　雩都縣志[2] 十三卷・劉璧、高士蜚修，袁淳、

　　　黃褒纂　未見　　　　　　　　　　　　1050

萬曆　雩都縣志十卷・黃應元修，高紹貴、

　　　易懷擢等纂　佚　　　　　　　　　　　　　1052

康熙　雩都縣志[1]十四卷・李祐之修，易學實等纂　存　1053

康熙　雩都縣志[2]十四卷・盧振先修，管奏韺纂　存　1054

乾隆　雩都縣志[1]・左修品修，李睿等纂　未見　　　1054

乾隆　雩都縣志[2]十四卷・高澤敘修，段彩纂　存　　1055

道光　雩都縣志三十二卷・鈕士元、何應桂、黃濬修，

　　　宋惟駒等纂　存　　　　　　　　　　　　　1056

同治　雩都縣志十六卷首一卷・顏壽芝、陳翔墀、

　　　王穎修，何戴仁、洪霖纂　存　　　　　　　1057

信豐

宋　　信豐縣志・佚名修纂　佚　　　　　　　　　1059

洪武　信豐縣志・康侯昌修　佚　　　　　　　　　1060

永樂　信豐縣志[1]・敎進修　佚　　　　　　　　　1060

永樂　信豐縣志[2]・王昉修　佚　　　　　　　　　1061

嘉靖　信豐縣志・徐鑾修，俞雍纂　佚　　　　　　1061

隆慶　信豐縣志・廖憲修，張淵纂　佚　　　　　　1062

康熙　信豐縣志[1]十二卷・楊宗昌、張繼修，

　　　曹宣光纂　闕　　　　　　　　　　　　　　1063

康熙　信豐縣志[2]十二卷・張執中修　未見　　　　1064

康熙　信豐縣志[3]十二卷首一卷・張瀚修，黃彬等纂　存　1064

乾隆　信豐縣志十六卷・游法珠修，楊廷為纂　存　1065

道光　信豐縣志續編十六卷・許燮、袁曦業修，

　　　謝肇漣等纂　存　　　　　　　　　　　　　　　1066

同治　信豐縣志續編八卷・李大觀修，劉傑光等纂　存　　1067

興國

宋　興國縣志・佚名修纂　佚　　　　　　　　　　　　1068

成化　興國縣志[1]・章廷圭修　佚　　　　　　　　　　1069

成化　興國縣志[2]五卷・袁天騏修，鐘觀纂　佚　　　　1069

正德　興國縣志・曾選修，劉勤纂　佚　　　　　　　　1070

嘉靖　興國縣志十三卷・盧寧修，曾乾纂　佚　　　　　1071

隆慶　興國縣志・盧晉修　佚　　　　　　　　　　　　1072

萬曆　興國縣志七卷・蔡鐘有修，黃灝等纂　佚　　　　1072

康熙　興國縣志十二卷・黃惟桂修，王鼎相等纂　存　　1074

康熙　瀲水志林二十六卷・張尚瑗修　存　　　　　　　1075

乾隆　興國縣志二十六卷首一卷・孔興浙、郭蔚修，

　　　孔衍倬等纂　存　　　　　　　　　　　　　　1076

道光　興國縣志四十六卷首一卷・蔣敘倫、陸以濟修，

　　　蕭郎峰等纂　存　　　　　　　　　　　　　　1077

同治　興國縣志四十六卷首一卷・梅雨田、崔國榜修，

　　　金益謙、藍拔奇纂　存　　　　　　　　　　　1079

會昌

會昌志・佚名修纂　佚　　　　　　　　　　　　　　　1081

元　會昌州志・佚名修纂　佚　　　　　　　　　　　　　1081

成化　會昌縣志・梁濳修，袁孔萬、周恕纂　佚　　　　　1081

隆慶　會昌縣志・陳宗虞修，夏汝恩、喻書莊纂　佚　　　1082

萬曆　會昌縣志・崔允升修，喻書莊纂　佚　　　　　　　1083

康熙　會昌縣志十四卷・王凝命修，董詰等纂　存　　　　1084

乾隆　會昌縣志稿三十四卷首一卷・戴體仁修，吳湘皋、

　　　鐘儼祖纂　存　　　　　　　　　　　　　　　　　1085

道光　會昌縣志¹・陳逢年修　未見　　　　　　　　　　1086

道光　會昌縣志²三十二卷・蔣啟敭修　存　　　　　　　1087

同治　會昌縣志三十二卷首一卷・劉長景修，陳良棟、

　　　王驥纂　存　　　　　　　　　　　　　　　　　　1088

安遠

弘治　安遠縣志・甘文紹修　佚　　　　　　　　　　　　1090

嘉靖　安遠縣志・李多祚修　佚　　　　　　　　　　　　1090

隆慶　安遠縣志・周昶修　佚　　　　　　　　　　　　　1091

萬曆　安遠縣志¹・潘應詔修　佚　　　　　　　　　　　1091

萬曆　安遠縣志²・林有科修　佚　　　　　　　　　　　1092

康熙　安遠縣志十卷首一卷・于作霖修，

　　　歐陽時等纂　存　　　　　　　　　　　　　　　　1093

乾隆　安遠縣志八卷首一卷・董正修，劉定京纂　存　　　1094

道光　安遠縣志三十三卷首一卷・黃文燮修，徐必藻、

　　　馮家駿纂　存　　　　　　　　　　　　　　　　　1095

同治　安遠縣志十卷首一卷・黃瑞圖等修，

　　　丁佩等纂　存　　　　　　　　　　　　　　1096

民國　安遠縣志・黃植蔭等修，黃彩彬等纂　闕　　1097

龍南

弘治　龍南縣志五卷・何珖修　佚　　　　　　　　1098

隆慶　龍南縣志・龔有成修，俞琳纂　佚　　　　　1099

萬曆　龍南縣志・王繼孝修，俞琳纂　佚　　　　　1100

康熙　龍南縣志[1] 十二卷・馬鎮修　闕　　　　　1102

康熙　龍南縣志[2]・鄧元貞修　未見　　　　　　1102

康熙　龍南縣志[3] 十二卷・閻士傑、蔣國禎修，

　　　王之驥等纂　存　　　　　　　　　　　　　1104

乾隆　龍南縣志[1] 二十六卷・永祿、關朝柱、梁其光修，

　　　廖運芳等纂　存　　　　　　　　　　　　　1105

乾隆　龍南縣志[2] 八卷・冷泮林、蔣大綸修，王霆、

　　　徐洪齡等纂　存　　　　　　　　　　　　　1106

道光　龍南縣志八卷首一卷・王所舉、石家紹修，

　　　徐思諫纂　存　　　　　　　　　　　　　　1107

光緒　龍南縣志八卷首一卷・孫瑞徵、胡鴻澤修，

　　　鐘益馭等纂　存　　　　　　　　　　　　　1108

尋烏

萬曆　長寧縣志十卷・黃源修，羅應霖纂　存　　　1110

康熙　長寧縣志六卷・井廠修　闕　　　　　　　　　　　　　　1111

乾隆　長寧縣志[1]・吳之章纂　佚　　　　　　　　　　　　　　1112

乾隆　長寧縣志[2]六卷首一卷・沈濤修，沈大中纂　未見 1113

乾隆　長寧縣志[3]・邱上峰纂　未見　　　　　　　　　　　　　1114

乾隆　長寧縣志[4]六卷首一卷・戴體仁修　存　　　　　　　　　1114

清　　長寧縣志[1]・佚名修纂　未見　　　　　　　　　　　　　1116

清　　長寧縣志[2]・曹起達纂　未見　　　　　　　　　　　　　1116

道光　長寧縣志・劉德熙纂　佚　　　　　　　　　　　　　　　1117

道光　長寧縣志輯本四冊・曾撰纂　未見　　　　　　　　　　　1117

咸豐　長寧縣志四卷首一卷末一卷・蘇霈芬、楊長傑修，

　　　曾撰纂　存　　　　　　　　　　　　　　　　　　　　1118

光緒　長寧縣志[1]四卷首一卷末一卷・沈鎔經、

　　　黃光祥修，劉德姚、劉丕誠等纂　存　　　　　　　　　　1119

光緒　長寧縣志[2]四卷首一卷末一卷・慶善修　存　　　　　　　1120

光緒　長寧縣志[3]十六卷首一卷・金福保修，梅奇萼、

　　　鍾材權纂　存　　　　　　　　　　　　　　　　　　　1121

光緒　長寧縣志[4]十六卷首一卷・徐清來修，

　　　劉鳳翯等纂　存　　　　　　　　　　　　　　　　　　1122

光緒　長寧縣志[5]十六卷首一卷末一卷・王衍曾、

　　　程祖蔚修，古有輝纂　存　　　　　　　　　　　　　　1123

定南

萬曆　定南縣志十卷・章瑩修，劉斯立纂　佚　　　　　　　　　1124

順治　定南縣志十卷・祝天壽修，張映雲纂　存　　　　1125

順治　定南縣志略六卷・祝天壽修，佚名輯　存　　　　1126

康熙　定南縣志十卷・林諟孕修，賴用楫纂　存　　　　1126

乾隆　定南廳志七卷・黃汝源、朱昕等修，劉霖纂　存　　1127

道光　定南廳志八卷・諸吉祥、丁春林、宋思濂修，

　　　黃錫光等纂　存　　　　1128

同治　定南廳志八卷首一卷・王言綸、王大枚、楊邦棟修，

　　　黃正琅等纂　存　　　　1129

大余

祥符　（南安軍）圖經・李宗諤等修　佚　　　　1131

宋　（南安軍）圖經・佚名修纂　佚　　　　1132

淳熙　南安志二十卷補遺一卷・方崧卿修，許開纂　佚　1132

　　　南安志三冊・佚名修纂　佚　　　　1133

大德　南安郡志・黃文傑纂　佚　　　　1134

明　南安府志・佚名修纂　佚　　　　1135

景泰　南安府志・蔡雲翰纂　佚　　　　1135

成化　南安府志・張弼修　佚　　　　1136

正德　南安府志・季斆修，曾燠等纂　佚　　　　1136

嘉靖　南安府志[1]・何文邦修，秦銳纂　佚　　　　1137

嘉靖　南安府志[2]三十五卷・陳健修，劉節纂　存　　　1137

康熙　南安府志[1]十五卷・李世昌修　存　　　　1139

康熙　南安府志² 二十卷・陳奕禧、遲維璽修，

　　　　劉文友等纂　存　　　　　　　　　　　1139

乾隆　南安府志二十二卷・蔣有道、朱文佩修，

　　　　史珥纂　存　　　　　　　　　　　　1141

同治　南安府志三十二卷首一卷・黃鳴珂修，石景芬、

　　　　徐福炘纂　存　　　　　　　　　　　1142

光緒　南安府志補正十二卷首一卷・楊諄修　存　1143

康熙　大庾縣志・佚名修纂　佚　　　　　　　1144

乾隆　南安府大庾縣志二十卷首一卷・余光璧修　存　1144

乾隆　大庾縣志・佚名修纂　佚　　　　　　　1145

道光　（大庾縣志）續草一冊・石家紹修　佚　　1145

咸豐　大庾縣續志二卷・汪報閏等修，譚習纂等纂　存　1146

同治　大庾縣志二十六卷首一卷・陳蔭昌修，

　　　　石景芬等纂　存　　　　　　　　　　1147

民國　大庾縣志十六卷・吳寶炬、薛雪修，劉人俊纂　存　1148

南康

嘉靖　南康縣志十三卷・冼沂修，劉文昭纂　存　1149

康熙　南康縣志¹ 十二卷・陳暉修，王家拱等纂　闕　1150

康熙　南康縣志² 十六卷・申毓來修，宋玉朗纂　存　1151

乾隆　南康縣志¹ 十九卷首一卷・鄧蘭、葛淳修，

　　　　陳之蘭纂　存　　　　　　　　　　　1152

乾隆　南康縣志² ・佚名修纂　佚　　　　　　1153

道光　南康縣志二十四卷首一卷・劉繩武、王雅南修，

　　　賴相棟纂　存　　　　　　　　　　　　　　1154

同治　南康縣志十四卷首一卷・沈恩華修，盧鼎峋纂　存 1155

民國　南康縣志二十四卷首一卷末一卷・邱自芸修，

　　　鄔榮治、郭選英纂　存　　　　　　　　　　1156

上猶

大德　上猶縣志・黃文傑纂　佚　　　　　　　　　1157

嘉靖　上猶縣志・吳鎬修，張朝臣、胡祥霽纂　佚　1158

康熙　上猶縣志[1]・楊榮白修　未見　　　　　　　1159

康熙　上猶縣志[2]・陳延繪修　未見　　　　　　　1160

康熙　上猶縣志[3]十卷・章振萼修　存　　　　　　1161

乾隆　上猶縣志[1]十三卷・方求義、李珥修，

　　　梁啟機纂　存　　　　　　　　　　　　　　1161

乾隆　上猶縣志[2]・佚名修纂　佚　　　　　　　　1163

乾隆　上猶縣志[3]二十卷・賈文召修，蔡泰均纂　闕 1163

道光　上猶縣志[1]三十一卷・歐陽輯瑞修　存　　　1164

道光　上猶縣志[2]・岑蓮乙修　未見　　　　　　　1165

光緒　上猶縣志十八卷首一卷・邱文光、葉滋瀾等修，

　　　李臨馴纂　存　　　　　　　　　　　　　　1165

民國　上猶縣志・劉文淵修，吳寶仁纂　存　　　　1166

崇義

嘉靖　崇義縣志二卷・王廷耀修，鄭喬纂　存　　　1167

萬曆　崇義縣副志・林際春修　佚　　　1168

康熙　崇義縣志[1]・王璧修　存　　　1169

康熙　崇義縣志[2] 十二卷・劉凝修　佚　　　1170

乾隆　崇義縣志・羅洪鈺修　未見　　　1171

咸豐　崇義縣續志二卷・汪報閏修，陳世瑋纂　存　　　1172

同治　崇義縣志十二卷・汪寶樹、馮寶山修，

　　　胡友梅纂　存　　　1174

同治　崇義縣新志補遺三卷・周長森修　佚　　　1175

光緒　崇義縣志八卷續增一卷・廖鼎璋修　存　　　1175

民國　崇義縣志八卷・周國才等修，張聲懋等纂　存　　　1176

寧都

嘉慶　寧都州志・黃永綸修，彭烒纂　佚　　　1178

道光　寧都直隸州志三十二卷首一卷・鄭祖琛、劉丙、

　　　梁棲鸞修，楊錫齡等纂　存　　　1179

宋　　寧都縣志[1]・彭鉉修　佚　　　1180

宋　　寧都縣志[2]・趙糾夫修　佚　　　1181

　　　寧都縣志・佚名修纂　佚　　　1181

洪熙　寧都縣志・佚名修纂　佚　　　1182

隆慶　寧都縣志・佚名修纂　佚　　　1182

萬曆　寧都縣志[1]・佚名修纂　佚　　　1182

萬曆　寧都縣志[2]·趙思謙修，胡祥鸞、袁慶揚纂　佚　　1183

萬曆　寧都縣志[3]八卷·莫應奎、王光蘊修，

　　　吳天德等纂　存　　1183

康熙　寧都縣志[1]·邱維屏纂　佚　　1184

康熙　寧都縣志[2]·宋必達修，蘇恒纂　佚　　1185

康熙　寧都縣志[3]·丁文炯修，蘇恒、楊龍泉纂　佚　　1186

乾隆　寧都縣志八卷·鄭昌齡修，梅廷訓等纂　存　　1186

瑞金

瑞金縣志·佚名修纂　佚　　1188

嘉靖　瑞金縣志八卷·趙勳修，林有年纂　存　　1189

隆慶　瑞金縣志·呂若愚修，朱紫等纂　佚　　1190

萬曆　瑞金縣志十一卷·堵奎臨修，鐘撰等纂　闕　　1190

萬曆　瑞金縣志增補·項元濂修　佚　　1192

萬曆　瑞金縣志續·潘舜曆修，楊以傑纂　佚　　1192

康熙　瑞金縣志[1]十卷·朱維高修，楊長世等纂　存　　1193

康熙　瑞金縣志[2]十一卷首一卷·郭一豪修，

　　　朱雲映等纂　存　　1194

乾隆　瑞金縣志八卷首一卷·郭燦修，黃天策、

　　　楊於位纂　存　　1195

道光　瑞金縣志十六卷首一卷·蔣方增修，

　　　廖駒龍等纂　存　　1195

光緒　瑞金縣志十六卷首一卷‧孫長慶、張國英修，

　　　陳芳等纂　存 1196

民國　瑞金縣志稿八卷‧陳詒修，陳政均纂　存 1197

石城

石城縣志‧佚名修纂　佚 1198

弘治　石城縣志‧魏儞修　佚 1199

崇禎　石城縣志十卷‧尚承業修，陳露纂　未見 1200

順治　石城縣志[1]‧董應譽修　佚 1202

順治　石城縣志[2]十卷‧郭堯京修，鄧鬥光纂　存 1202

乾隆　石城縣志[1]八卷‧王士倧修，劉飛熊等纂　存 1203

乾隆　石城縣志[2]八卷‧楊柏年修，黃鶴雯纂　存 1204

道光　石城縣志八卷圖一卷‧朱一慊修，黃穎、

　　　許瓊等纂　存 1205

同治　石城縣志‧佚名修纂　未見 1206

志書異名對照表 1209

第七章

撫州地區

▶ 臨川

郡乘之最古者，當屬劉宋永初間荀伯子《臨川記》六卷。又有佚名
《臨川記》，見《太平寰宇記》《太平御鑒》等引錄，撰年無考，蓋宋以前
舊籍。又有《（臨川）舊圖經》《臨川舊志》，撰人撰年俱不詳。宋修郡志
之可考者，有《祥符（撫州）圖經》、淳熙《臨川志》、《臨汝志》、《撫州
志》、嘉泰《臨汝圖志》、嘉定《臨川圖志》、咸淳《臨川志》諸種，其中
或有見於前人著錄，或自宋明類書地志中輯得。元修郡志，已放佚無考。
明初有《撫州府圖經志》、《撫州府志》兩種，俱見引於《永樂大典》，又
弘治十六年，嘉靖三十三年、崇禎七年有續修成書。入清以來，撫州府志
凡四修，一是康熙四年劉玉瓚本、二是康熙二十七年張四教本，三是雍正
七年羅複晉本，四是光緒二年許應本。明之前舊志皆亡。今存者有明弘
治、嘉靖、崇禎三種府志，清修四種俱存。

撫州郡治臨川縣。自宋至明，縣志之可考者寥寥無幾。僅知宋有淳熙
趙善譽志、嘉定屠雷發志兩種。元修本遺蹤難尋。又《永樂大典》引佚名
《臨川縣志》一條，疑係明初所修。崇禎間，邑人傅占衡私輯縣志，稿成
未刊。以上諸志今不存。清康熙十九年，知縣胡亦堂據明末傅志稿纂成一
志，乾隆五年知縣李廷友、嘉慶二十四年知縣秦沅、道光三年知縣姜銓、

同治九年知縣童範儼等均有纂續。民國三十六年陳元慎等亦有縣志稿一編。清及民國所修臨川縣志六種，俱存。

臨川縣，漢豫章南城縣地，東漢永元八年，析南城縣西北境立臨汝縣，屬豫章郡。吳太平二年，置臨川郡，領南城、臨汝、西平、東興、南豐、永城、宜黃、安浦、西城、新建十縣，治臨汝。晉惠帝時以揚州七郡、荊州三郡置江州，臨川郡隸焉，領縣如吳。齊建元元年徙郡治於南城。梁大同二年分新建、西城置巴山郡，析臨汝地置定川縣，復治臨汝，領縣九。隋廢郡為州，以總管楊武通奉使安撫，因名撫州；大業三年改臨川郡，領臨川、南城、崇仁、郡武四縣。唐武德五年復置撫州，領臨川、南城、邵武、宜黃、崇仁、永城、東興、將樂八縣。後省東興、永城、將樂、宜黃四縣，又以邵武還隸建州；天寶元年改臨川郡；乾元元年復故，隸江南西道。宋撫州臨川郡，天禧四年隸江南西道，領臨川、崇仁、宜黃、金溪、樂安五縣。元至元十四年升撫州路，領縣如宋。明太祖壬寅年改臨川府，尋改撫州府；正德七年後領臨川、崇仁、金溪、宜黃、樂安、東鄉六縣。清仍之。

〔永初〕臨川記

荀伯子修荀伯子，潁川潁陽人，仕晉為著作郎，入宋，累遷御史中丞、東陽太守，永初中任臨川內史，在郡撰《臨川記》六卷，元嘉十五年卒，《宋書》有傳。

劉宋永初間修本　佚

《太平御覽》卷四十八，地部十三，山麻山、五章山、英巨山；卷五十二，地部十七，石石龍山岩、石廩；卷一七〇，州郡部十六，撫州王右軍故宅；引荀伯子《臨川記》六條。

《太平寰宇記》卷一〇九，撫州，臨川縣英巨山、靈谷山，石廩、王右軍故宅；崇仁縣豐材山，引荀伯子《臨川記》六條。

《輿地紀勝》卷二十九，撫州，景物下石廩、英巨山、靈谷山，半材山；古跡王右軍故宅；引荀伯子《臨川記》五條。

《永樂大典》卷八〇九二，十九庚，城撫州府城（《撫州府志》）；卷一〇九五〇，六姥，撫撫州府（古跡）（《撫州府志》）；引荀伯子《臨川記》兩條。

《明一統志》卷五十四，撫州府，山川豐材山、連樊水；古跡石廩；引荀伯子《記》三條。

秦榮光《補晉書藝文志》史部地理類：《臨川記》荀伯子撰，據《御覽》州郡部引。

章宗源《隋書經籍志考證》卷六：《臨川記》卷亡，荀伯子撰，不著錄。《太平寰宇記》，江南西道，臨川，英巨山，嶺內有石人，體有塵則興風，潤則致雨，民以為准。（《御覽》地部同）王右軍故宅，其地爽塏，山川如畫，每至重陽日，郡守從事多遊於斯。（《御覽》州郡部同）並引荀伯子《臨川記》，不著撰名。

《太平御覽經史圖書綱目》：荀伯子《臨川記》。

《中國古方志考》：《臨川記》六卷宋荀伯子撰。

《江西古志考》卷七。

【按】劉宋荀伯子所纂《臨川記》，為臨川最早的一部郡志。荀氏於永初中任臨川內史，其書當成於此時。《太平御覽經史圖書綱目》有著錄，《御覽》《寰宇記》諸書有引錄，知荀書至北宋初尚存。其亡佚於何時，已難考定。又，《御覽》《寰宇記》諸書又引有佚名《臨川記》，與荀氏《紀》並非一書，且晚成於

荀《紀》至少百四十餘年，本書另有著錄。

臨川記

佚名修纂

修纂年不詳　佚

《太平御覽》卷六十七，地部三十二，池<small>咸池</small>，引《臨川記》一條。

《太平寰宇記》卷一〇九，撫州，臨川縣<small>連樊甘渚</small>，引《臨川記》一條。

《輿地紀勝》卷三十五，建昌軍，景物下<small>九龍井</small>，引《臨川記》一條。

《明一統志》卷五十四，撫州府，山川<small>靈谷山</small>，引《臨川記》一條。

王謨《江西考古錄》卷三，山阜<small>五章山</small>；卷九，神異<small>楓子鬼</small>；引《臨川記》兩條。

《江西古志考》卷七：《臨川記》<small>佚卷數、撰人。</small>

【按】茲輯《太平御覽》《太平寰宇記》諸書所引佚名氏《臨川記》遺文數條，考《御覽》《寰宇記》引文之例，大凡署與不署撰人名氏，實有以示同名異書之別。今檢《御覽》所引此佚名《臨川記》載崇仁縣咸池，曰：「故老相傳，（黃）法有奇術，常欲變置鹽池於家山之下，幅員六十餘畝，至今水味獨鹹於他水。」按：據《陳書·黃法傳》，黃氏乃六朝陳時人，卒於陳宣帝大建八年十月，晚於荀伯子百四十餘年。又此佚文曰「崇仁縣」，崇仁置縣在隋朝，是《記》顯非荀伯子之書。頗疑系唐人

所撰。又，《明一統志》「靈谷山」條引佚名《記》，其文與《寰宇記》《紀勝》引荀伯子文相同，或《明一統志》引時疏失，未署荀伯子，或佚名《記》襲用荀文，今難考斷，姑作佚名氏文並輯於此。

（臨川）舊圖經

佚名修纂

修纂年不詳　佚

《輿地紀勝》卷二十九，撫州，仙釋周仙王，引《舊圖經》一條；景物下文昌偃，引《舊經》一條。

《永樂大典》卷一〇九四九，六姥，撫撫州府（分野）（《臨川志》一條，《淳熙志》四條），引《舊經》五條。

《明一統志》卷五十四，撫州府，山川文昌堰，引《舊圖經》一條。

《中國古方志考》：《（撫州）舊圖經》佚。

《江西古志考》卷七：《（臨川）舊經》佚卷數、撰人。按：《中國古方志考》於《（撫州）舊圖經》目下錄《紀勝》卷二十九，撫州，仙釋，「周仙王」，引《舊圖經》一條，又同卷景物下，「文昌堰」引《舊經》一條，殆以《舊圖經》與《舊經》為一。茲於《明一統志》卷五十四，得「文昌堰」引《舊圖經》一條，其文與《紀勝》引《舊經》同，可證張說不誤。

【按】本志原名當是「臨川圖經」，《紀勝》引作「舊圖經」，乃省郡名「臨川」並增一「舊」字。或又引作「舊經」，係「舊圖經」之省稱。頗疑本志即北宋《祥符撫州圖經》，因其遺文尚

不能推斷必是，故仍另錄作一書以俟考。

〔宋〕臨川舊志

佚名修纂

宋修本　佚

《永樂大典》卷二七五四，八灰，陂雜陂名，引《臨川舊志》一條；又卷八〇九二，十九庚，城崇仁縣城（《臨川志》）、巴山郡故城（《臨川志》注）；卷一〇九四九，六姥，府撫州府（建置沿革）（《撫州府志》）；撫州府（疆界）（《臨川志》注）（二條）；卷一〇九五〇，六姥，撫撫州府（古跡）（《撫州府志》）；引《舊志》七條。

《明一統志》卷五十四，撫州府，山川金華山，引《舊志》一條。

《中國古方志考》：《臨川舊志》佚。

《江西古志考》卷七。

【按】《大典》所載《臨川志》轉引「舊志」，有稱《臨川舊志》者一條，有稱「舊志」者十七條，後者情況較為複雜。考其佚文上下文意，或以「舊志」專指某種舊修志書，或泛指舊時所修諸志。如《大典》卷八〇九二，十九庚，城，「撫州府城」（《撫州府志》）引「舊志」三條，言「舊志廢城門所記」，下引《祥符圖經》為說，復曰「舊志所云皆曰舊治」。今審其語，此三處所稱「舊志」者，當泛指舊修臨川郡乘，不得視為專指某種舊志。又卷一〇九四九，六姥，撫，「撫州府」（《撫州府志》注），先引淳熙志、嘉定志，後又概而言之曰：「已上並舊志所記」，此稱「舊志」，實並指淳熙、嘉定兩志。凡此泛指「舊志」者有

九條，今一併刪除不輯，實得《舊志》佚文七條。此七條佚文，有出自宋修《臨川志》引，有出自明《撫州府志》引。宋、明兩志相去年代甚遠，所引舊志是否同指一書，實難考確，姑繫於《臨川舊志》之下。

〔祥符〕（撫州）圖經

李宗諤等修李宗諤，字昌武，饒陽人，由鄉舉第進士，累官右諫議大夫。

宋大中祥符三年（1010）修本　佚

《永樂大典》卷八〇九二，十九庚，城撫州府城〔《撫州府志》（三條）、宜黃縣城《臨川志》〕、金溪縣城（《臨川志》），引《祥符圖經》五條。又撫州府城（《撫州府志》），引《圖經》一條。

《中國古方志考》：《祥符（撫州）圖經》宋，佚。

《江西古志考》卷七：《祥符（撫州）圖經》宋，佚卷數。按：張氏《大典輯本》輯祥符《圖經》四條。今檢《大典》「撫州府城」曰「祥符《圖經》載縣城周圍二百八十七步，今無城，《圖經》又謂縣令廨宇在縣城內」云云。此言《圖經》者，乃復指祥符《圖經》，語義甚明，今增輯之。又，是《圖經》成書情況，參見本書祥符《（洪州）圖經》考。

〔淳熙〕臨川志

佚名修纂

宋淳熙間修本　佚

《輿地紀勝》卷二十九，撫州，風俗形勝庖犧揖巽，引《前臨川志》一條。

　　《永樂大典》卷一〇九四九，六姥，撫撫州府（分野），（建置沿革），（至到），（古跡），（《臨川志》），引《淳熙志》五條，又，卷一〇九五〇，六姥，撫撫州府（風俗）（《撫州府志》注），引《前臨川志》一條。

　　《中國古方志考》：《臨川志》宋，佚。按：宋有淳熙、嘉定、景定《臨川志》，《紀勝》引《前臨川志》，又《臨川志》，似《前臨川志》是《淳熙志》，《臨川志》是《嘉定志》。

　　《江西古志考》卷七：《前臨川志》佚卷數、撰人。

　　【按】宋淳熙《臨川志》，佚文見存《永樂大典》數條。據《大典》卷一〇九四九，六姥，撫，「撫州府」《撫州府志》敘建置沿革，其注並引《淳熙志》《嘉定志》，又《撫州府志》敘至到，其注引《淳熙志》，知此志係撫州臨川郡志。又《輿地紀勝》引《前臨川志》一種，佚文曰：「中和五年，刺史危全諷始遷今治，麾震揖巽，朝辛附癸」云云，與《大典》，「撫州府」所錄《撫州府志》敘建置沿革引「淳熙、嘉定志」同。張國淦氏以為《紀勝》所引《前臨川志》是淳熙志，《臨川志》是嘉定志，其說有理。此志修纂人、卷帙均失考。

〔宋〕臨川志

　　佚名修纂

　　修纂年不詳　佚

　　《輿地紀勝》卷二十九，撫州，沿革於天文為星紀之分野；縣沿革臨川縣、宜黃縣；風俗形勝五峰三市；官吏國朝李先；碑記東方朔畫像贊，引《臨川志》六條；卷三十五，建昌軍，軍沿革禹貢揚

州之域、在天官星紀，引《撫州臨川志》二條。

《明一統志》卷五十四，撫州府，山川五峰，引《臨川志》一條。

《江西古志考》卷七：《臨川志》宋，佚卷數、撰人。未見著錄。

【按】《紀勝》引《臨川志》數事，張國淦氏既謂是《嘉定志》，卻又將該志佚文錄於景定家坤翁《臨川志》下，大謬。家坤翁志修於宋景定五年，晚於王象之《紀勝》成書數十年，係張氏誤錄甚明。又《中國古方志考》據天曆《羅山縣志》吳寶翁序錄嘉定徐天麟纂《臨川志》一種。今考徐氏此志實為臨川縣志而非郡志，張國淦氏錄作郡志，亦誤。宋嘉定間郡志，未見前人著錄。又《紀勝》成於宋嘉定末年，王象之所采嘉定間志乘，每標「新志」字樣以為識，如嘉定滕強恕《宜春志》、嘉定《袁州圖經》，《紀勝》俱引作《宜春新志》《新編袁州圖經》。此《臨川志》不引作「臨川新志」，似早於嘉定年成書。又《紀勝》「國朝李先」條引是志，李先，字淵宗，臨潁人，為虔州觀察推官，攝吉州永新令，神宗朝知信州、南安軍，又撫楚州，政聲甚著，累官至秘書監致仕。據此，則是志當成於神宗朝以後。

〔宋〕臨汝志

佚名修纂

宋修本　佚

《輿地紀勝》卷二十九，撫州，景物上思軒；景物下清風閣，靈運池，引《臨汝志》三條。

《永樂大典》卷一〇九四九，六姥，撫撫州府（至到）（《撫州

府志》注）；卷一〇九五〇，六姥，撫撫州府（古跡）（《撫州府志》），引《臨汝志》二條。

《中國古方志考》：《臨汝志》佚。

《江西古志考》卷七：《臨汝志》宋，佚卷數、撰人。按：《紀勝》「思軒」、「清風閣」兩條引本志俱有王荊公詩。王安石封荊國公在宋神宗元豐二年，佚文稱「王荊公」，知是志修於此年之後。又《紀勝》「靈運池」條曰：「《臨汝志》附見臨川縣」。據此，本志非記臨川一縣之事，應為郡志也。張氏《中國古方志考》置《臨汝志》於景定家坤翁《臨川志》之後，列為臨川縣志之首，殆未省其為郡志也。張氏又曰：「汝臨，漢縣，隋改臨川縣，唐宋因之。曰臨汝者，以臨、汝二水在縣合流，此沿舊稱。」本志或以水名書，不必沿用漢縣舊稱。

〔宋〕撫州志

佚名修纂

宋修本　佚

《永樂大典》卷二二七〇，六模，湖黃家湖；卷二三四五，六模，烏白烏；卷八五二六，十九庚，精黃精；引《撫州志》三條。

《江西古志考》卷七：《撫州志》佚卷數、撰人。按：《大典》「黃精」條本志佚文引有《本草》，疑即唐慎微所撰《類證本草》，該書成於宋大觀二年。據《玉海》，紹興二十七年王繼先上校《大觀本草》，詔秘書監修潤付冑監板行之。知唐氏《本草》流行於南渡之後。《撫州志》撰年失考，但無疑在《本草》刊行之後。

〔嘉泰〕臨汝圖志十五卷

張貴謨修張貴謨，字子智，浙江遂昌人，乾道二年進士，慶元、嘉泰間知撫州，官至朝議大夫，封遂昌縣開國男。

宋嘉泰間修本　佚

《宋史藝文志》史部地理類：張貴謨《臨汝圖志》十五卷。

《江西古志考》卷七。

【按】張貴謨宋嘉泰間知撫州，本《圖志》當修於此間。參見嘉定《（臨川）圖志》考說。

〔嘉定〕（臨川）圖志

佚名修纂

宋嘉定間修本　佚

《永樂大典》卷一〇九五〇，六姥，撫撫州府（兵防）（《臨川志》），（古跡）（《撫州府志》二條），引《嘉定圖志》三條。

《江西古志考》卷七：《嘉定（臨川）圖志》宋，佚卷數，撰人。未見著錄。

【按】茲輯《大典》所錄《臨川志》《撫州府志》引《嘉定圖志》三條。此《圖志》所載為郡事，係臨川郡乘無疑。考宋本郡舊乘，有張貴謨修有《臨汝圖志》十五卷。按貴謨慶元、嘉泰間知撫州，《臨汝圖志》之修當在此間，距嘉定甚近。頗疑張貴謨《圖志》與《嘉定圖志》為一書，或張氏始修而成於嘉定間。《宋史藝文志》著錄為張氏修，而《臨川志》《撫州府志》則以其成書之時引用「嘉定圖志」。因乏旁證，不敢必以為是，謹附說於此，待高明識斷。

〔咸淳〕臨川志三十五卷

家坤翁修　周彥約纂家坤翁，字頤山，四川眉山人，景定三年以戶部郎中知撫州。　　周彥約，豐城人，景定三年進士，為撫州推椽，知韶州。

宋咸淳元年（1265）刻本　佚

《永樂大典》卷二二六一，六模，湖黃土湖；卷二二六六，六模，湖月湖、河湖、沙湖、柘湖、神湖；卷二二七〇，六模，湖巧子湖、杜家湖、郭家湖、揭家湖、江家湖、陶家湖、雷家湖、何家湖、傅家湖、蔡家湖、鴉鵲湖、魚湖、雞頭湖、飯匙湖、高車湖、灣頭湖、五升湖、四溪湖、東灣湖、南壟湖；卷二二七一，六模，湖上漕湖、下墩湖；卷二五三五，七皆，齋存齋；卷二五三六，七皆，齋民心為齋，毋不敬齋；卷二五三八，七皆，齋雲月高齋；卷二五三九，七皆，齋日三省齋；卷二五四〇，七皆，齋艇齋；卷二六〇三，七皆，台翻經台；卷二七五四，八灰，陂雜陂名（二條）；卷二九四九，九真，神人服其神；卷三一四五，九真，陳陳軾；卷三五二五，九真，門學門；卷三五二七，九真，門台門；卷七二三五，十八陽，堂先賢堂；卷七二三八，十八陽，堂近民堂；卷七二三九，十八陽，堂梅隱堂；卷七二四〇，十八陽，堂平心堂；卷七五〇七，十八陽，倉常平倉；卷七五一二，十八陽，倉州儲倉；卷七五一三，十八陽，倉和民倉；卷七五一四，十八陽，倉平糴倉（四條）；卷七五一六，十八陽，倉都倉、東倉、西倉、省倉、米倉、鹽倉；卷八〇九二，十九庚，城撫州府城（《撫州府志》）、述陂故城、母城、西豐縣故城、崇仁縣城、安浦縣故城、新建縣故城、西城縣故城、興平縣故城、巴山郡故城、上城下城、巴山縣故城、宜黃縣城、

金溪縣城，樂安縣城；卷八七八二，十九庚，僧證空法師；卷八七八三，十九庚，僧文惠大師、無相；卷一〇四二二，四濟，李李浩；卷一〇九四九，六姥，撫撫州府（分野）、（疆界）、（建置沿革）（《撫州府志》注）（二條）、（城池）（《撫州府志》）（二條）、（至到）（《撫州府志》注）、（府治）（《撫州府志》注）、（統屬）（《撫州府志》注）（四條）；卷一〇九五〇，六姥，撫撫州府（坊巷）、（壇土遺）、（《撫州府志》注）、（官制）、（兵防）、（風俗）（《撫州府志》注）（二條）、（古器）、（古跡）（《撫州府志》注）（四條）、（廟祠）（二條）、（廟祠）（《方輿勝覽》注）、（廟祠）（《撫州府志》注）（二條）、卷一一〇〇一，六姥，府義府；卷一一九八〇，十八梗，嶺蘭嶺；卷一四一四五，五御，著雜著（二條）；卷二〇二〇五，二質，畢畢允升，引《臨川志》一百一十二條。

《文淵閣書目》卷四，舊志：《臨川志》十二冊。

倪燦《宋史藝文志補》：《景定臨川志》三十五卷佚名。

《南邕志經籍考》《臨川志》三十五卷宋景定癸亥刊。

《千頃堂書目》卷七。

光緒《江西通志》藝文略：《撫州府志》三十五卷景定五年郡守家坤翁序。

《中國古方志考》。

《江西古志考》卷七。

家坤翁序臨汝望於江介，郡公先正萃焉，文獻可謂足矣。郡乘顧無成書，先後草創，乃不足證，來者慊焉。繫昔東都盛際，樂侍郎、晏元獻起是邦，皆以博洽名。樂公記《寰宇》，晏公作《類要》，亦既舉天下郡國之綱矣，盍不用情州閭，網羅舊聞，詳著別編，以發揮宗國之盛美歟？豈

二公心在海內，天地四方之志，不周於小斂？抑丘聚之志、閭裡之版、函吏之圖書，乃官府事，非邦人職歟？坤翁以景定壬戌被命來守，歲餘少事，屬同志收攬載籍，考訂耆舊，退而相與裁之，合為三十五卷，書成，條目粗備，然遺忘尚多，舂容將有待也。會予節趨闕，以其書托諸推椽周君彥約，覆正闕誤，且裒金俾鋟諸梓。明年，周君來諗曰：鋟梓就矣，宜敘其首。竊惟圖籍視史冊，歲歲紀之，事則可具備。倘曠數十年百年間斷弗緝續，耳目所不接，必有散佚者。《周官》自川澤、丘陵、墳衍、原隰、都鄙、土地、官府、次舍訖於士庶、民物、風俗、生齒、財用、器械、九穀、六畜，各有所掌，歲時比之、辨之、稽之、登之，蓋不徒考校其數，常修治其籍，惟恐一日失所紀也，懿哉。我後之人，尚有意焉，原毋志《周官》之法度，時取而附益之，庶乎此書可傳也，可繼也，可悠久而各足也。（咸淳元年）

【按】本志係景定四年知府家坤翁所修。志稿粗成，家氏調離，囑託推椽周彥約校訂並鋟諸梓，家氏有序述其事。序文撰於南宋咸淳元年，當是本志刻成之時。光緒《江西通志》錄有景定五年郡守家坤翁《撫州府志》三十五卷，又錄周彥約景定《臨川縣志》三十五卷。此兩志本係一書，是郡志而非縣志，光緒《通志》實誤析為二。張國淦氏《大典輯本》得《臨川志》四十五條。斷為景定癸亥（四年）家氏本。今輯得百十二條，其佚文有年可考者，均不晚於南宋景定五年，是否俱出家氏志而無此前或其後修本，今難遂一條核，姑且一併錄於此。又，佚文中出現「江西撫州府」「撫州府」之類字樣，蓋後人所增。

撫州府圖經

佚名修纂

修纂年不詳　佚

《永樂大典》卷二七五四，八灰，陂雜陂名，引《撫州府圖經志》一條。

《江西古志考》卷七：《撫州府圖經志》佚卷數、撰人。未見著錄。

【按】本志見《永樂大典》引。撫州府，係明太祖壬寅年以撫州路改置，疑此志係明初修本，然志題「府」字或《大典》編者所增亦未可知也，存疑以俟考。

〔洪武〕撫州府志四冊

佚名修纂

明洪武間修本　佚

《永樂大典》卷二二六一，六模，湖黃渾湖；卷二二六六，六模，湖槎湖、藕湖、鄒湖、戴湖；卷二二六七，六模，湖金湖、長湖；卷二二七○，六模，湖余家湖；卷二二七一，六模，湖老合湖、資福湖、中山池湖、板村小湖、戴坊小湖、楊州邊湖、朱家園湖、黃家坪湖、塗家源湖、大塘小湖、雲嶺下小湖、丘下小圳湖等，湖頭聚小湖、楓山下小水湖；卷七五一四，十八陽，倉永半倉；卷八○九二，十九庚，城撫州府城；卷八八四三，十九尤，遊遊元；卷九七六四，二十二覃，岩金石岩；卷一○九四九，六姥，撫撫州府（建置沿革）、（城池）、（至到）；卷一○九五○，六姥，撫撫州府（坊巷）（府治）、（統屬）、（廟祠）、（壇土遺）、（風俗）、（古跡）；引《撫

州府志》三十五條。

《文淵閣書目》卷四，新志：《撫州府志》四冊。

《江西古志考》卷七。

【按】清人李紱序乾隆《臨川縣志》言及「洪武《撫州志》至弘治複修」，知明洪武年間修有府志。《文淵閣書目》新志錄有「《撫州府志》四冊」，即是。茲輯《大典》引《撫州府志》三十五條，其佚文「撫州府城」條曰：「前元塞鹽步門」，「本朝只開四門」；「撫州府建置沿革」條曰：「歸附於前元，改為撫州路總管府」，「辛丑十一月，聖朝總兵鄧愈統率大軍至，守臣張子高降，改臨川府，後又立為撫州府」。據此可推知本志修於洪武初年。

〔弘治〕撫州府志二十八卷

胡孝　呂傑修　黎喆纂胡孝，字企參，宜興人，弘治間任撫州知府。　　呂傑，泰州人，弘治間任撫州知府。　　黎喆，郡人。

明弘治十六年（1503）刻本　存

《千頃堂書目》卷七：黎喆《撫州府志》弘治間修。

光緒《江西通志》藝文略：《撫州府志》二十八卷弘治十三年知府胡孝、呂傑修。

《中國地方志聯合目錄》：《撫州府志》二十八卷（明）楊淵纂修。明弘治十六年刻本。

呂傑序太守胡君企參揆緒有契，詢同於判郡張君景福、推刑周君公慶，用佈告屬縣搜訪遐遺，乃屬郡士黎喆修之，前行人姚君褧亨、嘉興守徐君用濟是正之……梓甫就鍥，而胡君去矣。予適承乏郡事……予幸與其

成，敢殿名篇末。

【按】據本志邵寶序曰：「宋景定中，家坤翁氏嘗一修之，君子謂之有體。迄於今若干年，尚無續焉，斯可為文獻之一慨也。弘治庚申，胡知府孝暨同知趙瑞始圖再修，乃得里居之賢前行人姚君複亨、知府徐君用濟以主其局，而布衣黎喆實與編纂之任。今呂知府傑繼而成之。」本志修纂「其例一承家氏之舊而少加損益」。全書二十八卷，卷一、二封域，卷三、四山水，卷五、六水利，卷七至十一公署，卷十二版冊，卷十三至十五文教，卷十六武衛，卷十七名宦，卷十八、十九科第，卷二十歲貢制科，卷二十一至二十四人物，卷二十五祠祀，卷二十六壇土遺、神廟、丘墓，卷二十七恤政、祥瑞、災異、古跡、古器、幽怪、兵氛，卷二十八方外。後人稱「門類體裁，弘治志最為詳安」（清雍正七年府志凡例）。本志於弘治十六年刻竣，原刻今存，是現存江西古志中最早的一部郡志。

〔嘉靖〕撫州府志十六卷

黃顯修　陳九川　徐良傅纂黃顯，瓊山人，嘉靖二十八年由刑部郎中升任撫州知府。　　陳九川，字惟濬，臨川人，進士，曾任禮部儀制郎等職。　　徐良傅，字子弼，號少初，東鄉人，進士，曾任武進知縣。

明嘉靖三十三年（1554）刻本　存

明隆慶間補刻本　存

《千頃堂書目》卷七：徐良傅《撫州府志》十六卷嘉靖間修。

光緒《江西通志》藝文略：《撫州府志》十六卷嘉靖三十二年知府黃顯修。

《中國地方志聯合目錄》。

陳九川序瓊山黃公顯守撫之三年，庶政孔修，獨慨郡乘之不修者逾五十年，文獻且墜。乃得請於兩台監司，屬九川與徐子良傅修之……以嘉靖癸丑九月始事，歲莫，黃公奔喪南歸，貳郡林公垠克終其事，明年二月告成。其書為綱者三：曰天文、曰地理、曰人道，為目二十，為卷一十有六……（嘉靖甲寅季春朔）

【按】本志有陳九川序，記修志始末甚悉。志凡十六卷，其卷目為：卷一、卷二天文志（象緯圖、星土辨、歲運表、襪祥考、占候考），卷三至卷六地理志（疆域圖、山川紀、邑裡紀、田賦籍、物產考、廨宇紀、壇廟紀），卷七至卷十六人道志（戶役籍、官師表、良牧傳、兵衛籍、辟舉表、名公世家、郡賢列傳、藝文錄）。清人李來泰評本志「樸而不詳」（見康熙四年郡志李序）。本志有嘉靖三十三年刻本，存。臺灣成文出版社公司《中國方志叢書》影印本卷八官師表記至隆慶三年，當是隆慶間補刻。

〔崇禎〕撫州府志二十卷

蔡邦俊修蔡邦俊，字師百，號豈凡，別號拙翁，晉江進士，崇禎四年任撫州知府。

明崇禎七年（1634）刻本　存

《千頃堂書目》卷七：蔡邦俊《撫州府志》崇禎間修。

光緒《江西通志》藝文略。

易應昌序先是，弘治庚申始一修，歷嘉靖癸丑再修，閱今不葺者垂八十年，辛酉毀於火，全籍亡者十餘年，歲壬申，溫陵蔡豈凡先生以司農

尚書郎來守是邦，月未期，慨然以興復郡乘為任……（崇禎甲戌）

　　【按】本志係知府蔡邦俊修纂。據陳際泰序稱蔡氏「獨任之郡志修焉，修郡志之業成焉，又未嘗一假手」。又有易應昌序，言該志修纂事頗詳。易序撰於崇禎甲戌（七年），是本志刊成之年。蔡志體例沿嘉靖黃志之舊，略有更易。全書二十卷，分天文志、地理志、人道志三門，十八目。嘉靖志之「人道志」，有「兵衛籍」一目，本志省之；嘉靖志之「名公世家」、「群賢列傳」二目，本志並作「名賢傳」。其餘名目俱同。本志內容較嘉靖志多有增益，卻不免龐雜。李來泰稱：嘉靖志「樸而不詳」，崇禎志則「龐而寡要，閱者病之」（康熙四年府志李來泰序）。本志原刻本存，《中國地方志聯合目錄》失收。

〔康熙〕撫州府志[1] 三十五卷首一卷

　　劉玉瓚修　饒昌胤等纂 劉玉瓚，大興人，進士，康熙元年知撫州府。　　饒昌胤，字介俶，本郡舉人。

　　清康熙四年（1665）刻本　存

　　光緒《江西通志》藝文略：《撫州府志》康熙四年知府劉玉瓚修。

　　《中國地方志聯合目錄》。

　　李來泰序 吾郡自宋景定、明弘治間始有志，佚有間矣。所猶及見者，惟嘉靖、崇禎兩書。前則樸而不詳，後則龐而寡要，閱者病之。兵燹以來，散為煨燼。今大府黃中劉公蒞政三年，百廢俱舉，一日念文獻之闕遺而授簡不佞，且曰：聞吾子先世於弘、嘉間皆與聞志事，今子通門掌故，宜無辭，且其例將何居？余遜謝不獲，則退而與縉紳先生、諸孝廉文

學商之。今國家大定廿年矣，稽前代之是非，言之無忌；述今日之典制，信而有徵。志之修也，誠莫宜於今日……於是孝廉饒子介俶、明經喻子立生編摩搜輯，閱十月而書成。大府鈴閣清暇，一言必衷其當，一事必覆其全。凡三易稿而授之梓人，蔚然稱完書已……（康熙四年）

　　【按】本志係入清以來府志之首修本，於康熙三年始修，十閱月而成書。知府劉玉瓚及郡人李來泰俱有序述其事。全書三十五卷首一卷，「其目三十有六，其文數十萬言」。有康熙四年刻本，存。

〔康熙〕撫州府志[2] 三十五卷首一卷

　　張四教修　曾大升纂張四教，字振公，奉天籍浙江人，蔭生，康熙二十三年任撫州知府。　曾大升，字二改，福建侯官舉人，撫州府同知。

　　清康熙二十七年（1688）刻本　存

　　光緒《江西通志》藝文略：《撫州府志》四十五卷康熙二十八年知府張四教修。

　　《清史稿藝文志》。

　　《中國地方志聯合目錄》。

　　曾大昇冪太守張振公先生……戊辰夏語余曰：郡故有志，昉於宋，修於明，我朝鼎定，至前守劉公黃中始一修之，迄今又二十餘載矣，中更播亂，老成凋謝，版籍散亡，今不再修，且廢，則欲輯新補故，此其時乎。余曰：唯唯。於是開局郡學，延諸縉紳先生、孝廉、明經、文學諸君，相與編纂校讎，廣采旁搜，期以徵前信後。又命余董其事。余不敏，謏陋寡聞，承先生命不敢違，遂與朝夕商榷，越三月告成……（康熙戊辰

年秋七月）

【按】本志為康熙四年劉玉瓚府志之續編。其凡例云：「郡志六百年間創修者就定，踵而成者弘治、嘉靖以及國朝康熙之申辰。自甲寅兵亂板毀，變故既多，而二十五年之紀載闕焉不備。茲編以續劉志，循例增修，文去浮誇，事必考信，即在劉志，亦有正訛補闕刪蕪黜濫之功，必期有當於實錄。」又云：「今遍搜正史，得弘治、嘉靖、崇禎三志古本，又《江西通志》新成，互相參考，編次成書。若《御覽》《廣記》、名賢諸集，有可徵信者亦必採取。」全志三十五卷，首一卷，卷首為原序、凡例、疆域圖。正文分十四考，即象緯考、建置考、山川考、邑里考、賦役考、版籍考、物產考、官師考、良牧考、祀典考、廨宇考、兵衛考、選舉考、人物考，又藝文記。其中「人物考」有十三卷，「藝文記」占七卷。又，本志光緒《通志》錄為「四十五卷」，《清史稿藝文志》從之，「四」係「三」字之誤。

〔雍正〕撫州府志四十五卷

羅複晉修　李茹旻等纂羅複晉，號荔山，廣東東莞人，由貢生雍正六年知江西撫州府事。　李茹旻，字覆如，臨川進士，官至內閣中書。

清雍正七年（1729）刻本存

清咸豐元年（1851）補活字版重印本　未見

清咸豐二年（1852）補版重印本　存

光緒《江西通志》藝文略：《撫州府志》四十五卷雍正七年知府羅複晉修。

《中國地方志聯合目錄》：《撫州府志》四十五卷羅複晉修，李茹旻等纂。清雍正七年刻本。清咸豐二年元善補刻本。

羅複晉序今歲適奉旨，命各直省纂修通志……爰請鄉先生中翰李君茹旻、吳君立主纂修，六邑中各推數人分校，自孟秋迄孟冬，四閱月告成……（雍正七年冬月）

丁芑詒序歲己酉；奉命守此土，計所當諮謀者次第舉行。而文獻足徵，則府志為尤要，訪之官私，咸言無之……撫州之志其可考者，宋景定以來，明之崇禎、國朝乙巳、戊辰皆曾踵修，迄於雍正己酉之志，則後無嗣修者。於是窮搜博訪，書肆之斷簡零編無不披也，故家之抱殘守缺無不諮也。自初任至今三年之久，凡購借所得者，合數本以相足，可窺雍正志之全。又以搜求之急也，郡之老吏言某所窖泥沙中有塵封朽蠹者在焉。試出之，則儼然雍正志原版。幸喜之極，冒暑檢次，惜已半成蟲屑，或連幅而佚之矣。因即以購借校定足本為據，凡版之所無者捐俸以補刊之，佐以活字檢印，煥然還其舊觀……允宜續加修輯，適鄰省粵西軍務……不可以上請重修，巨役亦非菲才所可任。因私竊有志遠仿弇州王氏別集史料之例，參取秦令寓續志於筆記之體，遵殿閣四庫書每卷各附考正款式，於原志四十五卷各就門目采輯雍正以來公牘私集遺聞佚事附刊各卷之後，名曰《續雍正撫州府志考補》……體例粗定，以母諱去官，或俟他日續成之，未可知也。二三君子憫其完復舊志，重為印行，甫得就緒，而《考補》之未卒業也，屬記事之緣起……（咸豐元年）

元善序得前守丁君芑詒所搜獲雍正舊板，佚其半，存者多漫漶不可讀。其有為丁君所補者，亦活字檢印，未可以貽久遠……於是檢板之朽蠹闕逸者，捐俸重為補刊。未週三月而工竣……（咸豐二年）

【按】據本志羅複晉序稱：「今歲（雍正七年）復奉旨命各

直省纂修通志」，羅氏遂有重修撫州府志之舉，「自孟秋迄孟冬
四閱月告成」。其書凡例云：「撫之有志，始宋景定。若五代荀
伯子之《臨川記》，其權輿也。二書俱不傳矣。有明弘治、嘉
靖、崇禎凡三修之，國朝康熙乙巳、戊辰復兩修之。今戊辰一
志，朽蠹過半，爰搜弘治以來諸志舊本互相校對，前志所載，後
志頗多遺佚，茲編悉為新入，務期一方文獻足備參稽，庶不貽譏
於簡陋。」本志類目，實參用弘治及康熙二志例而加以損益。共
四十五卷。卷一疆域、繪圖，卷二建置，卷三星野，卷四山川，
卷五邑里，卷六學校，卷七廨宇，卷八壇祠，卷九賦役，卷十版
籍，卷十一古跡，卷十二物產，卷十三封爵，卷十四職官，卷十
五兵衛，卷十六良牧，卷十七、十八選舉，卷十九名臣，卷二十
理學，卷二十一、二十二仕績，卷二十三忠烈，卷二十四文苑，
卷二十五武節，卷二十六篤行，卷二十七孝義，卷二十八隱逸，
卷二十九列女，卷三十仙釋、方伎、僑寓，卷三十一至四十五藝
文。本志有雍正七年刻本，存。又咸豐元年，知府丁苣詒得雍正
志舊版，殘佚其半，存者亦多漫漫不可讀，丁氏為之補版，用活
字檢印，此本今未見。咸豐二年，知府元善以丁氏活字本「未可
以貽久遠」，乃繼「搜舊本若干帙，於是檢板之蠹闕逸者捐俸重
為補刊，未週三月而工竣」。此本今存。

〔光緒〕撫州府志八十六卷首一卷

許應鑅　朱澄瀾修　謝　煌纂許應鑅，廣東番禺人，進士，同治
六年，八年兩度任撫州知府。　朱澄瀾，浙江秀水舉人，同治十年任撫
州知府。　謝煌，字雨香，宜黃人，進士，官江南道御史，湖南糧儲道

第七章・撫州地區

739

署按察使護布政司。

清光緒二年（1876）刻本　存

清光緒三十二年（1906）增刻本　存

《中國地方志聯合目錄》。

朱澄瀾序前郡伯星台許公、益之陳公，會同地方紳者開局興修，尚未告竣。歲辛未，命奉命來江。是年秋，承乏茲郡……癸酉春，分纂諸君陸續纂成稿本，因總纂謝雨香觀察奉諱讀禮，刪纂未覩厥成，予迫於期限，就局中擬定成稿，披閱再三……今於丙子秋間始克裝潢成帙……（光緒二年八月）

【按】本志係同治九年知府許應奉檄修輯，謝煌任總纂。許氏去職後，繼任知府陳增、朱澄瀾接修，同治十二年稿成，光緒二年刊竣，本志最晚記事亦至是年。此修「門類體裁奉省局擬定十志為綱，計分五十四目。其關榷一門，查撫州郡向未設關，闕焉未備，其餘格遵憲頒格式，以照畫一」（本志凡例）。本書十志為地理志、建置志、食貨志、學校志、武備志、職官志、選舉志、人物志、藝文志、雜志。本志原刻本今存完帙。又有光緒三十二年增刻本，亦存。

〔淳熙〕臨川縣志

趙善譽修趙善譽，字靜之，宋宗室。乾道中度禮部第一，淳熙二年以承奉郎知臨川縣。

宋淳熙二年（1175）刻本　佚

《永樂大典》卷一〇九四九，六姥，撫撫州府（分野、至到）（《撫州府志》注）、（建置沿革）、（《撫州府志》）；卷一〇九五〇，六

姥，撫撫州府（古跡）（《臨川志》），引《淳熙志》五條。

光緒《江西通志》藝文略：《淳熙臨川縣志》知縣趙善譽修。

《中國地方志聯合目錄》。

《江西古志考》卷七。

【按】清乾隆五年縣志李紱序曰：「宋淳熙趙令善譽始撰《臨川縣志》；嘉定中，屠令雷發復修之，二志並見《永樂大典》所載。洪武《撫州志》至弘治復修，猶引用其語。」據此，宋淳熙間縣令趙善譽修有《臨川縣志》，其書至明初猶存。今輯《永樂大典》引《淳熙志》五條，即是書。又，張國淦氏《中國古方志考》錄有淳熙、嘉定、景定郡志三種，又錄淳熙、嘉定縣志二種；光緒《江西通志》無淳熙、嘉定郡志，有景定郡志，又有景定縣志。今按二家所錄有誤。據家坤翁景定郡志序稱，曾纂郡志三十五卷，「書成，條目粗備，然遺忘尚多，舂容將有待也，會予節趨閩，以其書托諸推椽周君彥約，覆正闕誤，且裒金鋟諸梓」。知周彥約校定者即家坤翁修本也。張國淦氏已辯之。又，《中國古方志考》所錄淳熙、嘉定臨川郡、縣志凡四種，且按曰：「右二志（指淳熙、嘉定臨川縣志），李紱雲並見《永樂大典》。又考元吳寶翁《補羅山志》序云：《羅山志》成於嘉定三年，後一年，郡博士徐天麟修臨川郡志，規模次第一仿《羅山》云云，是嘉定《臨川志》雷發以四年命天麟修之也。」今所見《永樂大典》雖非全帙，然絕無淳熙、嘉定臨川郡縣分別有志之痕跡，嘉定並無郡志，與李紱所言甚合，且自宋以來官私簿錄亦未見載記，張國淦氏之各錄為二，實不可從。

〔嘉定〕臨川縣志

屠雷發修　徐天麟纂屠雷發，嘉定四年任臨川知縣。　　徐天麟，字仲祥，臨江人，開禧進士，任撫州教授，歷官通判惠潭二州，權知英德府。著有《兩漢會要》《漢兵本末》《西漢地理書》《山經》等。

宋嘉定四年（1211）修本　佚

《永樂大典》卷一〇九四九，六姥，撫撫州府（至到）（《撫州府志》注）、（建置沿革）（《撫州府志》注）；卷一〇九五〇，六姥，撫撫州府（古跡）（《臨川志》）、（繞屬）（《撫州府志》注），引《嘉定志》六條。

光緒《江西通志》藝文略：《〔嘉定〕臨川縣志》知縣屠雷發復修，謹按右二志李紱雲並見《永樂大典》，又考元吳寶翁《補羅山志》序云，《羅山志》成於嘉定三年，後一年，郡博士徐天麟修臨川郡志，規模次第一仿《羅山》云云，是嘉定《臨川志》，雷發以四年命天麟修之也。

《中國古方志考》。

《江西古志考》卷七。

【按】據乾隆五年縣志李紱序，宋淳熙趙善譽修縣志後，「嘉定中屠令雷發復修之，二志並見《永樂大典》所載」。知嘉定間邑令屠雷發復修之。今輯《大典》引《嘉定志》六條，即是。此志至明弘治間尚存，後亡。另據光緒《通志》著錄，謂本志係「雷發以（嘉定）四年命（徐）天麟修之也」。今按徐天麟修志事，見元人吳寶翁《羅山志補》序，吳序云：「馨沼羅公作《羅山志》，成於茂陵嘉定之三年……後一年，郡博士徐公天麟修《臨川郡志》，規模次第，一仿《羅山》。」此言嘉定四年徐天麟所修為《臨川郡志》，不言天麟奉臨川縣令屠雷發之命修縣志。

依光緒《通志》說，徐天麟所修係《臨川縣志》，《通志》只著錄「嘉定臨川縣志」，無「嘉定臨川郡志」，則吳寶翁序「郡博士徐天麟修《臨川郡志》」之後一「郡」字係衍文。疑近是。張國淦氏《中國古方志考》錄徐天麟嘉定間修有郡、縣兩志，似不確。茲從李紱序及光緒《通志》著錄。又《明一統志》卷五十四，撫州府，山川，「鹽池」引《嘉定志》一條，所記崇仁縣事，顯非嘉定屠、徐《臨川縣志》。張國淦氏引為嘉定徐天麟《臨川郡志》，亦非，此條佚文當出自嘉定羅鑒《羅山志》，《明一統志》，引時省作《嘉定志》。

臨川縣志

佚名修纂

修纂年不詳　佚

《永樂大典》卷二二六五，六模，湖南湖，引《臨川縣志》一條。

《江西古志考》卷七：《臨川縣志》佚卷數、撰人。

【按】臨川縣古志，明以前可考省僅宋淳熙、嘉定志兩種，元朝所修無考。茲輯《大典》引《臨川縣志》一條，記有宋淳祐九年提舉馮去疾創臨汝書院，知必修於淳祐之後，非嘉定志甚明。其後接引元虞集《歸田槁・撫州臨汝書院復南湖記》，不知虞文係原縣志所錄，還是《大典》加行採錄附於此。未可據斷本志撰年。頗疑此書係明初洪武間修本，然未見後之志乘家言及，姑且存疑。

〔崇禎〕臨川記三十卷

傅占衡纂傅占衡，字叔平，邑人，諸生。

明崇禎間修本　佚

《千頃堂書目》卷七：傅占衡《臨川記》三十三卷。

光緒《江西通志》藝文略：《臨川記》三十卷傅占衡撰。

【按】傅占衡修臨川邑志，見於後志記載。清康熙二十七年府志卷二十二，人物考，文苑載傅氏「嘗依郡志作《臨川記》三十卷，文質燦然，亦《洛陽風土》《襄陽耆舊》之遺也」。又乾隆五年《臨川縣志》李紱序曰：康熙初年，臨川知縣胡亦堂修縣志，「其書取傅先生占衡《臨川記》為多，而原書未還，志中所引用又不加分別，傅書遂亡，學者頗以為恨」。知傅志之亡在胡志成後。又《千頃堂書目》著錄本志「三十三卷」，與康熙府志不合，今從府志。

〔康熙〕臨川縣志三十卷

胡亦堂修胡亦堂，號二齋，慈溪舉人，康熙六年任臨川知縣。

清康熙十九年（1681）刻本　存

光緒《江西通志》藝文略。

《中國地方志聯合目錄》。

胡亦堂序余蓋四載於臨，始得從巡行聽斷之際，默識其山川之險易，士民之秀黠，風俗之淳漓，亦若有成簿於胸者，斯以知邑乘之缺，實由司牧者之未嘗加意於茲……意得假以數年，博求黎獻，庶百廢漸修，得盡紀夫聲名文物之盛。而迫於北上，驟爾登梓，敢云創興，聊以無忘初志云爾……（康熙庚申歲嘉平月）

【按】本志係清修臨川縣志最早本，康熙十九年知縣胡亦堂主修。凡三十卷，分三十門，門各一卷。胡氏此修，所見未廣，而「自稱創修」，李紱譏之「舊聞佚典不備者宜其多矣」。且胡氏多取明傅占衡《臨川記》，「而原書未還，志中引用，又不加分別，傅書遂亡，學者頗以為恨」。又胡志記載，多有漏失，為李紱所指：「胡志於疆域，止據今所轄」；胡志山川鄉里，「依府志粗舉梗概」；「胡志戶口賦役，只從今冊」，凡此沿革不明，原委莫辨。又胡志所載人物，疏缺亦甚，乾隆縣志多有增補。據李紱序稱，乾隆志於「忠孝、節義、儒林、文苑、增二百餘人」又增「詩文有關縣故者，近三百篇」。

〔乾隆〕臨川縣志四十九卷

李廷友修　李紱纂李廷友，字燮庵，江南婁縣舉人，雍正六年任臨川知縣。　　李紱，字巨來。號穆堂，本邑進士，歷官吏、戶、兵、工諸部侍郎。

清乾隆五年（1740）刻本　存

清嘉慶二十一年（1816）補版重印本　未見

光緒《江西通志》藝文略：《臨川縣志》三十九卷乾隆五年知縣李廷友修。

《中國地方志聯合目錄》。

李紱序臨川立縣，始漢永元八年，初名臨汝，比升為郡，改名臨川。劉宋初，太守荀伯子始作《臨川記》，其書不傳，然散見於《太平御覽》《寰宇記》等書，舊志多引用之。隋始定為臨川縣。唐甘伯宗作《臨川名士賢蹟傳》三卷，見《宋史藝文志》。宋李參政璧作《臨汝閒書》五

十卷，邑人汪大經作《臨川耆舊傳》，皆不概見。宋淳熙趙令善譽始撰《臨川縣志》，嘉定中屠令需發復修之，二志並見《永樂大典》所載，洪武《撫州志》至弘治復修，猶引用其語。而康熙初年，胡侯亦堂特修縣志，未見前二志，自稱創修，則舊聞佚典不備者宜其多矣。其書取傅先生占衡《臨川記》為多，而原書未還，志中所引用又不加分別，傅書遂亡，學者頗以為恨。夫作一邑之志，而舊志全未睹，烏足以稱完書。然自胡侯以來又六十年，尚未有賡續其事者，舊板年久朽蛀，則胡志亦不可得，豈臨川之細故哉！婁江李侯令吾邑十餘年矣，有志修舉廢墜……猶以縣志久不修為缺，延邑士分纂，而屬余總其事。而後宜修舉者無不修舉也。邑人士驚喜以為奇，而侯若行其所無事焉。蓋其氣宇爽豁，又知人明而斷事果也。余夙有志纂記鄉國事，嘗作《西江志補》及《撫州續志》，皆未脫稿，適不在行篋，邸寓書籍少，亦非一時所能徵閱也。北行匆遽，姑就一時所有，以應侯命，其視胡亦百步五十步之分耳。然胡志疆域止據今所轄，而今志自漢以來，創為七圖。胡志山川鄉里並依府舊志，粗舉梗概，今山川由原及委，條分而縷析，都圖則備列里名，詳述古跡。胡志戶口賦役只從今冊，今稽自唐宋元明以來，詳紀因革。又於名宦鄉賢，亦加考定，辨王荊國父子之受誣，增宋明名臣諸傳之奏疏，忠孝節義，儒材文苑，增二百餘人，詩文有關縣故者近三百篇。又增封爵、宸翰二志，以增邦國之重。撫治臨川，府官師應備載，前二志皆然，而胡志不書，今並增入。蓋視胡志，卷帙既已加倍，則五十步未始不愈於百步也。異時京邸多暇，尚擬廣加披輯，作《臨川志補》，以附此書之後，以益成侯之志，此編猶未為極致也。（乾隆五年）

　　【按】本志係乾隆四年知縣李廷友委邑賢李紱修纂。本志之修，距康熙胡亦堂志已六十載，前明舊乘既已不傳，胡志亦年久

板朽，有待重編。李紱以為「作一邑之志，而舊志全無睹」，實胡志之弊，因「據《永樂大典》中所引宋淳熙、嘉定二志，並搜尋荀柏子《臨川記》等散見於《寰宇記》諸書之遺文，以溯其原；又博采近代以補其缺」。如李紱序所稱：「胡志疆域，止據今所轄；而今志自漢以來，創為七圖。胡志山川鄉里並依舊志，粗舉梗概；今山川由原及委，條分而縷析，都圖則備列里名，詳述古跡。胡志戶口賦役，只從今冊；今稽自唐宋元明以來，詳紀因革，又於名宦鄉賢，亦加考定」。其於人物之忠孝節義、儒林文苑及有關縣故之詩文增益尤多。又新設封爵、宸翰二門，「以增邦國之重」。全書凡四十九卷，分十八門，卷帙，倍廣於胡志，記載愈加詳實。有乾隆五年刻本，今存。光緒《通志》著錄本志三十九卷，誤。又，李紱以此志「猶未極致」，擬日後廣加搜輯，作《臨川志補》，以附斯編之後。《臨川志補》，未見後志著錄，成書與否不得而知，茲不著錄，特附說於此。又嘉慶二十年，知縣秦沆「捐貲補刊李志殘缺板片」（見嘉慶縣志秦序）。此本今未見。

〔嘉慶〕臨川縣續志十二卷

　　秦沆修秦沆，字筠谷，江蘇無錫人，監生，嘉慶十一年任臨川知縣。

　　清嘉慶二十一年（1816）刻本未見

　　清嘉慶二十四年（1819）增修刻本　存

　　光緒《江西通志》藝文略：《臨川續志》十二卷嘉慶二十年知縣秦沆以所輯《臨川聞見錄》十卷更名《臨川續志》，刻之無錫，板還臨

川。

《中國地方志聯合目錄》。

秦沆序沆以嘉慶丙寅承乏臨川，距乾隆庚申修志之歲已逾七十年。以公事填委，不暇及文字之役……會朝廷修一統志，部檄徵取郡邑名宦、鄉賢、節孝諸祠事實，而案牘之在縣與學者均蠹朽漫滅，僅得府署殘卷補綴報部。因竊歎……沆公餘巡曆鄉村，遇孝悌節烈之行，偶有見聞，輒挑燈疏記。歲月既積，紙墨遂多，今捐貲補刊李《志》殘缺版片，遂發篋笥所藏，匯之成帙，名曰《臨川聞見錄》。丙子，以之京師取道過家，質之伯史少司寇公。公曰：是書體例固志體也，宜易名《臨川縣續志》。沆學識譾陋，曷敢以著述自居，妄附穆堂先生之後。而重以伯兄之言，並為商定，而命付之梓。爰即於無錫刻之，而攜板以還臨川……（嘉慶二十一年夏）

常宗保跋嘉慶丙寅，金匱秦侯來宰臨川，於縣志加意搜輯。越丙子，成續志十二卷，凡七十餘年之事蹟鑿然備具，而十年來侯之所以治臨者亦稍稍散見其中。志成，侯適考最北上……居二年，侯擢南昌郡司馬，俶裝戒具，行有日矣。邑人士聚而言曰：侯之有德於吾臨大矣哉，曩者完城垣，修廟學，復書院，成橋樑，建節孝祠，設義塚、義渡諸所設施，既登之《續志》備矣，近又創二忠祠，復黃勉齋先生祠，建普濟堂，置育嬰四畝……侯今行矣，盍請重輯而編之，並載於續志中……編次時余得與參校之役，事之既竣也，為述邑人士之意而綴諸簡末如此。（嘉慶己卯十月）

【按】知縣秦沆續修邑志乘，書成於嘉慶二十一年，已付槧刻，秦序記其事頗詳，茲不贅。其書命曰「續志」，按其體例，「只載前志（按指乾隆五年李志）所未備者」，其類目則多仍李

志。至二十四年，秦氏擢官去，邑人士又以近三年事增入，重為梓刻，是為二十四年本。臺灣成文出版社《中國方志叢書》有影印二十四年本，誤題為二十一年本，宜正之。

〔道光〕臨川縣志三十二卷

姜銓等修　紀大奎等纂姜銓，會稽人，監生，嘉慶二十四年至道光元年任臨川知縣，道光二年回任。　　紀大奎，字向辰，號慎齋，本邑舉人，官至重慶府、合州府知府。

清道光三年（1823）刻本　　存

光緒《江西通志》藝文略：《臨川縣志》三十二卷道光三年知縣姜銓修。

《中國地方志聯合目錄》。

紀大奎序道光壬午，邑侯劉公以臨川志乘殘缺，不可以再緩，屢致書大奎，屬以纂輯之事。大奎方臥病，未能赴。秋八月，邑侯姜公回任，復趣之。於是輿疾來謁，卒不得辭。然是時與其事者鄭君湘蘭、何君劉育、遊君泰階三人，何君是冬計偕北上，遊君以衰老辭去，惟鄭君與余始終其事。蓋舊志距今八十餘年，板多漫漶，前邑侯秦公雖有續志一編，其書本名《聞見錄》，僅志其聞見所及，而一切典章、政事、官師、選舉、營建、興革，載在圖冊，掌之書吏者，又卒皆以徽爛，不能備檢閱。以是余與鄭君搜輯考錄，兀兀然越一寒暑而始畢，其中缺略不備不能不有待於後之增訂者蓋多矣……（道光三年）

【按】道光二年，縣令劉繩武倡修邑志，以纂輯之事屬之紀大奎，大奎臥病未赴。八月姜銓復任臨川知縣，設局修志，紀氏主纂，鄭湘蘭等與其事，越一寒暑，至道光三年十月成書。紀氏

有序言其事頗詳。全志分三十二門七十三目。有道光三年刻本，
今存。

〔同治〕臨川縣志五十四卷首一卷末一卷

童范儼修　陳慶齡纂童範儼，字桂丞，湖北黃岡舉人，同治六年
任臨川知縣。　　陳慶齡，號述齋，本邑舉人，曾任會昌縣儒學教諭。

清同治九年（1871）刻本　存

《中國地方志聯合目錄》。

童範儼序適中丞劉太尊許有纂修省志郡志之舉，並飭下各州縣一體
興修，克期蕆事，勿稍延。余用是益奮然，集各鄉耆宿名儒，定計者數
目，相與開局程工，維時監修者廣大蔣君雲、孫君敬亭，分修者前任會昌
縣教諭保舉知縣陳述齋……乃自夏徂冬，不數月，稿已脫，余披覽一
過……（同治九年季冬）

【按】本志修於同治九年，許應序云：本志「義例張舉，多
本李（紱）、紀（大奎）二公之舊，而漸有損益。其紀事之嚴
明，屬辭之簡要，實循循於宋、元諸先輩之法度而不苟為言」。
全志五十四卷，首一卷末一卷。正文分地理、建置、食貨、學
校、職官、武備、選舉、人物、藝文、雜類十志，子目五十有
四。

〔民國〕臨川縣志九冊

陳元慎纂陳元慎，前清舉人，臨川縣志局局長。

民國三十六年（1947）稿本　存

【按】民國三十年，本縣有修志之舉，時陳元慎任縣志局

長，主纂輯事。是役遷延六載，至民國三十六年尚未成書，志局解散。志稿九冊尚存。又有《採訪隨錄》三十本，亦存。

▶ 崇仁

崇仁故乘之可考者，以北宋太中祥符間所修《圖經》最早。又有「舊志」一種，撰年不明，該志成於嘉定之前當屬無疑。南宋嘉定三年，羅鑒本《祥符圖經》纂輯《羅山志》。十六年，邑令範應鈴屬羅氏門人黃元續修之。至元朝天曆初，邑人吳寶翁又接修，以終宋代之事。其後彭壽卿撰《寶唐拾遺》。至元間楊峭峰再續《羅山志》。又《文淵閣書目》舊志，引《撫州府羅山志》一種，疑亦元志，題中「府」字係衍文。又有《撫州府羅山志》一書，見引於《永樂大典》，撰年不詳。永樂、成化間相繼有續修，其後邑人熊文奎私補邑志。萬曆間知縣李紹春委邑人吳道南重修縣志八卷。以上宋、元、明三朝所修縣志十三種，俱已亡佚。清有五修：即順治謝胤璜本、康熙陳潛本，此二志俱萬曆吳志之遞修本；又乾隆間邑儒陳兆鼎私撰志稿，道光原步顏重修，同治盛銓、俞致中再修。清修諸種，順治謝志、乾隆陳氏志稿不存，另三種均存。

崇仁置縣在隋初，時巴山、新建、西寧諸縣皆省入之，初屬撫州，後屬臨川郡。唐、宋亦然。元屬撫州路。明屬撫州府。清仍明。

〔祥符〕（崇仁縣）圖經

李宗諤等修李宗諤，字昌武，饒陽人，由鄉舉第進士，官至右諫議大夫。

宋大中祥符三年（1010）修本　佚

《永樂大典》卷八〇九三，十九庚，城撫州府城（《羅山志》），引《祥符圖經》一條，又《圖經》一條。

【按】宋嘉定三年羅鑒序《羅山志》稱：「於是請問耆宿，搜羅逸聞，遍考諸家記載、公私碑刻，而以祥符舊經為祖。」知早在北宋大中祥符間崇仁已有《圖經》，羅鑒修《羅山志》即以此「祥符舊經為祖」。該《圖經》早佚，《永樂大典》引羅鑒《羅山志》存其遺文兩條。此書當是北宋《祥符州縣圖經》之一種。崇仁舊志之可考者，尚未知有先於此書者。其書早佚，除羅鑒序外，未見有人言及，而明清修邑志者述其源流，多以南宋嘉定間羅鑒志為崇仁志乘之創修，殊不知有《祥符圖經》先於羅志二百年。《永樂大典》所引羅鑒《羅山志》有《祥符圖經》兩條，乃本《圖經》遺文之僅見者。今據羅鑒序及《大典》引文著錄。

〔宋〕（崇仁）舊志

佚名修纂

宋修本　佚

【按】本志亦見羅鑒《羅山志》序，羅序稱：「崇仁為縣六百餘年，不為不古，此書獨簡略疏陋，覽者病焉，余尚有志於斯，而未暇也。」又《羅山志》曾暎序云：「舊志多疏略，得此（引者按：指羅鑒志）遂可傳信。」羅、曾兩序所言「簡略疏陋」「疏略」之「舊志」，與羅志所得「以《祥符舊經》為祖」之《舊經》，非一書甚明，茲據曾序著錄。至於此「舊志」之撰稿、卷帙及纂修時間，俱失考。

〔嘉定〕羅山志[1]十卷

李伯醇修　羅鑒纂李伯醇，字子孟，西昌人，嘉定元年署任崇仁知縣。　　羅鑒，字仲正，號磬沼，邑人。

宋嘉定三年（1210）修本　佚

《永樂大典》卷三一四二，九真，陳陳邊；卷三五七九，九真，村崇仁村；卷七二三八，十八陽，堂宗老堂；卷八〇九二，十九庚，城撫州府城；引《羅山志》四條。

《明一統志》卷五十四，撫州府，山川咸池，引《嘉定志》一條。

光緒《江西通志》藝文略：《羅山志事》十卷嘉定三年署知縣李伯醇修。

《中國古方志考》。

《江西古志考》卷七。

羅鑒序郡邑有志尚已。崇仁為縣六百餘年，不為不古，此書獨簡略疏陋，覽者病焉。余嘗有志於斯，而未暇也。嘉定元春，西昌李君以簿領攝邑事，見委編次。於是請問老宿，搜羅逸聞，遍考諸家記載、公私碑刻，而以祥符舊經為祖，累年匯粹，乃克成書。凡五十有一門，鰲為六卷。載維詩文，不可不錄，編而成集者又四卷，總一十卷，名曰《羅山志》。事或遺落，文有冗長，筆削之任，以俟來哲。羅山在縣西北，唐天寶中更為崇仁山，縣廳壁記所謂改縣於隋，封山於唐。山因縣而得名是已，故取以名書。（嘉定三年中秋日）

【按】本志係嘉定初署知縣李伯醇委邑人羅鑒編次。其書已佚，羅鑒自序、曾暎序猶存，元吳文有《羅山志跋》，亦存。據羅鑒序，本志「以《祥符圖經》為祖」，採訪耆宿，搜羅逸文，

遍考公私記載，匯輯成編。所志邑事分五十一門，釐為六卷，又輯錄詩文四卷，共十卷。羅序撰於南宋嘉定三年，志書當成於是年。羅山，在崇仁縣西北，因山名志。曾氏序引邑人寶謨閣直學何常伯評此志曰：「里人羅鑒，因山志縣，作為是書，凡縣之物土，材實，遺文，古事，纖悉必記。舊志多疏略，得此遂可傳信。」曾氏亦云：「其匯次有條，援據有實，質而不俚，瞻而不蕪，中載雋語名章，令人應接不暇，非筆力大過人疇，克爾？」本志佚年不詳，《永樂大典》引其遺文四條，則其書明永樂猶存。又，《明一統志》引《嘉定志》一條。宋嘉定間除羅鑒《羅山志》，又有嘉定十六年范應鈴《增修羅山志》。不知《明一統志》所引出自何本，暫繫之此。

〔嘉定〕羅山志[2]

范應鈴修　黃元纂范應鈴，字西堂，嘉定十二年任崇仁知縣。　　黃元，邑人，羅鑒門人。

宋嘉定十六年（1223）修本　佚

《中國古方志考》：《羅山志》宋，佚。宋范應鈴修，黃元纂。

《江西古志考》卷七：《增修羅山志》宋范應鈴修，黃元纂。

按：據元天曆《羅山志》吳寶翁序，是志乃縣宰範應鈴屬羅鑒門人黃元增修。羅鑒《羅山志》訖於嘉定三年，黃元增修至嘉定十六年。

〔天曆〕羅山志補四卷

吳寶翁纂吳寶翁，字幼賢，號泉山，邑人，著有《泉山文集》。

元天曆二年（1329）修本　佚

光緒《江西通志》藝文略：《羅山志補》四卷天曆三年邑人吳寶翁補。

《中國古方志考》。

《江西古志考》卷七。

吳寶翁序磬沼羅公作《羅山志》，成於茂陵嘉定之三年，時吏部尚書太子詹事曾公暎為序，稱其「匯次有條，援據有實，質而不俚，贍而不蕪，中載舊語名章，令人應接不暇，非筆力大過人疇克爾」也。後一年，郡博士徐公天麟修《臨川郡志》，規模次第一仿《羅山》……然所志之事，止於嘉定三年。厥後縣宰西堂范公應鈴，屬磬沼門人黃君元增修，亦僅增至十六年也。十六年歲在癸未，下距宋亡之歲五十有三年。丙子革命，迨今又五十四年。事絕弗續，已百餘載，識者病之。余不敏，有志於茲事久矣……於是姑仍舊貫，補完故宋之事……（元天曆二年）

【按】本志係元天曆初邑人吳寶翁私撰。所志接宋嘉定十六年范應鈴《增修羅山志》，記至南宋亡國之時，凡五十三年邑事，所謂「補完故宋之事」。其體例「姑仍舊貫」。是志於元天曆二年纂成。道光縣志卷十五，人物志，文苑：「吳寶翁，字幼賢，十九都航埠人，博涉書史，天文曆數靡不淹貫。號泉山，有《泉山文集》藏於家。嘗補《羅山志》。是時元有中土，幼賢所補至宋而止。」

〔元〕寶唐拾遺

彭壽卿纂彭壽卿，字延年。邑人，曾任台省椽官，本邑典史。

元刻本　佚

光緒《江西通志》藝文略：《寶唐拾遺》邑人彭壽卿撰。謹按：

是書為壽卿歸休之時，取山川人物、典章文雅、廢興沿革之詳，古今盛衰之跡，悉匯而錄之。名曰《寶唐拾遺》者，以崇仁有寶唐書院故也。

《中國古方志考》。

《江西古志考》卷七。

周山堂序崇仁為撫之望邑，磐沼羅公嘗修《羅山志》，以載一邑之事。厥後西堂范公復為之增修，其事愈詳矣。近年航溪吳幼賢亦嘗增補其志，然止南宋之季，而不及我朝至元以後之事也。蓋雖欲並增入之，則病於參稽援據之難耳。梅邊彭君壽卿……遂即吾邑山川人物、典章文雅、廢興沿革之詳，古今盛衰之跡，悉匯而錄之，名之曰《寶唐拾遺》。或本之郡乘邑志，或得之稗官小說，或質之里巷之故舊，或采之巨公之文集，信而有證，簡而不泛，使吳幼賢早得而讀之，亦何病參稽援據之難而不敢增入《羅山志》至元以後之事哉。世之有志於重修《羅山志》者，必有取於彭君《拾遺》之書也。

【按】本志係邑人彭壽卿所撰，當屬私修。其書非《羅山志》之續編，周山堂序謂之所載「吾邑山川人物、典章文雅、廢興沿革之詳，古今盛衰之跡」，當記到元時邑事。然書名「拾遺」，似與邑縣正志體例有別，今難以知其詳。撰者彭壽卿，道光縣志，選舉志，「辟薦」僅記為「邑人，台省椽官，本邑典史」。查縣志，職官，典史無壽卿，蓋失載。又本志撰年不明，據周山堂序稱「近年航溪吳幼賢亦嘗補其志」。吳幼賢（寶翁）補《羅山志》在元天曆二年，則彭氏撰《寶唐拾遺》去天曆未遠。又元至元間楊峭峰曾續《羅山志》，周山堂序彭氏《拾遺》未及楊志，或楊志更在彭書之後，亦未可知也。因乏證佐，姑且存疑。

〔至元〕羅山續志

楊峭峰纂楊峭峰，至元間任本邑教授。

元至元間修本　佚

【按】元吳文《羅山志跋》云：羅鑒《羅山志》「只以昭往信來，且核而不誕，直而不誣，斯備矣……後逮至元教授楊峭峰續志則備焉，可以觀信後矣。」知元至元間有教授楊峭峰續羅鑒《羅山志》。然元朝至元年號有二，一為元世祖（忽必烈）年號，接中統；一為元惠宗年號，在元統之後。考元天曆吳寶翁《羅山志補》序、《寶唐拾遺》周山堂序，俱不言楊氏續志之事，蓋楊氏續《羅山志》似在元惠宗至元間。本志未見後之志乘家言及，茲謹據吳文跋著錄。又吳跋稱楊峭峰為至元間教授，查本縣舊志職官，至元教授無楊峭峰，或舊志失載。

〔元〕撫州羅山志

佚名修纂

元修本　佚

《永樂大典》卷七二三九，十八陽，堂敏政堂；卷七二四二，十八陽，堂會善堂；引《撫州羅山志》二條。

《文淵閣書目》卷四，舊志：《撫州府羅山志》。

《中國古方志考》。

《江西古志考》卷七：《撫州羅山志》佚卷數、撰人。按：《文淵閣書目》舊志所錄俱是明以前志乘，此條《撫州府羅山志》，撫州府乃明制，志題中「府」字，必為《書目》錄時依時制妄增。《大典》引《撫州羅山志》，載有元吳澄《會善堂記》。吳《記》作於元至元元年，志當修

於是年之後。張國淦氏斷為元志，疑近是。

撫州府羅山志

佚名修纂

修纂年不詳　佚

《永樂大典》卷七二三六，十八陽，堂四賢堂，引《撫州府羅山志》一條。

《江西古志考》卷七：《撫州府羅山志》佚卷數、撰人。按：此志題曰「撫州府羅山志」，應是明志。然明初本縣志見於著錄者，以永樂王克義，黃中《崇仁縣志》（永樂十年刻本）最先出，永樂以前修本未見。頗疑本志與上條《撫州羅山志》是一書，題中「府」字似引者所增，今不能確斷，謹依《大典》所引錄之。

〔永樂〕崇仁縣志[1]

黃中纂黃中，字允正，邑人，洪武間以儒士舉宗人府經歷，遷國子監典籍。

明永樂三年（1405）稿本　佚

【按】本志未見著錄。據本縣學諭張齡曰：「今邑人黃中允正，山林宿儒也，慨有重修之志，乃旁搜遠紹夫鄉正遺稿，爬羅剔抉，增補參稽於永樂三年，奈未獲其作興者，故寥寥未鋟鋅而出焉。」張說見引於永樂十年縣志王克義序。知永樂三年邑儒黃中纂有縣志稿一編。其後王克義即本之纂修成一志。（參見永樂十年縣志考說。）又，張氏稱黃中「旁搜遠紹夫鄉正遺稿」，所謂「鄉正遺稿」當指前人草志。惜其語焉未詳，無從考稽，姑附

說于茲。

〔永樂〕崇仁縣志[2]

王克義修　陳永纂王克義，廣東瓊州人，進士，永樂八年任崇仁知縣。　　陳永，縣訓導。

明永樂十年（1412）刻本　佚

光緒《江西通志》藝文略：《崇仁縣志》永樂十年知縣王克義以邑人黃中所修之本參訂刊行。

王克義序余為是邑，下車之際，即求邑志以觀歷代沿革、古今事蹟，說者謂無也。一日，校庠學諭臨汀張君齡語余曰：「是邑志舊名《羅山志》，先邑人羅磬沼創之，未盡詳。吳梅邊等輩補之，未大備。今邑人黃中允正，山林宿儒也，慨有重修之志，乃旁搜遠紹夫鄉先正遺稿，爬羅剔抉，增補參稽於永樂三年，詳具備矣。奈未獲其作興者，故寥寥未鋟梓而出焉。」余曰：「是志之出，亦有時乎？」齡曰：「雖然無時，亦在人之作興何如耳，夫子不云有其人，則其政舉。是志者亦非政之大節目者耶？」余於是取而閱之，俾訓導陳永繄繁補缺，遂各捐己俸，傭工鋟梓，邑之宦門子弟好事者亦如各庖廩益工，越二月告成……（永樂十年）

【按】永樂三年，邑人黃中修縣志稿成，未能鋟梓。至永樂十年，縣令王克義使訓導陳永重加刪補，刊行於世。王氏有序言其事。是志先係私撰，後為官修。其書內容、卷帙，王序無說。明成化四年縣志李祥謂之「條目繁瑣，敘列失次」，是其不足。又，本志刊於永樂十年，非《永樂大典》所引《撫州府羅山志》甚明。

〔成化〕崇仁縣志十卷

李祥修　楊宗道　陳雅言纂李祥，字廷瑞，松江華亭人，進士，天順四年任崇仁知縣。　　楊宗道，邑人。　　陳雅言，邑人。

明成化四年（1468）刻本　佚

光緒《江西通志》藝文略：《崇仁縣志》成化四年知縣李祥修。

李祥序爰命社學師楊宗道、陳雅言搜輯補綴，仍其舊而增修之。然舊志條目繁瑣，敘列失次，覽者病焉。宗道等請於余，就其中撮其大目為十：曰縣境，曰公宇，曰形勝，曰物產，曰儲蓄、曰官制，曰人物，曰古跡，曰仙釋，曰集文集詠。而類分小目於其下，大書以提其綱，細書以詳其目，隨事修補，明白簡易……於是捐俸壽梓以傳……（成化四年三月）

【按】本志係成化間邑令李祥命社學師楊宗道、陳雅言搜輯補綴，本永樂王中志而增修之。書成於成化四年，今佚，僅李祥序文一篇存後志中。

〔明〕崇仁縣志補

熊文奎纂熊文奎，邑人。

明修本　佚

【按】此志未見著錄，僅見萬曆壬寅縣志王宸序言及。王序曰：「時則遍索舊志於閭閻中，因得熊文奎氏所嘗私補者，然卒出殘闕散逸之餘，收什一於千百云耳。」此所謂「熊文奎私補者」，當補成化李祥志。熊氏補志當在成化四年以後，萬曆三十年之前。茲據王宸序著錄，該志具體情況無由考詳。

〔萬曆〕崇仁縣志八卷

李紹春修　吳道南等纂李紹春，字元陽，廣湖平江人，萬曆二十七年任崇仁知縣。　吳道南，字會甫，號曙穀，邑人，萬曆十七年進士，官至戶部尚書、文淵閣太學士，卒諡文恪，著有《吳文恪公集》。

明萬曆三十年（1602）刻本　佚

光緒《江西通志》藝文略：《崇仁縣志》萬曆三十年知縣李紹春修。

王宸序吾邑在宋嘉定初，若簿李公伯醇、邑人羅公鑒，則邑志之權輿乎。未幾，令範公應鈴、邑人黃君元增修之，猶未出嘉定間也。嗣是相續修補，一見於元天曆間邑人吳君幼賢，稍後為彭君延年，再見我朝永樂間令王公克義、邑人黃君中，又再見成化間令李公祥、邑人楊君宗道、陳君雅言，亦既鱗鱗舉矣。乃今距成化何寥闊也，而大典為闕，謂文獻何。萬曆壬寅，君侯平江李公甫治三年，民和政暇，慨然及之，肅造太史之庭而請，而且謬及我二三輩，斯其為念誠遠已。太史氏暨我二三輩，是用感激，以圖稱塞，卜館寶唐書院，卯而集，酉而散，無急刻焉。時則遍索舊志於閻閣中，因得熊文奎氏所嘗私補者，然率出殘闕散逸之餘，收什一於千百云耳，則益惴惴然，惟遺漏訛舛是懼。復取《一統志》、郡省志及歷代史、《通考》、《通典》、《玉海》諸書，用訂分野疆域之辨。又細按名賢本傳，務覆核之。旁及稗官野史、諸家小說，於以補遺而修軼事，參互考正，必求當心乃得書。書約數十萬言，言無不自手錄，且三易稿，始乃就緒。間有引嫌內舉，俟定末路者，姑為備遺，以留異日。事始四月朔之十日，五閏月，得付剞劂氏……（萬曆三十年壬寅）

【按】本志修於萬曆三十年，知縣李紹春委邑人吳道南秉筆。參纂者王宸有序，述明代歷朝所修崇仁邑志及本志編纂始末

甚詳。是書之修，遍索舊志，「博采旁搜，究變徵實」，三易其稿乃成。據吳道南序，該志體例：「經畫世殊，紛若錯繡，彼界此疆，同歸在宥，作沿革表；茅土制更，錫封如寄，詎雲空名，展也重地，作封爵表；百里寄命，民生茲殖，奕奕庶僚，協共厥職，作官師表；賢材輩興，為當代使，或勤聘幣，或光宅里，作人物表；山川封識，有指疆土，固圍維風，誰其外侮，志提封；正位辨方，我疆我理，四境相聞，寧乃幹止，志創設；歲有三征，則壤成賦，土物匪珍，民思敦素，志食貨；依性作儀，導訓斯易，植乃准標，風化攸系，志秩禮；箕疇庶征，體咎如響，二類相召，毫弗僭爽，志紀異；景行維賢，襲香儀羽，豈其異人，亦趨亦步，作列傳。」全書數十萬言，有萬曆三十年刊本，佚。

〔順治〕崇仁縣志

謝胤璜修　陳蜚英等纂謝胤璜，號紫山，蒲圻人，順治十二年任崇仁知縣。　陳蜚英，字經茂，自號玉峰野客，邑人，著有《玉峰集》。

清順治十六年（1659）刻本　　未見

光緒《江西通志》藝文略：《崇仁縣志》順治十六年知縣謝胤璜修。

謝胤璜序不佞自乙未奉簡命來蒞是邦，入境見山川，入廟見人文，入署見圖志，輒歎曰：張西江者吾崇哉。惟是六十年來記載久缺，更革之後，事易淪亡，思所以增續舊編者，因循歲月，苒苒三年，而遷官之聞至矣。葉舟初艤，前念輒縈，與劉君壽祺、陳君蜚英共謀縮鞭，了此公案。二君皆宏才博學高蹈自善者。諸例未備，則劉君任之；新頒全書，則以陳君任之。每脫一稿，即走奚童示予增補之……閱兩月，缺者少補，略者粗

備。惟節孝一例，僉認未定，姑待焉……故先將已訂者竣厥工。其餘有已屬稿而未登梨棗者，及節孝一例，屬後之君子定焉。是役也，搜求不過一甲子之中，增益不出所聞見一之外，論斷悉遵吳太史原本，述也，非作也……（順治十六年仲春）

【按】本志係清修第一部崇仁縣志，順治十四年邑令謝胤璜主修，上距明萬曆三十年縣志六十年。謝氏有序稱其志：「搜求不過一甲子之中，增蓋不出所見聞之外，論斷悉遵吳太史原本，述也，非作也。」知本志實為萬曆志之續修本。又，謝氏於順治十六年春調任，此前將其書「已訂者竣厥工，其餘已屬稿而未登梨棗者，及『節孝』一例，屬後之君子定焉」。則全志刊成在順治十六年謝胤璜調去之後，繼任者為王治國。

〔康熙〕崇仁縣志四卷

陳潛修　劉壽祺等纂陳潛，浙江長興人，進士，康熙八年任崇仁縣令。　劉壽祺，邑庠生。

清康熙十二年（1673）刻本　存

光緒《江西通志》藝文略：《崇仁縣志》康熙十二年知縣陳潛修。

《中國地方志聯合目錄》：《增修崇仁縣志》四卷謝胤璜修，劉壽祺纂，陳潛續修。康熙十二年補刻本。

陳潛序茲者奉尺符，將匯成寰宇通志……用是重加討訂，偕司鐸朱君東升、邑文學劉君壽祺，櫛字比句，斟校閱月，去其言之不雅馴與事款之駢贅者，一往愨慎之志，互於四百四十餘篇之中，諸例大率仍舊，唯食貨一志刮剟從新……（康熙十二年七月）

【按】本志係據順治謝胤璜志之補續本。按清順治、康熙二志，俱因明萬曆志體例遞相增續，故本志亦分四表（沿革表、封爵表、官師表、人物表），五志（提封志、創設志、食貨志、秩禮志、紀異志）及列例（理學傳、名宦傳、鄉賢傳、仕進賢才傳、隱逸賢者傳、忠義傳、武勇傳、樂善傳、孝友傳、貞列傳、雜傳）。《中國地方志聯合目錄》將本志與順治謝胤璜志合錄為一種，與光緒《通志》異，今依本書著錄例，兩志分別錄之。臺灣成文出版社公司《中國方志叢書》影印本為四卷全帙，原本則不知藏於何處。

〔乾隆〕崇仁縣志

陳兆鼎纂陳兆鼎，字五貞，號肯堂老人，本邑廩貢生。

清乾隆間稿本　佚

【按】本志未見史志家著錄，亦未見後志修纂者言及，唯見道光縣志卷十五，人物，文苑記載，略云：「陳兆鼎，學使象樞子，字五貞，晚號肯堂老人，廩貢生。穎敏嗜學，經史諸子旁及象緯形家言，靡不淹貫⋯⋯乃絕意仕進，肆力古文學。年八十餘，手一編不輟。嘗慨邑乘廢缺，博徵文獻，有得輒批錄舊本幾十餘萬言。以邑侯江公啟澄借閱，軼去，時五貞已老，仍默憶大概，取別本重錄，補缺訂訛，多可依據。然較原稿十僅三四云。」考江啟澄，係乾隆十五年任崇仁知縣（見道光志職官），則陳氏原稿當成於此前。原稿既佚，「取別本重錄」之稿則在此後不久。該書係陳氏私撰，其體例、內容已不可詳知。茲謹據道光縣志所載錄之，以存其事。

〔道光〕崇仁縣志二十七卷首一卷

原步顏修　袁章華等纂原步顏，號薪齋，山西興縣舉人，嘉慶十九年任崇仁知縣。　袁章華，號祝封，本邑舉人，揀發山東知縣。

清道光元年（1821）刻本　存

光緒《江西通志》藝文略：《崇仁縣志》二十七卷道光元年知縣原步顏修。

原步顏序余於嘉慶十九年春奉簡命來膺斯邑……經我朝順治、康熙初照舊本續增一二，實曠二百餘年尚未修舉……因循至二十三年歲在戊寅春，集邑人士謀新是編……爰承其事者孝廉袁君章華、劉君庠麟、明經陳君一鴻……共得八人，寬以時日，稿本初定。余覽其卷帙，多舊數倍，亦且規畫詳晰，斷制精嚴，訂訛補缺頗不為少……以就質於余同寅章明府甫……（道光元年孟冬月）

【按】本志於嘉慶二十三年戊寅春由知縣原步顏倡修。原氏以為清初順治及康熙間所修縣志，乃照明萬曆舊本「續增一二，實曠二百餘年尚未修舉」，因「謀新是編」，遂聘邑孝廉袁章華等八人輯纂。原氏有序，稱此志卷帙「多舊數倍，亦且規畫詳晰，斷制精嚴，訂訛補缺，頗為不少」。全書凡二十七卷首一卷。正文分疆域、建置、賦稅、職官、禮儀、選舉、武備、人物、列女、藝文、外志，雜志十二分志，子目一百零八。其體例類目，較舊志頗多更易。本志有道光元年刻本，原刻本今存，《中國地方志聯合目錄》失收。

〔同治〕崇仁縣志十卷首一卷附編一卷

盛銓　俞致中修　黃炳奎纂盛銓，字鏡堂，安徽全椒舉人，同治

八年任崇仁知縣。　　俞致中，字子茂，順天宛平縣舉人，同治十二年署崇仁縣事。　　黃炳奎，字竹書，本邑舉人，湖南候補州判。

清同治十二年（1874）刻本　存

清光緒十八年（1892）刻本　存

《中國地方志聯合目錄》。

俞致中序同治八年，前任盛君銓祗承憲檄重輯斯編，採訪忠烈，發微闡幽，雖梗概略具，而校刊之責尚留以有待。余不敏，承乏於茲……乃商寅僚，集耆紳於庭而諭之，皆踴躍稱善。即以邑志付諸梓……（同治十二年嘉平月下浣）

【按】本志始纂於同治八年，其時上憲檄所屬郡縣纂輯方志以獻，以備續修通志採擇。崇仁縣令盛銓承檄重輯斯編。「梗概略具」，盛氏調去，同治十二年俞致中署縣令，乃畢此役。俞氏有序記其事。本志凡例云：「是編恪遵省頒條例，惟舊志中各目有與省志例不同而又未便刪除者，則以類相從，附於各門之後，亦奉行官書略為變通之意。」正文凡八卷，卷各一志，即地理志、建置志、食貨志、學校志、武備志、職官志、選舉志、人物志、藝文志、雜類志。子目五十有八。又首一卷，附編一卷。有同治十二年刻本。又光緒十八年重刻，僅補署知縣刑景文序一篇，志書內容略無增益，依本書例不另著錄。

▶ 金溪

縣志可考之最早修本，為南宋景定志，距金溪置縣已二百六十餘年。景定至明初百三十年間，志乘放失無從稽考。明初有邑人王經、永樂間邑

人張福慶各有纂輯。永樂末知縣姚文或又主修一志，嘉靖六年有林初志。明修縣乘之可知者為以上四種，今存者僅嘉靖林志。清康熙十一年修有縣志兩種，一為張士任主纂，系官修；一為王有年私修。後者至康熙二十一年才鋟梓。乾隆十六年知縣宋若臨、楊文灝先後修成一志。道光間縣志三修：道光三年知縣李雲奉檄修志，道光五年署令松安奉命將李志重加訂正，道光二十八年吳柄權本松安志續修之，三志俱有刻本。同治九年知縣程芳奉文纂修一志。清志諸本皆存，唯康熙十一年張士任志有殘缺。

五代南唐交泰元年置金溪場。北宋淳化五年升金溪場為金溪縣，以臨川之歸德、順德等四鄉益之，屬撫州臨川郡；景德二年，以安仁縣延福、白馬、永和三鄉歸隸之。元屬臨川路。明屬撫州府，清仍之。

〔景定〕金溪縣志

佚名修纂

宋景定間修本　佚

光緒《江西通志》藝文略：景定《金溪縣志》撰人名氏佚。

《中國古方志考》。

《江西古志考》卷七。

【按】明嘉靖縣志王蓂序稱：「宋淳化間始縣金溪，由淳化至景定二百六十年而志始作。」由此可知，早在宋景定間金溪已有志乘。此前以及宋景定以後至元，邑乘纂修情況無考。故後之志家皆以景定志為金溪縣志之始創，此亦揣度之論，未必有據。

〔明〕金溪縣志

王經纂王經，字孟達，號漆溪先生，邑人，曾任刑部司門員外郎，

著有《唐詩評》及詩文雜著若干卷。

　　明初修本　佚

　　《千頃堂書目》卷七：王經《金溪縣志》。

　　【按】本志係邑人王經私修，《千頃堂書目》有著錄，道光、同治縣志藝文志均有著錄。此當係入明金溪縣志之最早修本，其撰年已不可確考。王經，同治縣志人物志，儒林有傳。

〔永樂〕金溪縣志

　　王福慶纂王福慶，字秉材，邑人。

　　明永樂間修本　佚

　　同治《金溪縣志》藝文志：永樂《金溪縣志》王福慶撰。

　　【按】本志見錄於同治縣志藝文志。又同治縣志，人物志，儒林有王福慶傳，稱「永樂間纂修縣志，皆屬稿焉」。茲據以著錄。是志早亡，其卷帙篇目，均不得其詳。又，清人張士任序康熙十一年縣志，述明修邑乘，謂有「永樂王泉坡、嘉靖王東石二先生之書」，而不及永樂王福慶志，更不言王經志。而所言「王泉坡」之志，實係誤說。參見永樂姚文彧志考說。

〔洪熙〕金溪縣志

　　姚文彧修　楊慶同纂姚文彧，武昌人，永樂間任金溪知縣。楊慶同，永樂間任金溪縣教諭。

　　明洪熙元年（1425）刻本　佚

　　光緒《江西通志》藝文略：《金溪縣志》永樂十九年知縣姚文彧修。

王英序　聖天子嗣大寶位之明年，紀元洪熙，春三月，予奉詔省親南還，邑耆老盧義端、劉紹綱與邑之士請於予曰：縣志成，祈先生序而鋟諸梓。予不敢辭，閱所修志，凡建置沿革疆域山川風俗古跡人物之屬，皆准昔太宗文皇帝在御時詔郡縣纂修地志凡例，而其中尤加詳焉……（洪熙元年春）

　　【按】本志為永樂十九年縣令姚文或委儒學教諭楊慶同纂輯，原書已佚，唯存徐孟恕、王英兩序，略述是志纂修刊刻始末。據徐、王序，本志乃奉文修纂，其體例「皆准太宗文帝在御時詔郡縣纂修地志凡例」。又考徐序撰於永樂十九年八月，稱其時志稿已成「將壽梓」，王序撰於洪熙元年，亦謂縣志成，鄉紳祈序「而鋟諸梓」。知本志稿成於永樂十九年，遷延數載至洪熙元年付梓。另據清康熙十一年王有年縣志凡例：「溪自建邑至今凡六百餘年，志僅三修，宋景定志亡失久矣，明永樂、嘉靖二志猶有存者。特當時局於部頒格式，瑣碎割裂，殊無條貫，前失之繁，後失之略，過猶不及也。」知至康熙間，本志猶有存本，王有年修志時親見之。此後便無人言及，蓋已亡佚。又張士任康熙十一年縣志序稱有「明永樂王泉坡先生」之書（縣志）。按：（王）泉坡即王英之別號。此人為永樂二年進士，累官至四川按察使，後志列名臣傳，未聞曾纂縣志。王氏序永樂姚志，亦無一語言其修志。或張氏見永樂志王序而誤以為王英纂永樂志也。

〔嘉靖〕金溪縣志九卷

　　林初修　王蓂纂林初，字以復，四會舉人，嘉靖五年任金溪知縣。　　王蓂，字時禎，別號東石，本邑進士，官至南禮部祠祭司郎中。

明嘉靖六年（1527）刻本　未見

明嘉靖二十四年（1545）重刻本　闕

光緒《江西通志》藝文略：《金溪縣志》九卷_{嘉靖六年知縣林}

初修。

《中國地方志聯合目錄》。

王蕣序宋淳化間始縣金溪，由淳化至景定二百六十年而志始作，由景定至永樂百三十餘年而志再修，永樂以來百三十餘年於茲……四會林侯來宰金溪之明歲，是為嘉靖六年，政治化行，興舉文事，慨邑志久曠，銳然欲修之。顧予不敏，強委重焉……以永樂舊志，弘治郡志，江西通志，大明一統志互訂之，參考諸郡邑志體，折衷以古史之法，由永樂以前去其不當載者，補其不當闕者；由永樂以後豐其所當詳者，約其所當略者，蓋囊括五百六十二年之事，為類五十有四，為卷九……（嘉靖六年十二月）

【按】嘉靖六年知縣林初舉修邑志，委王蕣主纂。其事顛末，王氏有序言之頗詳。本志修纂，本永樂舊志並參弘治郡志、《江西通志》《一統志》互訂之，為卷九，分紀建置、天文、封域、政教、典禮、儒賢、忠孝諸事，列目五十有四，而不設綱以為統轄。嘉靖六年刻本已亡佚。有嘉靖二十四年重刻本，僅存其殘帙。

〔康熙〕金溪縣志¹ 三十五卷

白琬如修　張士任纂_{白琬如，廣元舉人，康熙九年任金溪知}

縣。　_{張士任，字尹公，本邑進士，曾任真定府棗強縣知縣。}

清康熙十一年（1672）刻本　闕

光緒《江西通志》藝文略：《金溪縣志》康熙十一年邑人張士

任修。

《中國地方志聯合目錄》：《金溪縣志》三十五卷白琬如修，張士任纂。康熙十一年刻本。

張士任序溪初無志，志之自景定始。明永樂王泉坡、嘉靖王東石二先生之書佚有間矣。余先世順齋公次文獻，止萬曆，名曰《考略》，其續前待後之志可知也……其所考核者詳，裁成去取惟嚴，其所筆削者精，故提綱十有八，挈目支附三十有六……（康熙十一年）

【按】本志係康熙十一年知縣白琬如委邑人張士任修纂。其書「提綱十有八，挈目支附三十有六」，凡三十有五卷。今觀其篇目為象緯考、疆域考、建置考，等等，頗疑因襲萬曆張順齋《考略》體例。後人評此志曰：「荒蕪陋略，不足依據。」（見乾隆十六年縣志楊文灝序）是志有康熙十一年刻本，存一至十四、十八至三十一及三十三、三十四諸卷，藏北京圖書館。

〔康熙〕金溪縣志[2] 十三卷

王有年纂王有年，字惟歲，號研田，邑人，順治己亥進士，歷官貴州思州府推官、山東陽信知縣。

清康熙二十一年（1682）刻本　存

《中國地方志聯合目錄》：《金溪縣志》十三卷王有年纂修。康熙二十一年刻本。

【按】本志係邑人王有年纂，無序。王氏於凡例略述纂修始末，云：「修志始自康熙壬寅（元年），訖於康熙壬子（十一年），每苦文獻無徵，聞見不廣，後寓都門數年，頗恣流覽，兼籍陳子正夫，多方搜討，始克成書。」又「康熙十一年，朝廷允

大學士衛公所請，纂修一統志，部行有司，各以志上。時方守官
陽信，鄙作未及郵寄而溪志已刻成（引者按：此『溪志已刻』
者，指康熙十一年張士任所修本）。書呈諸院司，尋奉駁改撰，
不幸遭滇黔之變，纂修暫罷，溪志亦廢。今止以昔年訂正者孤行
而已」。據此可知，王氏自康熙元年始修縣志，至十一年乃成。
其時金溪縣令白琬如委邑人張士任修纂之縣志已付版刻，呈有
司，「尋奉駁改撰」，「遭滇黔之變，纂修暫罷」。至康熙二十一
年，復訂正付梓。今見其書封面鐫有「康熙壬戌新刻金溪縣志自
宋淳化五年建縣始至國朝康熙十一年止」字樣。王氏此志，如其
凡例所云：「成於一手，刻於私家」，「謂之一邑之史可也，即謂
是一家之書亦可也。」凡十三卷。卷一舊序、凡例、建置沿革、
疆域形勝、城池廨宇、文廟學校、壇土遺祠廟、山川都圖、風
俗，卷二賦役、兵衛，卷三官師、名宦，卷四科目，卷五至八人
物，卷九列女、方外，卷十藝文、目錄、集文，卷十一集文，卷
十二集詩，卷十三雜志、災異兵氛。本志凡例於明永樂、嘉靖二
志頗致譏評，謂之「特當時局於部頒格式，瑣碎割裂、殊無條
貫，前失之繁，後失之略，過猶不及也」。而自稱其書「發凡起
例，一準史法，亦幸時無功令拘束，俾得暢所欲言」。而王志實
以「頗具史法」見譽，然所志「宋、元或失之略，志有明或失之
繁，識者病之」。（朝氣縣志楊文灝序）

〔乾隆〕金溪縣志八卷首一卷

　　宋若臨　楊文灝修　杭世馨　丁健纂宋若臨，商丘人，進士，
乾隆八年任金溪知縣。　　楊文灝，萬全舉人，康熙十四年任金溪知

縣。　　杭世馨，字奕聞，浙江仁和舉人。　　丁健，字誠叔，浙江錢塘人。

清乾隆十六年（1751）刻本　存

光緒《江西通志》藝文略：《金溪縣志》乾隆十六年知縣楊文灝修。

《中國地方志聯合目錄》。

楊文灝序前邑令宋公削稿粗竟，旋以調去。余維己巳冬來知縣印，視事未幾，邑中諸耆秀即以志事為請，而征志之檄適至……爰走書武林延杭君奕聞、丁君誠叔，相予屬稿。自壬子以前則取裁於宋元明三史及諸家之傳集、省郡志之可考者，自壬子以後，則采之名公之贈言，國人之公論，必覆其始終當否而後止……（乾隆十六年）

【按】本志由知縣宋若臨始修，「削稿粗竟，旋以調去」。康熙十四年楊文灝接任，「而徵志之檄適至」，楊氏乃聘杭世馨、丁健就宋氏志稿修訂成書。修纂始末，略見楊序。本志體裁因襲康熙王志，凡八卷首一卷。卷首新、舊序、凡例、姓氏、目錄、繪圖，卷一建置、形勝、疆域、山川、城郭、都鄙，卷二廨宇、學校、祠祀、戶口、田賦、兵防，卷三風俗、古跡、祥異、寺觀、塚墓、職官，卷四選舉，卷五名宦，儒林、忠義、孝友、政事、文苑，卷六武功，隱逸、義行、耆德、雜傳、寓賢、釋老，卷七列女、經籍，卷八藝文、雜記。道光三年縣志李雲序謂：辛未志（即本志）多因康熙王志，「而所自纂者則遺漏訛濫往往而有」。

〔道光〕金溪縣志[1] 六十卷首一卷末一卷

李雲修　楊護纂李雲，漳平舉人，道光元年任金溪知縣。　　楊護，字邁功，別字柏溪，邑人，乾隆四十九年進士，官至浙江巡撫。

清道光三年（1824）刻本　存

光緒《江西通志》藝文略：《金溪縣志》六十卷道光三年知縣李雲修。

《中國地方志聯合目錄》。

李雲序前志蓋修於乾隆之辛未者，距今則七十餘載矣。邑人懼年與事之曠也，方以續修請，會撫憲有飭修縣志之令，乃延邑之紳庠悉搜舊志而考之……因與邑大夫士稽之正史，參之名人文集，旁及私家譜牒，而核之以本省之通志郡志，證之以他郡縣各志，參互考訂，然後辨疑征信，粗有條理，於是因前志之舊，補漏正訛，而裁以史法，凡為志，為表，為傳，附以文徵，共若干卷，逾期而後竣事……（道光三年嘉平月）

【按】道光二年，撫憲有令飭修縣志，知縣李雲奉命纂修。本志之修，遵憲頒格式，援據康熙王有年志並取他志參互考訂。全書六十卷，首末各一卷，正文分志、表、傳、文徵雜記五類，三十四門。有道光三年刻本，存。

〔道光〕金溪縣志[2] 二十六卷首一卷

松安等修松安，滿洲鑲黃旗舉人，道光五年署金溪知縣。

清道光六年（1826）刻本　存

光緒《江西通志》藝文略：《金溪縣志》道光五年知縣松安修。

《中國地方志聯合目錄》。

松安序歲乙酉，余奉委來權邑篆，大府適有重訂縣志之命，蓋以新

志初成，猶欲悉心以求完善之意也。余簿書鞅掌，未獲躬親鉛槧，乃會同學博方君燮屏、李君蘭圃籌維再四……於是仿憲頒之定式，參諸前志之成規，不競新奇，協於體例而止，數月既屬稿，乃付諸梓……（道光五年）

【按】道光三年，知縣李雲主修縣志刻成。兩年後，松安署縣令奉府命重加訂正，「欲悉心以求完善」。於是「仿憲頒之定式，參諸前志之成規」修訂。其凡例云：「星野、封爵、驛鹽、土產，舊志所無，無者不必增；書院附列學校，形勢略見山川、水利、關津統以都圖，塋墓列於古跡，舊志所並，並者惟循舊。」又「凡舊載訛舛則正之，繁縟則省之，至其人其事俱未芟削，惟懼失實」。又「舊志另立雜傳，渾同而未區別，茲按原傳事實悉歸門類，擬必於倫」。其書二十六卷，首一卷。卷首序、原序、凡例、繪圖、目錄、纂修姓氏；卷一沿革、疆域、山川、城廓、都圖，卷二廨宇、學校、壇祠，卷三賦役、兵衛、祥異、武事、寺觀、古跡、坊表，卷四秩官，卷五、六選舉，卷七名宦，卷八理學，卷九名臣，卷十儒林，卷十一宦業，卷十二忠義，卷十三孝友，卷十四文苑，卷十五處士，卷十六義行，卷十七耆德，卷十八寓賢、仙釋、方技，卷十九至二十二列女，卷二十三至二十五藝文，卷二十六書目、雜記。有道光六年刻本，存。

〔道光〕金溪縣志[3] 三十六卷首一卷末一卷

吳柄權修　鄧應台纂吳柄權，浙江仁和舉人，道光二十八年任金溪知縣。　鄧應台，本邑舉人，曾任兩湖儲糧道兼湖南按察使。

清道光二十八年（1848）刻本　存

光緒《江西通志》藝文略：《金溪縣志》三十六卷道光二十八年知縣吳柄權修。

《中國地方志聯合目錄》。

吳柄權序金溪建縣八百五十餘年，志經屢修。康熙中有王有年撰，別有張士任撰，並稱壬子志。道光中有癸未志、乙酉志。爰於諸舊志中取事詳核而文古雅合於史法者，擇善而從，其舊志所未載而續經訪實者補之，其可疑者亦姑存之，始於仲夏，訖於季冬編成。（道光二十八年）

【按】本志係道光六年縣志之續修。始修於道光二十八年仲夏，季冬書成。此修於「舊志所未載而續經訪實者補之，其可疑者亦姑存之」。正文三十六卷，以地理、建置、食貨、學校、武備、職官、選舉、人物、藝文、雜類十志統轄三十三類，類目多仍六年縣志，子目五十有七。

〔同治〕金溪縣志三十六卷首一卷末一卷

程芳修　鄭浴修纂程芳，河南祥符監生，同治九年署金溪知縣。　　鄭浴修，本邑舉人。

清同治九年（1871）刻本　存

《中國地方志聯合目錄》：《金溪縣志》三十六卷首一卷末一卷程芳修，鄭浴修纂。

程芳序余權纂金溪，適大府檄修縣志，乃延溪之士大夫董其事，越十月書成……今志之修，綱領胥遵憲式，目則稍為變通，要皆歷參前志，詳加校訂，其新增者亦耳目必真，棄取維慎，纂修諸君子心與力蓋公且勤矣。（同治九年臘月）

【按】同治九年，知縣程芳到任，即奉檄修縣志。所修依憲

頒條例，類目稍有變通。是志「以十志為綱，其目則歷參前志，有前所有而不可刪者；有前所無而不必增者，故於通志五十四目少變之為三十六，或分或合，各以類從，非妄有異同也」（凡例）。此志正文十志為：地理志（卷一至五），建置志（卷六至八），食貨志（卷九、十），學校志（卷十一、十二），武備志（卷十三、十四），職官志（卷十五、十六），選舉志（卷十七、十八），人物志（卷十九至三十一），藝文志（卷三十二、三十三），雜類志（卷三十四至三十六）。

▶ 宜黃

宜黃古志，宋、元所修本俱闕如。《永樂大典》引《宜黃志》佚文一條，此志必修於明永樂以前，頗疑係明以前舊乘。明修邑志可確考者，以弘治七年畫芳本最早。此後有嘉靖元年鮑鳳志；嘉靖十五年黃漳《縣志考訂》十四卷；萬曆十九年王尚廉志十二卷。或言崇禎間知縣陳位奎於王志有所增訂，其事未見後志記載，其書亦無著錄，姑從闕。清修縣志有康熙五年尤稚章本、道光五年札隆阿、史念徵本、同治十年張興言本。明志四種，僅黃漳《考訂》書有殘帙存，餘皆亡佚。清志諸本俱存。

三國吳太平二年，析臨汝地置宜黃縣，在宜黃水側，因以水名縣，屬臨川郡。隋開皇九年，省入崇仁。唐武德五年，復置宜黃縣。其後幾度廢置。至宋開寶三年，復置宜黃縣，屬撫州。元屬撫州路，明、清屬撫州府。

宜黃志

佚名修纂

修撰年不詳　佚

《永樂大典》卷二二七一，六模，湖小槎湖小湖，引《宜黃志》一條。

《江西古志考》卷七：《宜黃志》佚卷數、撰人。未見著錄。

【按】道光四年縣志程卓梁序曰：「宜邑志乘始於前明弘治。」光緒《江西通志》藝文略著錄本邑舊志，亦以弘治七年畫芳修本首列，今輯《大典》引《宜黃志》一條，雖不足以推考其撰年，然該志必為明永樂以前舊籍無疑。

〔弘治〕宜黃縣志

畫芳修畫芳，字本元，膠州舉人，弘治六年任宜黃知縣。

明弘治七年（1494）修本　佚

光緒《江西通志》藝文略：《宜黃縣志》弘治間知縣畫芳修。

【按】明嘉靖元年縣志鮑鳳序稱：「茲邑入國朝未有志。」道光縣志程卓梁序亦謂：「宜邑志乘，始於前明弘治。」又其凡例稱：「惟弘治、嘉靖兩書，體裁嚴確。」其卷十九，秩官明載弘治六年知縣畫芳「始修縣志」。康熙三年縣志尤稚章序，稱其志「一以弘治、嘉靖年間之志為式」，弘治志至清康熙初尚存。今據以著錄。唯道光志稱畫芳志為宜黃邑乘之始修本，則不確。

〔嘉靖〕宜黃縣志

鮑鳳修　廖澄　譚鎬等纂鮑鳳，字鳴歧，桐城人，正德十五年任

宜黃知縣。　　廖澄，本邑貢生，曾任州訓導，署太嶽山宮事。　　譚鎬，字宗周，本邑貢士，曾任淮府教授。

　　明嘉靖元年（1522）刻本　佚

　　光緒《江西通志》藝文略：《宜黃縣志》嘉靖元年知縣鮑鳳修。

　　鮑鳳序鳳承乏宜黃三年，於茲簿書雜遝，日不暇給，思欲拯頹風而升大猷，未知其方也。一日，郡伯大櫟李公以公移徵邑志。乃招諸生而訪之，則曰：茲邑入國朝未有志。蓋茫然無以為應。既數日，至郡，公復申志事，且詔之曰：此百五十年之墜典，汝其舉之。鳳曰：諾……於是館其生廖澄、譚鎬筆於長春觀，委以討論。鳳同日往與相上下其議論，本之府志而核其實焉，參之碑刻而訂其真焉，詢之宿士而考其當焉，采之父老而稽其信焉，求其殘篇斷簡之中，質之宗士巨儒之集及國朝典章制度，凡繫於大體者，咸謹書之。顧其聞見淺狹，筆力猥庸，其有無不足以關一邑之輕重，是則不無愧焉耳。雖然，法天道則沿革分野之類具矣，因地理則疆域山川之類著矣，重民事同風俗戶口之類昭矣，其為事目凡二十有四，要皆有資於化理者也，稿成將梓之，乃書其始末以報郡伯公之命，亦因以自勵云。（嘉靖元年）

　　【按】本志係嘉靖元年知縣鮑鳳奉郡守之命修纂。原書已佚，鮑鳳自序錄於後志，述纂修始末頗詳。又稱：「其為事目凡二十有四」，僅言其大概。清康熙三年尤稚章志序謂「其書一以弘治、嘉靖間之志為式」，似其時本志尚存。道光縣志評本志「體裁嚴確」。

〔嘉靖〕宜黃縣志考訂十四卷

　　黃漳修黃漳，字仲瀾，號淡峰，莆田人，嘉靖中任宜黃知縣。

明嘉靖間刻本　闕

光緒《江西通志》藝文略：《宜黃縣志》十四卷嘉靖中知縣黃漳修。

《中國地方志聯合目錄》：《〔嘉靖〕宜黃縣志考訂》十四卷黃漳纂。明嘉靖間刻本。

【按】據道光縣志卷十九秩官，嘉靖間知縣黃漳「考訂縣志」。光緒《通志》錄黃氏修「宜黃縣志十四卷」，書名未確。是志十四卷，今僅存八卷，即公署志三卷（卷四至六）、版冊志一卷（卷七）、文教志一卷（卷八）、武備志一卷（卷九）官監一卷（卷十）、選舉一卷（卷十一）。殘帙存天一閣。又《稀見方志提要》述宜黃縣志修纂原流，稱「又有正德間邑人黃漳（濯纓）私纂之《宜黃縣志考訂》，天啟以後未有刻本矣」。此將嘉靖間知縣黃漳與萬曆間邑人黃濯纓修志混為一談，殊誤。

〔萬曆〕宜黃縣志十二卷

王尚廉修　黃濯纓纂王尚廉，號龍詳，遂安舉人，萬曆十三年任宜黃知縣。　黃濯纓，邑人，著有《高士傳》《帝王譜》凡數十卷。

明萬曆十九年（1591）刻本　未見

光緒《江西通志》藝文略：《宜典縣志》萬曆十五年知縣王尚廉修。

王尚廉序報閱圖志，慨六十年來文獻莫徵，失今不修，後將若何。於是以禮延邑博陳先生民望……而於黃生濯纓屬筆焉。自春徂秋，凡八越月而編摩始就。經之以三綱；曰天文，曰地理，曰人道，祖郡志以象三才也；緯之以三十八目，以三十六目象陰陽，而以兩目象閏也。合之為十二

卷，以象歲星之一周也⋯⋯（萬曆十九年）

【按】本志係萬曆十九年知縣王尚廉主修。委邑人「黃生濯
纓屬筆焉」。全書十二卷，以天文、地理、人道「三綱」為經，
子目三十八為緯。類目分劃不詳。是志「援據博洽，然治經而
梦，其失也雜」，又「分天、地、人三門，頗似類書」（道光縣
志凡例語）。另據同治縣志凡例稱：「萬曆間志以天文、地理、
人道分為三類，今並題頭引語盡行刪去。」似至清同治間本志尚
存。今未獲見，存亡不知。

〔康熙〕宜黃縣志八卷

尤稚章修　歐陽鬥照等纂尤稚章，號雯庵，福建晉江舉人，順治
十八年任宜黃知縣。　　歐陽鬥照，字亦杜，號師儼，本邑舉人。

清康熙五年（1666）刻本　存

清康熙十八年（1679）增刻本　存

光緒《江西通志》藝文略：《宜黃縣志》康熙五年知縣尤稚章
修。

《中國地方志聯合目錄》。

尤稚章序縣志前有鮑公鳳所修，繼有邑人黃濯纓所纂，自萬曆辛卯
至今鼎定以來凡七十三年，中間湮沒不彰者何可勝道。續而補之，殆予之
責也。今年仲夏，府主劉、廳主丘纂修郡志，欲搜羅邑乘以成一郡之全
書⋯⋯爰與紳士僉議，推之得七人焉。歐陽子鬥照也，胤熙也，黃子士光
也，鄧子官賢也，羅子士弘也，仲也，塗子國盟也，柏也。予寬為期，諸
君乃日急其事，溽暑篝燈，午夜熒熒，閱兩月遂告成焉，矢公矢慎，亦至
約至該。先奉府廳具條教來，謂徵事宜博，敷文貴簡，又以天啟後所纂諸

志失之冗雜，一以弘治、嘉靖年間之志為式……（康熙三年）

【按】本志為入清以來宜黃縣志之始修本，係知縣尤稚章奉府檄纂輯，志修於康熙三年，僅兩月書成。其事尤氏自序言之頗詳。尤序稱：「天啟以後所纂諸志失之冗雜，一以弘治、嘉靖年間之志為式」。又本志凡例亦曰：「是志義例遵依來條，惟弘治、嘉靖兩書體裁嚴確，茲從故老家儲搜和弘治十五年郡志，又嘉靖元年鮑公鳳所修縣志，一遵兩書為式。至萬曆辛卯王公尚廉命邑人黃濯纓所修，其中考核精確者必為採擇以成全書。」又「惟依弘、嘉兩志據事直書」。全書八卷，分疆域志、形勝志、版冊志、官職志、人物志、藝文志六門，人物、藝文兩志各為二卷，餘皆門各一卷，子目四十有六。本志於以前諸志「有意釐汰，特覺疏陋，以成書太速也」（道光縣志凡例）。又其書類目之分，「均隨事標題，而無條貫。惟紀鄉都里程民俗，嘗親視臨訪察，較為詳實也」（《稀見方志提要》）。本志有康熙五年刻本，康熙二十八年增刻本，俱存。

〔道光〕宜黃縣志三十二卷一卷

札隆阿　史念徵修　程卓梁等纂札隆阿，字履謙，鑲紅旗滿洲東安泰佐領下人，嘉慶十七年任宜黃知縣。　史念徵，號覺庵，陝西華州人，進士，道光四年任宜黃知縣。　程卓梁，字肩宇，號任齋，邑人，進士，曾任廣西按察使署廣西布政使護理、廣西學政。

清道光五年（1825）刻本　存

光緒《江西通志》藝文略：《宜黃縣志》三十二卷道光四年知縣史念徵修。

《中國地方志聯合目錄》。

程卓梁序宜邑志乘始於前明弘治，迄國朝康熙五年已四修矣。今道
光二年秋，邑侯札公奉檄飭修，僉舉邑紳設局，余與黃定軒農部諸君檢閱
舊志，既簡且訛，又隔百五十餘年之久，別無記錄可稽，烏從而詳之，亦
烏從而核之……諸君子博羅群書，搜討名集，凡有關於邑之人物典故者悉
精審采之，勿遺勿濫，各鄉紳耆就近採訪實跡，彈洽見聞，公酌體例，審
慎登載，庶足以補前志之闕文而增新編之實紀矣……（道光四年）

【按】本志係道光二年知縣札隆阿奉命修輯，以應通志採擇
之資。札隆阿離職後，繼任縣令史念徵接修，於道光四年成書。
是志「依通志刊發格式分三十二門」，並據「謝《通志》、羅《府
志》，王、尤二縣志及各鄉各姓送來底冊，訂舊增新，闕其疑而
存其信。」（本志凡例）本志正文所分三十二門為：星野、沿革、
形勢、城池、山川、水利、學校、公署、書院、田賦、風俗、土
產、兵衛、武事、關津、驛鹽、古跡、封爵、秩官、選舉、名
宦、人物、寓賢、列女、仙釋、方技、祥異、祠廟、塋墓、寺
觀、藝文、雜記。有道光五年刻本，存。

〔同治〕宜黃縣志五十卷首一卷

張興言修　謝煌等纂張興言，號希齋，浙江歸安人，監生，同治
十年任宜黃知縣。　　謝煌，字雨生，邑人，進士，曾任湖南糧儲道署按
監使兼布政使。

清同治十年（1871）刻本　存

《中國地方志聯合目錄》。

張興言序歲庚午，會湖南劉大中丞檄修志乘，乃聘名儒開局采葺，

與斯倅者謝雨香觀察、應雪汀大理、黃虞九司馬、符星垣、歐陽介徽、吳劍泉、許韻泉……及邑中名宿，皆積學而能文，重討舊編，匯成新帙，缺略者補之，冗雜者刪之，務崇實以黜華，勿襲訛而踵謬，矢公矢慎，無濫無遺，經始於同治九年四月，至十年十月而志成……（同治十年）

【按】本志亦奉檄修纂，經始於同治九年四月，次年十月告成。此修「遵省局格式，分十綱五十四目，訂舊增新，各以類從，昔所有者存之，今所無者缺之」（本志凡例）。全書五十卷首一卷，首卷新舊序跋、纂修職名、繪圖、凡例、目錄、宸翰，卷一至九地理志（子目九：星野、疆域、沿革、山川、水利、津梁、古跡、風俗、物產），卷十至十三建置志，卷十四至十六食貨志，卷十七至十九學校志，卷二十、二十一武備志，卷二十二至二十四職官志，第二十五至二十八選舉志，卷二十九至三十九人物志，卷四十至四十六藝文志，卷四十七至五十雜類志。

▶ 樂安

樂安邑乘，今可考最早修本係南宋淳熙志，此後咸淳亦修一本，俱以「鼇溪」名志。又有《鼇溪志拾遺》一書，纂年不詳，頗疑在咸淳之後。元有正德四年修本，乃宋淳熙、咸淳二志之續編。明洪武、永樂、正統、正德均有纂輯。正德有八年穆世傑本及十三年陶諤重修本。正德之後至明亡百五十餘年間，邑志無從考稽。清康熙年間縣志有三修：二年，知縣楊之琳聘邑士原良修纂本，係稿本未刊；十一年，鄭潤中屬原良之子敬纂輯；二十三年，方湛復有修本。又，原良有《志書存略》，蓋其纂修邑志之輯要。道光三年又加修葺，稿成未刻，邑人稱之「廢志」。至同治十

年，知縣朱奎章奉憲檄重修。今存本邑志乘，有康熙二年志稿、康熙十一年志抄本、康熙二十三年刻本、同治十一年志刻本。

宋紹興十九年，割崇仁縣之天授、樂安、忠義三鄉及廬陵之雲蓋一鄉置縣，名「樂安」，屬撫州。元屬撫州路。明、清屬撫州府。

〔淳熙〕鼇溪志

王瑾修　蕭廷驥纂王瑾，山東莘縣人，淳熙九年任樂安知縣。　蕭廷驥，字國老，邑人，淳熙十年舉人，曾任廬陵主簿。

宋淳熙十年（1183）刻本　佚

光緒《江西通志》藝文略：《鼇溪志》淳熙十年知縣王瑾修。

《中國古方志考》。

《江西古志考》卷七。

【按】元至元四年《樂安縣志》爕理溥化序云：「斯邑舊有《鼇溪志》，因求得數冊，乃淳熙及咸淳所輯，編帙散亂，無從披閱。」淳熙十年樂安知縣王瑾修《鼇溪志》，係本邑志乘可考之最早者。此書至元朝至元間尚存殘帙。又縣治前，山麓皆石骨，下瞰溪流，有靈鼇赴海之狀。縣有鼇溪書院，因以「鼇溪」名志。

〔咸淳〕鼇溪志

唐元齡修　蕭彬纂唐元齡，咸淳二年知樂安縣。　蕭彬，邑人。

宋咸淳三年（1267）刻本　佚

《元一統志》卷九五八，撫州路，建置沿革樂安縣，引《舊志》一條。

光緒《江西通志》藝文略：《鼇溪志》咸淳三年知縣唐元齡修。

《中國古方志考》：《鼇溪志》宋，佚，宋唐元齡修，蕭彬纂。

《江西古志考》卷七。

【按】本志亦見至元縣志變理溥化序言及，書亦早亡。《元一統志》記樂安縣取名之義，引舊志一條，疑出自元以前舊乘，其出處今難考確，姑且繫於此。

鼇溪志拾遺

佚名修纂

修纂年不詳　佚

《永樂大典》卷一〇九五〇，六姥，撫撫州府（古跡）（《臨川志》），引《鼇溪志拾遺》一條。

《江西古志考》卷七：《鼇溪志拾遺》佚卷數，撰人，未見著錄。

【按】樂安舊乘以「鼇溪」名書者，今僅知有宋淳熙、咸淳二志。今得《大典》引《鼇溪志拾遺》一條，頗疑係以上兩宋志之補輯。是宋人，抑元人所撰，則不可知。

〔至元〕樂安縣志

變理溥化修　李蕭纂變理溥化，蒙古人，進士，元統元年知樂安縣事。　李蕭，字仲恭，邑人，鼇溪書院直學。

元至元四年（1338）刻本　佚

光緒《江西通志》藝文略：《樂安縣志》至元四年知縣變理溥化修。

《中國古方志考》。

《江西古志考》卷七。

變理溥化序古之郡國皆有志，所以定區域，辨土壤而察風俗也。余以元統癸酉至樂安，愛其山高水清，意必有古人遺跡，而莫之考。或告余曰，斯邑舊有《鼇溪志》，因求得數冊，乃淳熙及咸淳所輯，編帙散亂，無從披閱。遂諭鼇溪書院前直學李蕭精加點校，逐卷增而續之。既成，觀其所錄，封畛之廣狹，山川之遠近，名宦之遊歷，文人之詠贊，與夫一民一物一言一行之有關世教者，靡不具載。考是邑之事蹟，一寓目而盡得焉。益信郡縣之不可無志也。邑士陳良佐，率為鋟梓，余因是而得風物山川之美，又因是而知斯文之盛，好義樂善者多也。為題其端云。（至元四年）

【按】本志係至元四年樂安縣尹變理溥化主修。該書早佚，變氏序文仍存。據變序，知其時得宋淳熙、咸淳所修《鼇溪志》，編帙散亂，因命邑士李蕭「精加點校，逐卷增而續之」。可知本志乃據宋淳熙、咸淳二志增續而成。其書早佚，卷帙類目無考。

〔洪武〕樂安縣志

黃德民　黃九臯纂黃德民，洪武間任樂安縣訓導。　　黃九臯，邑人。

明洪武十年（1377）修本　佚

光緒《江西通志》藝文略：《樂安縣志》洪武十年學訓黃德民修。

《江西古志考》卷七。

黃德民序洪武十年秋，詔天下有司會耆儒考證圖籍，登於王府。謹按樂安縣創自宋紹興十九年，割崇仁之天授、樂安、忠義三鄉及廬陵之雲蓋一鄉置縣，治詹墟。縣治僻在萬山，地脊民貧，富商巨賈之所不至，達官要人之所不經，土產無幾，不足以資國用。然在裡之地，比古子男之國，有民人，有社稷，戶口錢糧，風俗人物，豈無在所當紀載者乎。於是審橋樑，定關市，墾田畝，明貢賦，核戶口，稽人才，纖悉備舉，無毫髮遺，繕寫裝璜以進於職方氏……

【按】本志係明洪武十年奉詔纂修，其書早亡，主修黃德民有序見存後志，由此可知此修大概。黃序稱志成後，「繕寫裝璜以進於職方氏」，是否另有刊本，今不詳。

〔永樂〕樂安縣志

王銘修　黃仲瑤等纂王銘，永樂間任樂安知縣。　黃仲瑤，邑人。

明永樂九年（1411）刻本　佚

光緒《江西通志》藝文略：《樂安縣志》永樂九年知縣王銘修。

【按】本志僅見光緒《通志》著錄，別無其他文獻可據。今依光緒《通志》錄之。

〔正統〕樂安縣志

成偉修　夏乘良纂成偉，興化人，監生，宣德十三年任樂安知縣。　夏乘良，邑人。

明正統二年（1437）刻本　佚

光緒《江西通志》藝文略：《樂安縣志》正統十二年知縣成偉

修。

【按】成偉於宣德三十年任樂安知縣，後志入名宦傳，未載其修縣志之事，唯光緒《通志》錄成氏修《樂安縣志》，且稱「正統十二年」。今按，「正統十二年」當係「正統二年」之誤。

〔正德〕樂安縣志[1]

穆世傑修　詹崇等纂穆世傑，涇陽進士，正德七年任樂安知縣。　詹崇，字東魯，號文峰，本邑進士，官至太僕寺丞。

明正德八年（1513）刻本　佚

光緒《江西通志》藝文略：《樂安縣志》正德八年知縣穆世傑修。

陳言序樂安為撫屬邑，建置自宋紹興，至淳熙癸卯而邑乘修焉，至元戊寅再修之，所紀輒多遺舛。正德壬申，穆尹世傑以進士來官……遂慨然以修訂為己任。時值桃源弗靖，大都憲任公以尹遷於戎略，檄其控兵於軍門，未遑事事。乃聘進士詹公東魯秉刪裁之筆，遴庠生洪溥、何經、曾觀、何儕文任纂錄之勞，諸彥畢集，公議攸萃。於是倫次序，定凡例，詢諸故老以致其詳，參之史傳以考其實，遺者拾之，缺者補之，亡者增之，冗略而訛謬者芟潤而釐正之。凡幾閱月始克成編，尹則流覽精究，約就而概括之，而於是編又會其大成者也……

【按】正德八年，邑宰穆世傑聘鄉賢詹崇纂修縣志，庠生洪溥、何經等任纂錄之事，數月始克成編。事見陳言序。是志已佚，內容不詳。又穆志成後數年，知縣陶諤又委王素節重加修纂。參見正德十三年縣志考說。

〔正德〕樂安縣志[2]

陶諤修　王素節纂陶諤，會稽舉人，正德十三年任樂安知縣。　　王素節，字介夫，邑人，著有《龍山集》。

明正德十三年（1518）刻本　佚

光緒《江西通志》藝文略：《樂安縣志》正德十三年知縣陶諤修。

【按】同治縣志卷八，人物，儒林，「王素節」：「正德中，穆侯成志。未幾，陶侯代任，乃請素節更修，其所采摭，視前志為詳。」據此，有正德間邑令穆世傑、陶諤先後修志，穆志成於正德八年，陶志係穆志之重修本，正德十三年修成。另據清康熙二年縣志楊之琳序言其所見有正德志「義例顛倒，綱目淆亂，且為蠹侵者過半」，不知指為穆志還是陶志。又自正德至明亡，百五十年間，樂安縣乘之修，竟無有可考稽者，未知何故。

〔康熙〕樂安縣志[1] 八卷

楊之琳修　原良纂楊之琳，字劍華，陝西舉人，順治十四年任樂安知縣。　　原良，字鳴喜，號耕溪，本邑貢士，曾任寧都縣訓導，著有《三山存業》《吏隱草》《步草》等書。

清康熙二年（1663）稿本　未見

光緒《江西通志》藝文略：《樂安縣志》康熙二年知縣楊之琳修。

楊之琳序予蒞樂之初，索覽邑志，見其義例顛倒，綱目淆亂，且為蠹侵者過半，蓋由前正德迄今已百六十年所矣，幾欲增修，而未能至。癸卯夏，乃屬原君鳴喜暨諸紳衿舉舊籍而續纂之。規所已然；增所必備，數

月間，遂俾一邑之典章文物機務體要煥然聿新，而志稿在焉……惜余以老歸，不獲親見鐫板……

【按】康熙二年，邑令楊之琳委邑儒原良纂輯縣志，同年「志稿成焉」。而康熙十一年縣志鄭潤中序云：「邑令楊劍華聘明經原君良修焉，編次未就而止」，又云：「爰命原子敬業其先人遺稿」。由是可知，本志僅有稿本，未曾鋟梓。其後鄭潤中命原良之子敬重加編次。

〔康熙〕（樂安）志書存略

原良纂

清康熙年間修本　未見

【按】胡芳杏序同治《樂安縣志》曰：「按舊志序言，志為鄉賢原鳴喜先生底稿，乃其中淆雜矛盾，有不可究詰，索解難得者。初疑借先生名為重，乃讀先生《步草》所載《志書存略》，始知竄易失真，非復先生編摩之舊。」據此可知，原良又有《志書存略》一種，收入所著《步草》集中。該書內容不詳，觀其書名及胡芳杏所言，疑是原氏纂修縣志之節錄本。茲據胡序著錄，疑者存以俟考。

〔康熙〕樂安縣志² 八卷

鄭潤中修　原敬等纂　鄭潤中，康熙十一年署樂安知縣。　原敬，字元功，號畏齋，本邑歲貢，掌九閩書院，主講白鹿洞書院，有《鹿洞匯錄》《正誼堂語錄》等。

清康熙十一年（1672）刻本　闕

光緒《江西通志》藝文略：《樂安縣志》_{康熙十一年署知縣鄭}潤中修。

鄭潤中序_{國朝定鼎，邑令楊君之琳聘明經原君良修焉，編次未就而止。今天子右文，詔史館聚天下圖籍，以弘一統全盛，巨典也。部牒數下，余小子不敏，從事於茲，亟集丞史司訓及邑中紳士耆宿共襄厥事，爰命原子敬出其先人遺稿，偕樂子如款、張子仲纂匯次，勒為成書……}

【按】本志係康熙十一年署知縣鄭潤中奉命修纂。前此九年，邑令楊之琳已委原良纂輯一志，志稿成而未刊。鄭氏此修，爰命原良子敬出其先人遺稿，偕樂如款、張仲纂成編。鄭氏有序言其事如此。知本志實是康熙二年楊志之修訂本。又據郭肇基序雲：「及蒞任受事，而志已梓鍥成帙矣。」按：郭氏乃鄭氏之繼任知縣，康熙十一年到任，則本志在是年刊竣可知。《稀見方志提要》著錄「樂安縣志八卷，清楊之琳修，原良纂」，又曰此志有「清康熙十一年刊本，存二至四卷（北京圖書館藏）」。今按：康熙十一年《樂安縣志》八卷本，係鄭潤中所修，非楊之琳本，上引楊、鄭、郭諸序可據。《稀見方志提要》所言不確。又該《提要》謂「今之傳本則以此最舊矣，惜此本已殘缺，取《同治縣志》所不前志序跋與此書所存卷互參，知全編定為輿地、建設、田賦、秩官、選舉、人物、藝文、雜志八類，目一百有餘，每類前有小引，後有志論，增正德以後之典章人物甚備，體裁龐浩」。又，本志雖以康熙二年志稿為底本，「乃其中淆雜矛盾，有不可究詰，索解難得者」。胡芳杏以原良《志書存略》相比照，「始知竄易失真」，非復原良摩編之舊。參見原良《（樂安）志書存略》考說。又，《中國地方志聯合目錄》著錄郭肇基纂修

「《樂安縣志》八卷」，係「清康熙抄本」，該本今藏北京圖書館，「存卷 2-4、7、8」。今考康熙十一年鄭志郭肇基序，不言其纂修縣志，其後縣志及修纂人序跋，亦無有人提到此事。是本很可能是康熙十一年鄭志之抄本。因該首卷已佚，編修人名氏及序文不詳，宜存疑待考。

〔康熙〕樂安縣志[3] 十卷

方湛修　詹相廷纂方湛，號紫崖，安徽歙縣人，康熙二十二年任樂安知縣。　詹相廷，本邑貢生。

清康熙二十三年（1684）刻本　存

光緒《江西通志》藝文略：《樂安縣志》八卷康熙二十三年知縣方湛修。

《中國地方志聯合目錄》。

方湛序淳熙癸卯，王邑令創志於前；至元戊寅，爨監縣紹芳於後。纂修於勝代者五，訂輯於興朝者三……興博丞尉，咸號協恭；薦紳子衿，俱稱同好。集荊山之玉，盡是連城；聯合浦之珠，無非照乘。因而操鉛槧，共業縹緗……計日一年，為書十卷，于以付之剞劂……

【按】本志距康熙十一年鄭潤中志僅十餘年。其凡例云：「新志參酌於陶志、穆志而取裁於鄭志。」是書體例實因襲鄭志，僅將舊志之人物類分為學行、性行，各為一卷，「合計九類十卷」。材料亦仍舊志，無甚損益。又凡例曰：「舊志剞劂不工，版頁窄小，而訛訛尤多，今殺青者差良於昔，其字格亦從寬大。至於句讎字校，實費苦心，魯魚亥豕之弊，十去其八九矣。」本志有康熙二十三年刻本，存。又光緒《通志》著錄本志「八卷」，誤。

〔道光〕樂安縣志

梁棲鸞　繆共學修　遊稚松纂梁棲鸞，山西進士，嘉慶三十五年知樂安縣事。　繆共學，直隸天津舉人，道光三年知樂安。　遊稚松，邑人，嘉慶五年舉人，官雲南楚雄知縣。

清道光三年（1829）稿本　未見

【按】同治縣志凡例云：「道光初，署令繆君共學嘗續修邑志稿成，未刻，邑人稱曰廢志。或曰繆志自康熙甲子迄道光癸未。今有借作藍本之處，不得專美舊志，遂謂廢志無益也。」又同治縣志卷十一雜類志，載有《歷朝修志姓氏》：「道光癸未，志稿成，未刻。邑令梁棲鸞，署令繆共學，邑士遊稚松……」今據以著錄。此志成稿於道光癸未（三年），未刊行，同治縣有借此稿作藍本處。今未見。

〔同治〕樂安縣志十一卷首一卷附補遺二卷

朱奎章修　胡芳杏纂朱奎章，字悍原，貴州遵義舉人，同治七年以同知升用樂安知縣。　胡芳杏，字錦丞，廬陵人，拔貢，太常寺博士銜樂安訓導。

清同治十年（1871）刻本　存

《中國地方志聯合目錄》。

朱奎章序邑志肇於宋淳熙癸卯，閱元迄明，至正德間凡八易。今志則國朝康熙甲子歲邑令方公湛本正德陽志續輯者，而前志遠莫考矣……適中丞劉公纂修江西通志，具刻採訪事宜、總目、凡例，飭所屬克期續修。奉檄之餘漸喜交迫。集士紳商之，僉以瘠痍來復，連年協濟捐餉措手且艱為辭。余曰有志竟成，毋怯為。遂延司鐸胡君芳杏主編纂任，並遴儒紳佐

之，其發凡例目別類分門，一遵憲規，得以訂舊志之失而益其未備……釐為十有二卷，十閱月而稿成。新續者繕呈省局，申報憲命，謹乞裁鑒而釐正之始授梓……（同治十年）

【按】同治九年，知縣朱奎章奉檄修志，延縣訓導胡芳杏主編纂事，十閱月修成。本志「發凡例目別類分門一遵憲規」。全書十一卷，首一卷。卷首綸音、繪圖，卷一地理志，卷二建置志，卷三食貨志，卷四學校志，卷五武備志，卷六職官志，卷七選舉志，卷八人物志，卷九列女志，卷十藝文志，卷十一雜類志。下隸子目五十有九。又末附兵難殉節錄二卷。有同治十年刻本，存。

▶ 東鄉

明嘉靖五年，東鄉知縣秦鎰創修縣志。萬曆十三年，諸大倫續修。明修縣志，可知者僅此二種。清修以康熙四年沈士秀本先出，其後康熙五十六年朱旋，嘉慶十年周鐘泰、周軾，道光三年吳名鳳，同治八年李士棻、王維新均有輯纂。明、清諸志，僅萬曆本亡佚，其他六種俱存。又，清光緒末有《東鄉縣鄉土志》，此非正志，不著錄。民國三十五年饒肇基亦修縣志，未付刊印，稿本去向不明。

明正德七年，以臨川縣之孝岡鄉置東鄉縣，分臨川之長壽、移風等八鄉，金溪延福鄉之二都，餘干習泰鄉之一都，安仁雲錦鄉之二都，進賢崇信鄉之三都隸之，屬撫州府。名東鄉者，臨川之東鄉也。清仍明。

〔嘉靖〕東鄉縣志二卷

秦鑑等修　饒文璧纂秦鑑，字國重，陝西錫山舉人，嘉靖三年以撫州府通判署東鄉知縣。　　饒文璧，名瑄，字文璧，又字德溫，號行齋，臨川舉人。

明嘉靖五年（1526）刻本　未見

明嘉靖十五年（1536）補刻本　存

光緒《江西通志》藝文略：《東鄉縣志》嘉靖三年知縣秦鑑修。《中國地方志聯合目錄》。

崔應極序嘉靖甲申，秦君鑑來治東鄉，乃禮聘饒子志東鄉邑志。稿未脫，予適代秦子至，嘗與饒子語志道曰……茲予復來，乃始得饒子之全文讀之，則見夫新故畢該，詳而弗陋，華實悉咀，精弗略矣，理道是據……君子曰，美哉，饒子得志道矣。秦子能以文焉飾吏治，或乃以人物一志，收予似濫病。噫，夫始未是志也，邑有英賢其誰紀之……（嘉靖五年）

【按】明嘉靖三年，秦鑑以撫州府通判署東鄉令，聘臨川舉人饒文璧纂修邑志，「稿未脫」，而秦氏以事去。崔應極以代攝至縣，接修成書，遂付剞劂。全書分上下兩卷，二十八篇。卷上原縣、星分、地分、城池、形勝、山川、水利、墟市、橋津、戶口、土產、貢賦、力役、職制、公署、祀典、恤典、禮儀、武備；卷下風俗、名宦、仕官、人物、古跡、祥異，方外、著述、文類。卷端有饒序、卷末有崔序。考崔序撰於嘉靖五年，當是志刊竣之時。原刻本今未獲見。今見本記事至嘉靖十五年，藏寧波天一閣。《天一閣藏明代地方志考錄》謂該本「似經補刻，國內僅見此帙」。又上海古籍出版社《天一閣藏明代地方志選刊》有

影印本。

〔萬曆〕東鄉縣志

諸大倫修諸大倫，號白川，浙江余姚人，進士，萬曆八年以兵科諫議左遷東鄉知縣。

明萬曆十三年（1585）刻本　佚

光緒《江西通志》藝文略：《東鄉縣志》萬曆十三年知縣諸大倫修。

諸大倫序乃為請於兩台司府，檄博士弟子員相與校訂而核之，縉紳間纖巨不捐，政俗指掌，補舊志之闕略，闡昭代之鴻駿，其或有所彈射竊僭，附於古之直筆，亦無非為邑民計者。志成，為卷八，邑士大夫以憲章托重在斯，咸樂觀之……（萬曆十三年）

【按】本志係邑令諸大倫於萬曆十一年修，原本已亡，諸氏自序尚存。諸序撰寫於萬曆十三年，乃是書刊成之時。據諸氏言，是志體例於嘉靖秦志有變易。全書八卷，分建置、疆域、祠祀、產俗與雜記、官師、選舉、藝文、戶賦、宦跡、人物諸門。（此據諸序所述次第）此志至清康熙初仍有藏於民間者。據康熙四年縣志沈士秀序稱：縣志「舊版無存，即斷簡殘篇。因金王兵燹後亦化為烏有。予不肯休，乃博求之弟子員，反復大索者歷數月，有樂生譜、何生天詔各持一部來投，覽其顛末，始知經修於萬曆十一年，蓋八十年來於茲矣，無怪乎板無存，即斷簡殘篇亦寥寥無幾也」。此後則未聞有人見及。

〔康熙〕東鄉縣志[1] 八卷

沈士秀修 梁奇纂沈士秀，河南滎澤副貢，康熙二年任東鄉知縣。 梁奇，號庸齋，邑人，進士，曾任浙江桐廬知縣。

清康熙四年（1665）刻本 存

清康熙六年（1667）增刻本 存

光緒《江西通志》藝文略：《東鄉縣志》八卷康熙四年知縣沈士秀修。

《中國地方志聯合目錄》。

沈士秀序越一年，甲辰，督撫兩台檄行府憲，轉行各屬邑重加纂修，俾缺者補，斷者續，勿墜實錄，致歎於文獻之莫繳。予乃禮聘鄉老先生，郭請通庠諸名彥，設局采輯，維勤維慎，寧詳毋略，寧嚴毋濫，經始於秋仲，告成於歲終，閱月者五，易稿者再，付之剞劂氏，而乙巳夏五月報竣。卷分為八……（康熙四年）

【按】康熙三年「督撫兩台檄行府憲，轉行各屬邑」重修志乘，東鄉知縣沈士秀奉檄修志，經始於是年秋仲，閱五月乃成。四年夏五月刊竣。是志凡八卷，分天文、地理、人道、人物、雜志、藝文六志。天文志有目無文，自注「與府志同」，因略而不具。其他各分志內分門目，如地理志五門二十三目，人道志兩門十二目，人物志十目，雜志三目。藝文志無子目。又，本志有康熙六年丁未增刻本。原刻、增刻兩本俱存。

〔康熙〕東鄉縣志[2] 五卷首一卷

朱旋修朱旋，字眉峰，福建詔安舉人，康熙五十二年任東鄉知縣。

清康熙五十六年（1717）刻本 存

清抄本　闕

光緒《江西通志》藝文略：《東鄉縣志》康熙五十六年知縣朱旋修。

《中國地方志聯合目錄》。

朱旋序撫屬東鄉為邑，建自明中，舊志亦經三續，乃卯辰烽火，板毀元存，余徵索四年，卒不可得，為悵然次之。今幸聖人在上，久道化成，良牧監司，芟煩握要，俾守土之吏得以同時舉事，廢墜粗修……用是不惜資費，續故增新，斷自理裁，不從浮議，歷數月而剞劂告成……（康熙五十六年）

【按】本志係康熙五十六年修纂，體裁大抵本之康熙四年沈志而有所變易。沈志之天文志空有標題而文不具，稱「與府志同」，故從略，本志依府志補入。沈志有人道一志，本志並歸人物志。全書正文只分天文、地理、戶賦、人物、藝文五志，下隸子目三十二。本志體裁設置，頗有未妥處。如嘉慶縣志周軾序斥之「體例多乖，如孝子雜列女卷中，德行次高隱之後，官制年號倒置無倫，甚至詩文匯為一冊，文與事歧，劉知幾所謂非復史書，更成文集矣」。

〔嘉慶〕東鄉縣志二十一卷首一卷末一卷

周鐘泰　周軾修　吳嵩梁　黎中輔纂周鐘泰，號甫山，直隸玉田舉人，嘉慶七年任東鄉知縣。　周軾，仁和舉人，嘉慶十年任東鄉知縣。　吳嵩梁，字蘭雪，一字子山，晚自號澂翁，本邑舉人，由內閣中書外擢貴州黔西知州。　黎中輔，號蓮鄉，本邑舉人，曾任山西天鎮、大同知縣。

清嘉慶十年（1806）刻本　存

光緒《江西通志》藝文略：《東鄉縣志》二十一卷嘉慶中知縣周軾、周鐘泰先後修。

《中國地方志聯合目錄》。

周軾序茲所據者，即康熙五十四年朱公旋之舊本也。夷考其志，體例多乖，如孝子雜列女卷中，德行次高隱之後，官制年號倒置無倫，甚至詩文匯為一冊，文與事歧，劉知幾所謂非復史書，更成文集者矣。今幸得本邑孝廉黎君中輔與諸君子證以舊乘，益以新裁，經始於甲子，告成於乙丑……（嘉慶十年嘉平月）

【按】本志先後經兩任知縣周鐘泰、周軾主修而成。「經始於甲子（嘉慶九年），告成於乙丑（十年）」。此修本之康熙五十六年朱志，而於朱志體例失當處有所釐正。周鐘泰序自稱：「分門別類，詳明得體，綜核各志異同，參互而增刪之，訂訛撤瓿，遠勝於前。」然同治八年縣志凡例謂「周志踵朱志舊本，體裁較善，而人物志詳略頗失當」。此係據實論之。

〔道光〕東鄉縣志二十一卷首一卷末一卷

吳名鳳修吳名鳳，號竹庵，直隸寧津舉人，道光八年任東鄉知縣。

清道光三年（1823）刻本　存

《中國地方志聯合目錄》：《東鄉縣志》二十卷首一卷末一卷周鐘泰原本，吳名鳳增補。

【按】本志為嘉慶周志之續編，然所增內容有限，「僅增益秩官、選舉二門及名宦、節孝數傳，以應功令」，其餘仍周志之舊。（見同治八年縣志凡例）有道光三年刻本，存。

〔同治〕東鄉縣志十六卷首一卷末一卷

李士棻　王維新修　胡業桓等纂李士棻，號芋仙，四川忠州拔貢，同治五年任東鄉知縣。　王維新，安徽太湖附貢，同治七年上高知縣署知東鄉縣事。　胡業桓，號曉鶴，本邑舉人，候選教諭。

清同治八年（1869）刻本　存

《中國地方志聯合目錄》。

王維新跋並出前縣令李芋仙、邑孝廉胡曉鶴所重纂東鄉縣志底本，命攜去校閱而付諸梓……自維愚魯，仰承知遇之恩，敢不勉力圖成。一月後即取李明府、胡孝廉原稿細讀之。自建置以訖志余約三十餘萬言，皆原原本本，殫見洽聞，炳炳烺烺，鴻文巨制……兩閱月而定稿，始付剞劂……（同治八年）

【按】本志始修於知縣李士棻任上，志稿已成，未能刊印而李氏離任，署縣令王維新奉太守許氏之命再加修改，而後付梓，於同治八年告竣。是志修纂，如其凡例所言：「據壬午續周本（即道光三年增續本）節加校勘」，亦兼用康熙朱本。於舊志訛缺，有所增訂。「至水利、書院、祥異、藝文、志餘五卷，俱由新纂。」又「各門有按語，係舊志則用原按原跋，字為別」。全書正文十六卷，約三十餘萬言。卷一建置，卷二疆域，卷三賦役，卷四水利，卷五學校，卷六壇廟，卷七書院，卷八風土，卷九祥異，卷十秩官，卷十一選舉，卷十二名宦，卷十三人物，卷十四列女，卷十五藝文，卷十六古跡，卷末志餘。

〔民國〕東鄉縣志

饒肇基纂

民國三十八年（1949）稿本　佚

【按】《東鄉縣志》（江西人民出版社，1989年第1版）第二十五編文獻志：「民國《東鄉縣志》，東鄉縣修志館（後改名縣文獻委員會）主修。饒肇基編纂。民國三十五年十月至三十八年五月修。東鄉解放初期，原稿存饒肇基家。後毀。」今據此著錄。

▶ 南城

南唐建武軍，宋建昌軍，元建昌路，明、清建昌府俱治南城。郡乘以見引於《太平寰宇記》之《圖經》最早，蓋宋以前故籍。宋修本有《建昌軍圖經》，疑係大中祥符間所修；又有紹興胡舜舉、童宗說《盱江志》，淳熙《盱江志》、慶元《盱江續志》，姜得平《盱江續志》、開慶曾埜《盱江前志》及佚名《盱江後志》，凡七種。後兩志《文淵閣書目》有著錄，《永樂大典》亦引其佚文若干事。元修志書，已難考稽。又有《建昌府志》一種，《永樂大典》引之，纂年不詳，疑係元明之際所修。明時郡志凡六修：明初有《建昌府圖經志》，次景泰何文淵志，次正德夏良勝志、次嘉靖陳公升志。又明中葉有鄉先生輯郡事成一志，萬曆鄒鳴雷本之修成一書。清時郡志凡四修，康熙十二年高天爵所修府志在先，次乾隆十九年姚文光蒞修之。姚志成後頗遭非議，二十四年孟炤重修之，同治十一年邵子彝又奉檄纂成一志。明以前建昌郡乘，俱亡佚。明修本今存者有正德夏良勝志、萬曆陳公升志兩種。清修四種俱存。

《輿地紀勝》引有《（南城）舊記》，係宋時所修，成書年月無考。南城舊乘，未見有先於是書者。宋志僅得此一種，元志放失無考。明修邑志

僅知有萬曆七年范淶本及萬曆四十年鄒鳴雷本，均見光緒《通志》著錄，其餘未聞。入清，邑志五修，曹養恒志成於康熙十二年，十九年姚瀚有補刻本；康熙五十四年羅秉義增修之；乾隆十五年知縣趙丹樞奉檄修志，未卒業而趙氏病故，繼任知縣范安治接修，十七年成書，嘉慶二十五年雷學淦有補刻本；又道光六年松安等修纂一志；同治十二年李人鏡又重修之。清以前縣志今無一存留。清修諸志俱存完帙。

漢高帝六年，分豫章南境，置南城縣，以其在郡城之南，故名。晉太康元年更名新南城，元帝時復舊稱，屬臨川郡。隋平陳，屬撫州。五代南唐，置建武軍，治南城。宋太平興國四年，改建武軍為建昌軍，領南城、南豐、新城、廣昌四縣，仍治南城。元為建昌路，領南城、南豐、廣昌三縣，治南城。明為建昌府，領南城、南豐、新城、瀘溪、廣昌五縣，治南城。清仍明制。

（建武軍）圖經

佚名修纂

修纂年不詳　佚

《太平寰宇記》卷一〇九，建昌軍，領縣南至到縣，引《圖經》一條。

《江西古志考》卷七：《（建武軍）圖經》佚卷數、撰人。未見著錄。

按：《寰宇記》引《圖經》一條，《中國古方志考》錄歸宋李宗諤《建昌軍圖經》，殊誤。宋太平興國三年，改建武軍為建昌軍（此據《寰宇記》，《宋史地理志》作四年），樂史《太平寰宇記》亦修於太平興國間，所引《圖經》，其成書必早於改建昌

軍。又，李宗諤《建昌軍圖經》當是宋《祥符州縣圖經》之一種，其成書晚於樂史《太平寰宇記》三十餘年。故《寰宇記》所引《圖經》，顯然不可能是李宗諤書。疑此《圖經》為宋以前舊乘，今姑錄作《（建武軍）圖經》。

〔祥符〕建昌軍圖經

李宗諤等修李宗諤，字昌武，饒陽人，進士，官至右諫議大夫。

宋大中祥符三年（1010）修本　佚

《輿地紀勝》卷三十五，建昌軍，景物下金絲布，引《圖經》一條。

《輿地紀勝》卷三十五，建昌軍，碑記：《建昌軍圖經》李宗諤修。

光緒《江西通志》藝文略：《建昌軍圖經》《輿地紀勝》：李宗諤編。

《中國古方志考》。

《江西古方志考》卷七。

【按】此《圖經》最早見《輿地碑記》著錄。《輿地紀勝》記建昌軍事引《圖經》一條，當出此書。此書係李宗諤等修《祥符州縣圖經》之一種。

〔紹興〕旴江志十卷

胡舜舉修　童宗說　黃敷忠纂胡舜舉，字汝士，新安人，紹興二十七年知建昌軍。　童宗說，字夢弼，南城人，進士，曾任袁州教授。　黃敷忠，南城人，進士，曾知撫州。

宋紹興二十八年（1158）修本　佚

《輿地紀勝》卷二十九，撫州，州沿革<small>南唐李氏因之</small>；卷三十五，建昌軍，軍沿革<small>於古為荒服之國、春秋時為吳南境、煬帝改臨川郡、改建武軍曰建昌軍</small>；縣沿革<small>新建縣，廣昌縣</small>；引《旴江志》七條。

《永樂大典》卷二六〇三，七皆，台<small>翻經台</small>；卷七二四〇，十八陽，堂<small>清心堂</small>；卷八〇九一，十九庚，城<small>南城、廢危全諷土城、都軍城、石城、南豐縣城、廢東興縣城</small>；卷八〇九三，十九庚，城<small>南安府城（《南安志》注）</small>；卷九七六六，三十二覃，岩<small>西岩</small>；卷一〇九四九，六姥，撫<small>撫州府（建置沿革）（《撫州府志》注）</small>；引《旴江志》十一條。又卷七二三六，十八陽，堂<small>四賢堂</small>；卷一四三〇，四霽，寄詩<small>十三</small>；引《建昌旴江志》二條。

《宋史藝文志》史部地理類：童宗說《旴江志》十卷。

《遂初堂書目》地理類：《旴江志》。

《直齋書錄解題》卷八：《旴江志》十卷續十卷<small>郡守胡舜舉紹興戊寅俾郡人童宗說、黃敷忠為之。續志慶元五年三山陳岐修，亦郡守也。</small>

《輿地紀勝》卷三十五，建昌軍，碑記：《旴江志》<small>胡舜舉序。</small>

《文獻通考經籍考》。

光緒《江西通志》藝文略。

《中國古方志考》。

《江西古志考》卷七。

【按】本志於宋元以來史志、書家多有著錄。據陳直齋《解

題》：「郡守胡舜舉紹興戊寅俾郡人童宗說，黃敷忠為之」，知修於南宋紹興二十八年戊寅。其後於淳熙、慶元間相繼有續修。又，《永樂大典》引有《盱江前志》一種，張國淦氏斷為本志，誤。參觀「〔開慶〕盱江前志」條考說。又，《輿地紀勝》卷三十一，「盱江，在南城縣東二百步。」《寰宇記》云：「盱江，源出南當山西山，沿流至臨川縣後門，曰汝水」。此志繫以水名。

〔淳熙〕盱江志

佚名修纂

宋淳熙間刻本　佚

《江西古志考》卷七：《〔淳熙〕（盱江）志》，宋，佚卷數、撰人。未見著錄。

【按】清康熙十二年《南城縣志》曹養恒序：「南城為建昌附郭邑，掌故家言，自昔無專志，志始於宋紹興，時知軍事胡舜舉屬童宗說作《盱江志》，黃敷忠分任之。自時厥後，乃有淳熙志，開慶志。元末毀。明王太史材讀書中秘，得抄以歸。」康熙十二年《新城縣志》周天德序亦云：「公（指王材）官史垣，於秘閣得宋淳熙、開慶時《盱江》二志。」據此可知，南宋淳熙年間有《盱江志》。本志未見史志、書家著錄。陳振孫《直齋書錄解題》錄有慶元五年三山陳岐所修《盱江續志》十卷（係紹興胡舜舉《盱江志》之續修本）而不及淳熙志。淳熙《盱江志》，元末毀，明朝中秘仍有存書，新城王材有抄本，事見上引曹養桓及周天德序。則至明隆慶間是志未亡。蓋其書亡於明、清易代之際，故湖人纂修建昌郡縣志，已無人言得見之矣。

〔慶元〕旰江續志十卷

陳岐修陳岐，三山人，慶元五年知建昌軍。

宋慶元五年（1199）修本　佚

《直齋書錄解題》卷八：《（旰江）續志》慶元五年三山陳岐修，亦郡守也。

光緒《江西通志》藝文略。

《中國古方志考》。

《江西古方志考》卷七。

【按】本志見錄於《直齋書錄解題》。又，《永樂大典》引有《旰江後志》一種，張國淦氏斷為本志，非是。說見《旰江後志》條考按。

〔宋〕旰江續志十卷

姜得平纂姜得平，永嘉人，建昌軍教授，又著《論語本旨》。

宋修本　佚

《宋史地理志》史部地理類：姜得平又《續志》十卷。

《溫州經籍志》卷十：姜氏得平《旰江續志》十卷佚。按：《方輿勝覽》二十一，江西路建昌軍，郡名曰旰江。《直齋書錄解題》三，載「德平官建昌軍教授，故為修志」。然《書錄解題》八，載「《旰江續志》十卷，慶元五年三山陳岐修，郡守也」。其書卷數與姜志同，或姜志即由陳岐主修，或姜志之成在陳志之後，遂沿《續志》之名，均未可知也。明《文淵閣書目》十九，有《旰江後志》五冊，不著撰人，亦不知即是書否。

光緒《江西通志》藝文略：《旰江續志》十卷《宋史藝文志》：姜得平撰。謹按：郡志宋凡三修，紹興志之外，有淳熙、開慶二志，皆毀

於元末，明建城王材讀書中秘抄錄以歸，今佚。

《中國古方志考》。

《江西古志考》卷七。

【按】姜得平《旴江續志》十卷，見錄《宋史藝文志》。《直齋書錄解題》錄「（旴江）續志十卷」，謂慶元五年郡守陳岐修，無姜得平《續志》。然《書錄解題》卷三又言及「德平為建昌軍教授，故為修志」。《溫州經籍志》謂陳、姜兩志卷數相同，「或姜志即由陳岐主修。或姜志之成在陳志之後，遂沿《續志》之名。均未可知也」。今按《宋史藝文志》所錄姜得平《續志》十卷；陳直齋所錄陳岐《續志》十卷，俱應係紹興胡舜舉《旴江志》之續修本。兩志名稱、卷帙既同，疑為一書，蓋陳氏主修而姜氏實編纂。《宋史》錄其纂人名氏，《書錄解題》則錄其主修人。若謂陳志在先，姜志後出，則姜志乃陳氏《旴江續志》之續志也，似與《宋史》著錄不合。因姜得平何時任建昌軍教授難以考確，尚無法斷定其書與陳志必為一種，姑另作一志著錄。

〔開慶〕旴江圖志

曾埜修曾埜，會稽人，曾幾五世孫，寶祐、開慶間知建昌軍。

襟開慶元年（1259）修本　佚

《永樂大典》卷二二六七，六模，湖龍湖；卷二六〇三，七皆，台文殊台；卷三一四一，九真，陳陳公袞；卷三五二五，九真，門戟門儀門；卷八〇九一，十九庚，城建昌府城、石城、廢永城縣城；卷一三一三一，一送，夢夢曾睪；卷一三一三九，一送，夢夢豬相謝；卷一四五七六，六暮，鋪青綏鋪；引《旴江前志》

十條。又卷一二○七二，十二有，酒鄉欽酒儀，引《建昌府旴江前志》一條。

《文淵閣書目》卷四舊志：《旴江前志》六冊。

《中國古方志考》：《開慶旴江志》宋，佚。按：康熙癸丑《南城縣志》曹養恒序，志始修於宋紹興時，知軍胡舜舉屬董宗說作《旴江志》，黃敷忠分任之。自時厥後，乃有淳熙、開慶志，元末毀，明王太史材讀書中秘，得抄錄以歸。是宋有紹興《旴江志》，即前志，又慶元《旴江續志》，即後志，又有開慶《旴江志》。

《江西古志考》卷七。

【按】《大典》引《旴江志》，又《旴江前志》，又《旴江後志》。張國淦氏指《旴江志》、《旴江前志》是一書，即紹興胡舜舉修本；《旴江後志》為慶元陳岐《續志》。其說蓋想當然耳，所辨《前志》《後志》俱誤。大凡援引志乘而題作「前志」、「後志」者，多引者自增之詞。稱「前志」者，未必是其地志書之始修本。或謂建昌修志始於宋紹興胡舜舉，故張氏誤認為胡志即《大典》所引《旴江前志》。今檢《大典》卷八○九一，十九庚，城，引《旴江志》七條，《旴江前志》三條，同卷所引志題相異；又該卷「石城」條，先引《旴江志》，復引《旴江前志》，同條所舉，稱名有別，兩志若是一書，《大典》引稱何以自亂其例至此？又「建昌府城」條引《旴江前志》曰：「寶祐六年……冬十一月，（曾）垕及更葺治城門，作新南門，明年改元開慶。」以下又引通判軍事馮夢得開慶元年八月所作《修城記》曰：「紹興胡公舜舉再葺，迄寶祐戊午一百有六年」，「今太守曾公以刑部郎官當其選……是以有城門之役」。故此志當修於開慶，去胡舜

興志百有餘年，佚文證據鑿鑿，張國淦氏規二志為一，蓋察之未審耳。馮夢得《修城記》又曰：「公餘提筆修圖志。」明正德十二年《建昌府志》亦曰：曾埜，寶祐六年知建昌軍，修築城池，以壯封域；「重建盱江書院，以育生徒，增輯《盱江志》，備載古今。」知曾氏修有《盱江志》，即曹養恒序所謂「開慶志」。《大典》所引《盱江前志》，是開慶曾氏修本無疑。《大典》「鄉飲酒儀」條引《建昌府盱江前志》，亦是本志，題中「建昌府」三字，係引者依其時制妄增。

〔宋〕盱江後志五冊

佚名修纂

南宋末修本　佚

《永樂大典》卷二五三七，七皆，齋清心齋；卷二五四〇，七皆，齋衮斧齋；卷二六〇四，七皆，台樾台；卷七二三五，十八陽，堂君子堂；卷七二四〇，十八陽，堂鑒心堂，引《盱江後志》五條。

《文淵閣書目》卷四舊志：《盱江後志》五冊。

《江西古志考》卷七：《盱江後志》五冊宋，佚卷數，撰人。

按：《大典》「君子堂」條引本志曰：「開慶元年郡守曾埜建。」知《後志》在宋開慶以後修，此稱「後志」，乃相對開慶曾氏所修「前志」而言。又開慶已屆南宋末，張國淦氏以為是宋慶元陳岐《盱江續志》，誤矣。

建昌府志

佚名修纂

修纂年不詳　佚

《永樂大典》卷八七八二，十九庚，僧省真禪師、道奇禪師；卷八七八三，十九庚，僧德琳；卷九七六三，二十二覃，岩天堂岩、月岩；卷九七六四，二十二覃，岩卷石岩、潭布岩、秋潭岩；卷九七六五，二十二覃，岩五藏台、讀書岩；卷九七六六，二十二覃，岩東岩；卷一三一三九，一送，夢夢犬求生；卷一三一四〇，一送，夢夢魚求生；引《建昌府志》十三條。又卷一九七八一，一屋，局軍器局，引《建昌志》一條。

《江西古志考》卷七：《建昌府志》佚卷數、撰人。

【按】《大典》「省真禪師」條引《建昌府志》，記有元至元戊寅（十五年）。至元十五年當南宋祥興元年，此不稱宋年號而用元年號。又，其文稱「唐清泰」、「宋太平興國」，而「至元」前不署「元」字。據此二項，是志疑出元人手筆。然《大典》引作《建昌府志》。按明初以肇昌府改建昌府，治南城縣，則本志或係元末所修，成書於明初，故元時筆跡尚存。又，《大典》引《建昌志》一條，其佚文曰：「軍器局在城北隅舊盱江書院基地之上創建。」按盱江書院，據舊乘所載，宋景定初知軍饒應孫、寶祐六年知軍曾埜先後重修。明正德《建昌府志》卷七：「盱江書院在郡治北隅，宋儒李覯教授之所……元毀，學田湮沒。國朝正德壬申提學副使李夢陽按治，毀東嶽廟改建書院，在城西南隅。」據此，軍器局之創設乃在元毀城北隅舊盱江書院以後，則此志撰修在元朝至明初間。頗疑與《大典》所引《建昌府志》為一書，姑繫於茲。

〔明〕建昌府圖經志

佚名修纂

明初修本　佚

《永樂大典》卷七五一四，十八陽，倉豐盈倉；卷八○九一，十九庚，城建昌府城；引《建昌府圖經志》兩條。

《江西古志考》卷七：《建昌府圖經志》佚卷數、撰人。未見著錄。按：《大典》「建昌府城」條引本志，稱元為「前元」，明為「天朝」；又記王溥修建昌府城之事。王溥，江西安仁人，元末仕陳友諒，尋歸朱元璋，守建昌，累功擢河南行省平章。據此可知是志修於明初。明修建昌郡志，今見著錄者以景泰何文淵最早，元志更無一見錄。元至明永樂以前舊乘，賴《大典》所引得數種。

〔景泰〕建昌郡志

何文淵纂何文淵，字巨川，初號東園，晚更號鈍庵，廣昌人，進士，曾任監察御史，歷按山西、四川，著有《鈍庵奏議》《東園集》等。

明景泰七年（1456）刻本　佚

光緒《江西通志》藝文略：《建昌郡志》景泰七年何文淵修。《建昌府志》：文淵，廣昌人。

【按】據明正德《建昌府志》夏良勝序：「建昌故有《旴江志》，經燹不可考見。國朝景泰丙子歲，東園何公有作，流布未遠而毀木，錄訛竄謬，浸失公本意。」又，康熙十一年《南城縣志》曹養恒序：「景泰志，塚宰何東園公實秉筆焉。後英宗復辟，忌諱點竄，卒鮮流傳。」知明景泰丙子（七年），何東園文淵曾纂郡志，流傳未遠，又經後人竄改，已非原貌。本志早佚，

內容已不詳。

〔正德〕建昌府志十九卷

夏良勝纂夏良勝，字於中，號東洲，南城人，進士，累官至南京太常寺少卿，贈太常卿，著有《東洲初稿》《中庸衍義》。

明正德十二年（1517）刻本　存

光緒《江西通志》藝文略：《建昌府志》十九卷正德十二年夏良勝修。《建昌府志》：良勝，南城人。

《中國地方志聯合目錄》。

夏良勝序正德丙子歲秋七月，建昌郡齋爰事志載，越有年冬十月竣事，東洲夏良勝實守簡書，申以敘曰……建昌故有《旴江志》，經毀不可考見。國朝景泰丙子歲，東園何公有作，流布未遠而毀木，錄訛竄謬，寖失公本意。迄今茲曆運一終，時斯可已，郡邑大夫韓君轍亟謀于始，何君恩力任其終，張君縉、陳君文經左右維絡，羅君江、陳君甫又惇稚好，朝著見以應於諮，幾斯可已……

【按】本志係南城夏良勝修纂，經始於正德十一年秋，次年冬事竣，夏氏有序記其顛末。按自明初改肇昌府為建昌府以來，郡志迭有舉修，《永樂大典》即引《建昌府志》《建昌府圖經志》兩種，景泰間何文淵復有纂輯。夏良勝修志，有「郡邑大夫韓君轍亟謀于始，何君恩力任其終」。夏氏此修，於前自有依傍矣。《稀見方志提要》謂「此志實為建是郡志首創」，殆失考耳。本志體裁較為完備，全編凡十九卷，記事至正德十二年，卷一沿革、分野、疆域、城池、形勝，卷二山川，卷三風俗、物產、圖籍，卷四水利、貢賦，卷五封建，卷六公署，卷七學校，卷八典

籍、武備，卷九方鎮、津梁，卷十恤典、祀典，卷十一宮室、丘墓、古跡，卷十二、十三秩官，卷十四、十五選舉，卷十六、十七人物、列女，卷十八外志，卷十九雜志。卷一前有夏良勝序及郡圖一幅，正文末載建昌府推官羅江後序。本志正德十三年刻本，今存。此係《建昌府志》之最早存本，原藏天一閣，上海古籍出版店有影印本（1964年版），收入《天一閣藏明代方志選刊》。

〔嘉靖〕建昌府志

陳公升修　羅汝芳等纂　陳公升，閩縣進士，嘉靖二十四年任建昌府知府。　　羅汝芳，字惟德，人稱近溪先生，南城人，進士，曾任雲南參政，著有《近溪集》等。

明嘉靖三十年（1551）刻本　佚

光緒《江西通志》藝文略：《建昌府志》嘉靖四十年羅汝芳修。《建昌府志》：汝芳，南城人。

羅汝芳序盱郡志不修幾四十年，太守南江陳公閱而歎曰文獻久矣弗修之則逸，修而弗因焉則繁。乃屬郡博張子撫成牘，稽公議，前志未及備者類續之。予時卒業出館，得諦觀參訂，所愧淺識，辱公聘命多矣。尚有俟於後之君子之裁正云。（嘉靖三十年）

【按】本志已佚，纂人羅汝芳有序一篇見存。據羅序，此次修志由太守陳公升主之。乃本前志，增其未備而類續之。又，羅序撰於明嘉靖辛亥（三十年），當是成書之年。光緒《通志》錄作「嘉靖四十年羅汝芳修」，誤。

〔明〕建昌郡志

佚名修纂

明中葉修本　佚

【按】本志未見前人著錄。據清乾隆二十四年府志湯聘序：「明中葉，鄉先生有筮仕江浙者，得其郡中之軼事以搜輯成書，故萬曆之志號稱醇備。」此言「筮仕江浙」之「鄉先生」，不知何人，其所輯建昌郡軼事成書，書名內容卷帙均無考。湯序又謂「故萬曆志號稱醇備」，似萬曆《建昌府志》取資此「鄉先生書」。則本志修輯當在萬曆府志之前。茲謹據湯序著錄。

〔萬曆〕建昌府續志十四卷

鄒鳴雷　趙元吉修　陸鍵等纂鄒鳴雷，字長豫，號齊雲，奉化人，進士，萬曆三十七年知建昌府。　趙元吉，合肥進士，萬曆四十年知建昌府。　陸鍵，字開仲，號實府，平湖人，進士，萬曆三十六年任建昌府推官。

明萬曆四十一年（1613）刻本　存

光緒《江西通志》藝文略：《建昌府續志》萬曆四十年推官陸鍵續修。

鄒鳴雷序壬子之冬，予自旴守量移湖南，行有日矣，而郡之薦紳先生儼然造焉，且曰：……惟是郡乘自正、嘉以來數十餘祀，闕焉未修，其何以昭法戒……於是禮延鄉紳，推擇黌士董其役，而屬其成於司李陸公。陸公慨然任之，予乃行。曾不兩月，而陸公以其稿來，則犁然就緒矣……（萬曆癸丑正月）

【按】本志係萬曆四十年知府鄒鳴雷修，推官陸鍵主纂。據

郫氏自序，是年冬，郫氏自旴量移湖西，郡紳以修志為請，「於是禮延鄉紳，擇䝨士董其役，而屬其成於司李陸公，陸公慨然任之，予乃行，曾不兩月而陸公以其稿來，則犁然就緒」。繼任知府趙元吉亦有序，稱是志「始於沿革，竟於雜志，卷分十四，提要鉤玄，洪纖畢備，洋洋乎大觀也哉」。又本志乃續正德夏良勝志，其錄「秩官」，起自正德。正德以前不載，此事最顯。故光緒《通志》以「建昌府續志」著錄。又，全書最晚事記至萬曆四十一年，書末又有四十年四月無名氏所撰《後敘》，此其刊竣之年。原刻本今藏日本國會圖書館。

〔康熙〕建昌府志二十六卷

高天爵修　吳挺之纂_{高天爵，字君寵，鐵嶺衛人，鑲白旗漢軍，}貢生，順治十七年任建昌知府。　吳挺之，字竹士，南城廩生。

清康熙十二年（1673）刻本　存

光緒《江西通志》藝文略：《建昌府志》康熙十二年知府高天爵修。

《中國地方志聯合目錄》。

李丕先序_{會朝廷方修大典，志一統，車書之盛，行郡邑先搜輯以}獻。建志前經五修，距今且六十二年，天道數周於上，人事具積於下，顧簡編散佚，守藏闕如。公乃相與索諸名山，詢諸其人，舊志畢登。又采家乘於喬木，憲惇史於爵醻。河源既窮，複采舊墟，雖勞不敢避矣，而向所示源流正變之所以然者，今且悉圖回於紙上，乃從公後樂為之序……（康熙十二年）

【按】本志係康熙十二年知府高天爵主修。其時清廷詔修一

統志，命天下郡縣纂輯志乘，建昌府因有府志之修。高氏序稱，此修「稽天文，察地理，考人物，類聚群分，刪繁補要，略仍舊貫，益以新裁」。此係清修建昌府志最早一部，疏漏舛誤往往有之，如姚文光序乾隆二十一年府志謂「癸丑（康熙十二年）之役，當景運鼎新之初，維時兵燹甫熄，搜摘頗艱，夏五郭公之多殘，魚魯焉馬之襲舛，夫何怪焉」。

〔乾隆〕建昌府志[1] 一百卷附勸捐一卷

姚文光修　周宣猷等纂姚文光，號鄂嶒，臨湘人，監生，乾隆十七年任建昌知府。　周宣猷，字雪舫，長沙進士。

清乾隆二十一年（1756）刻本　存

光緒《江西通志》藝文略：《建昌府志》乾隆二十一年知府姚文光修。

《中國地方志聯合目錄》。

姚文光序粵旴志之修，在康熙癸丑，距今甲子周而二旬矣。屈指建武置郡以逮有明，幾千餘載，或曰志五修，或曰志七修，其書皆不傳。癸丑之役，當景運鼎新之初，維時兵燹甫熄，搜摘頗艱，夏五郭公之多殘，魚魯焉馬之襲舛，夫何怪焉……爰下符五邑……又榜於通衢……稽於眾，得士若而人，禮聘而揖之曰：若精於考，若詳與表與紀，若優於傳述，其務各殫所長。歲餘脫稿，而請於乘筆者甲乙之。猶不敢自是，而欲欿然以質於余……書始於甲戌二月，成於乙亥八月，計一百卷。詳記其端委於簡。（乾隆二十一年正月）

【按】本志為知府姚文光主修，「書始於甲戌（康熙十九年）二月，成於乙亥（二十年）八月，計一百卷」。凡三十二門，有

乾隆二十一年刻本。又本志修成，旋遭上下責難。「方伯王公檄下，批改累累，而都人士訐者亦日益至」。繼任知府孟炤遂重修之。參見乾隆二十四年孟志考說。

〔乾隆〕建昌府志[2] 六十四卷首一卷

孟炤修　黃祐　嚴潔等纂 孟炤，字麗嵩，鑲紅旗人漢軍監生，乾隆二十一年任建昌知府。　黃祐，號素堂。新城人，進士，曾任山西冀寧道。　嚴潔，南城進士，曾任鹽城知縣。

清乾隆二十四年（1760）刻本　存

光緒《江西通志》藝文略：《建昌府志》乾隆二十三年知府孟炤修。

《中國地方志聯合目錄》。

孟炤序 前年冬，予奉命來守建昌郡，吏循故事，以志書呈，則前守姚君新修也。卷帙高起幾二尺。未幾，方伯王公檄下，指駁累累，而都士人訐者亦日益至。夫志原以資治，不圖反滋訟而害治至此。又逾年，乃設局於郡城，延五邑賢士夫，發凡起例，公司筆削，而屬南城大尹蔣君董其事，閱幾月蕆事，猶未自信也。會今方伯湯公按部抵郡，乃相率持稿再拜而請政焉。公政事之暇，凝神披覽，芟繁補缺，犁然有當，而於人物、藝文二志，裁決尤精，舉數百年志乘支離援引陋習一洗而空之……（乾隆二十四年嘉平月）

【按】乾隆二十一年，前守姚文光修成建昌府志百卷，即遭上下責難。孟炤繼任知府，於乾隆二十三年重修府志，數閱月蕆事，經方伯湯聘批審定稿後付梓。孟氏有序記其事。據本志凡例，分「考表傳紀四綱，仍近志（指姚文光志）諸目參各志用

之」。全書六十四卷，首一卷。首卷序、姓氏、凡例、目錄、繪
圖。正文為考二十三（沿革、星野、疆裡、山川、城池、陂塘、
津梁、風俗、物產、賦役、屯運、恤政、鹽法、學校、壇廟、郵
傳、武備、公廨、古跡、坊表、丘墓、寺觀），表三（封爵、秩
官、選舉），傳六（名宦、人物、方牧、列女、流寓、仙釋），
紀一（藝文）。

〔同治〕建昌府志十卷首一卷

邵子彝修　魯琪光纂邵子彝，字敏堂，安徽太平人，進士，同治
十年任建昌知府。　　魯琪光，字芝友，南豐人，進士，翰林院庶起士、
國史館協修。

清同治十一年（1872）刻本　存
清光緒五年（1879）重刻本　存
《中國地方志聯合目錄》。

邵子彝序庚午秋，奉簡命來守潯陽，甫半年，旋調建武，檄下，竊
自幸，謂曩所企慕而未獲一履其地者，茲得以酬所願焉。辛夏解纂晉省，
會大中丞命修建郡志。始下車，即縈致各屬籌款集資，並遴選纂輯督理諸
人。郡人咸推在籍魯太史芝友、陳觀察子崧諸公。遂卜日而禮聘之。因廣
羅舊志，得乾隆戊寅孟志一部……今年春開局於郡城之尊經閣……逾半載
而稿成。隨命工鏤版。邇將告竣，請余序……（同治十一年）

【按】本志係同治十年知府邵子彝奉命修纂。魯琪光主編輯
事，逾半載而稿成。邵氏有序述此役始末。據本志凡例稱「茲書
全采孟志（按：即康熙二十四年孟炤志），惟變其考、表、傳、
紀四體，而以綱繫目，分門十，目五十有六，遵通志例也」。知

本志於康熙二十四年以前之事，多取資孟志，續載其後郡事，體例則遵省頒條款。正文分地理、建置、食貨、學校、武備、秩官、選舉、人物、藝文、雜類十志，各為一卷。有同治十一年刻本，光緒五年重刊本，俱存。

〔宋〕（南城縣）舊記

佚名修纂

宋修本　佚

《輿地紀勝》卷三十五，建昌軍，景物下伏虎洞，引《舊記》一條。

《江西古志考》卷七：《（南城縣）舊記》宋，佚卷數、撰人。未見著錄。按：本志佚文曰「元符中」，當係宋修本，成書於宗哲完元符以後。

【按】《江西古志考》卷七據《輿地紀勝》所引，著錄《（南城縣）舊記》一種。此書係宋修本，當無疑義。然清朝南城縣志修纂者敘邑乘原委，俱以明萬曆七年范淶志為創修，明以前縣乘，尚未見文獻記載。《紀勝》所引《舊記》，或係郡志，亦未可知。茲仍依《江西古志考》著錄，存疑以俟考。

〔萬曆〕南城縣志[1]

范淶修范淶，字晞陽，休寧人，進士，萬曆二年任南城知縣。

明萬曆七年（1579）修本　佚

光緒《江西通志》藝文略：《南城縣志》萬曆七年知縣范淶修。

【按】清康熙十二年縣志曹養恒序言建昌郡乘纂修原委，

雲：「萬曆乙卯范令淶慮紀載弗詳，乃別為縣志。」同治十年縣
志梅體萱序亦稱：「南城專志創於明范公淶。」俱以萬曆七年范
淶所修本為南城縣志之始創，本志已佚，內容、卷帙均難知其
詳。

〔萬曆〕南城縣志[2]

鄔鳴雷修

明萬曆四十年（1612）修本　佚

光緒《江西通志》藝文略：《南城縣志》_{萬曆四十年郡守鄔鳴}
_{雷續修。}

【按】本志見清康熙十二年縣志曹養桓序。曹氏敘建昌郡志
原委，歷數宋、明清諸本，又云：「萬曆乙卯范令淶慮紀載弗
詳，乃別為縣志，遷秩去。越壬子，凡三十有四年，郡守鄔公鳴
雷始續修之，而志事之源流本末於備茲矣。」光緒《通志》據以
著錄鄔鳴雷修《南城縣志》一種。按鄔氏於萬曆三十七年至四十
年任建昌知府，嘗修《建昌府志》，已著錄，曹序此言鄔氏續
志，是郡志，還是南城縣志，語焉未詳。故同治縣志凡例及梅體
萱序邑委源流，明志只言萬曆七年范淶修本，不及鄔志。今考康
熙曹養恒志凡例，云：「萬曆七年縣志後，秩官賓貢應例武舉多
或遺漏，非前編記錄失詳，即後溯者傳訛不的，漫無考核。」又
「前志敘論皆出名公，頗有史遷家法」。又，「縣志自萬曆七年
後，凡忠孝義節及百歲翁等皆湮沒不傳」。考此諸端，所言萬曆
七年以後縣志紀載遺缺，則鄔鳴雷修《南城縣志》似無其事。今
姑依光緒《江西通志》錄，存疑俟考。

〔康熙〕南城縣志[1] 十二卷

曹養恒修 蕭韻等纂曹養恒，陝西舉人，康熙十年任南城知縣。 蕭韻，字名彝，號元聲，又號長松居士，本邑舉人，明亡不仕，著有《周禮補注》《文廟禮制略》《音韻學考》等。

清康熙十二年（1673）刻本 存

清康熙十九年（1680）補版重印本 存

光緒《江西通志》藝文略：《南城縣志》康熙十一年知縣曹養恒修。

《中國地方志聯合目錄》。

曹養恒序康熙十有一年，歲在壬子，皇帝俞禮臣請，令天下纂修州縣志，甚盛典也。文命四數，政布方策，眇茲下邑，敢弗祗承。顧明末散亡，兵燹湮沒，懼無以對揚休命。檄至，日亟與是邦之彥訪諸故老，搜撫遺文，萃腋成裘，窮源晰委，閱數月始克成編……南城為建昌附郭邑，掌故家有言，自昔無專志，志始於宋紹興時，知軍事胡舜舉屬童宗說作《旴江志》，黃數忠分任之。自時厥後，乃有淳熙志、開慶志，元末毀。明王太史材讀書中秘，得抄錄以歸。景泰志，塚宰何東園公實秉筆焉。後英宗復辟，忌諱點竄，卒鮮流傳。正德、嘉靖間郡志，夏公良勝纂於前，羅公汝芳繼其後。萬曆乙卯，范令淶慮紀載弗詳，乃別為縣志，遷秩去。越壬子，凡三十有四年，郡守鄒公鳴雷始續修之，而志事之源既流本末於茲備矣……（康熙十一年嘉平既望）

【按】康熙十一年，南城縣令曹養恒奉朝廷之命修纂邑志，「檄至，日亟與是邦之彥訪諸故老，搜撫遺文……閱數月始克成編」。此係清修南城縣志之最先成書者。「是志所修，多係郡乘摘抄，或出購求殘本，中間斷續頗難貫穿。今遵先輩成法，條分

綱目，字訂魯魚。此外有不到外，芟削淆訛，統聽後之君子。」（本志凡例）全書十二卷，卷一沿革、分野、疆域、城池、名勝、津梁，卷二風俗、圖籍、戶口、糧畝、水利、物產，卷三賦役、秋糧、夏稅、課程，門攤、濠稅、鹽稅、里甲、均徭、驛傳、民兵、四差、優免、職貢，卷四縣署、府署、行署、雜署、館驛、館舍，卷五縣學、學田、府學、書院、社學，小學、書屋、典籍，卷六兵防、兵制、官署、營寨、運屯、清軍，卷七祀典、丘墓、義恤，卷八宮室、古跡、街坊、市鎮，卷九秩官、名宦、鄉賢，卷十薦辟、賓貢、鄉舉、進士，封贈、蔭敘、應例、武舉、鼎甲、解元、上壽、神童，卷十一名儒、理學、名臣、宦業、忠義、孝友、文學、武烈、隱逸、善行、材藝、貞節、寺觀、釋仙，卷十二藝文：序、記、詩、碑、銘、狀。本志有康熙十二年刻本。康熙十九年有補版重刻本，知縣姚瀚有補刻本序云：「南城縣志實經前任曹君奉令重修，甫告成功，滄桑偶變，版遂散亡，茲行求印本，各拾殘遺，合而揀之，始克成部……因募匠重梓，大概原板十三，補板十七，事實辭章，一無增減，不欲蔽前功且謹冒濫也。」

〔康熙〕南城縣志[2] 十二卷

羅秉義修　陶成　張江纂羅秉義，雲南安寧副貢，康熙五十年由教諭升任南城知縣。　　陶成，字存軒，號曉樓，本邑進士，翰林院庶起士。　　張江，字百川，本邑進士，翰林院編修，著有《古文選》《制藝》三集等。

清康熙五十四年（1715）刻本　存

光緒《江西通志》藝文略：《南城縣志》康熙五十四年知縣羅秉義修。

《中國地方志聯合目錄》。

陶成序歲乙未夏，成蒙恩予休歸里，值邑中紳士請於羅侯為增修邑乘之舉，以成會纂修國史，應知直道，命予董其役。予自愧不文，讓之至再，乃公請郡庠生何君從之編次，屬孝廉張君百川校訂，而委余以論定焉……我朝久道化成以來，節孝諸善行實繁有徒，例得核實以紀。至於疆域、名勝、風俗、人文，悉依舊志補綴。惟賦役一則，舊苦不均，近叨郡伯陳公將南糧料價詳請上憲，照正，糧均派，里民便之，特編於志，以垂久遠。書成，因弁數言廁於當事之末……（乾隆五十四年）

【按】康熙五十四年，縣令羅秉義主修本志，屬陶成董其役。此修實據康熙十二年曹志增續，體例一仍舊本，「凡所增補，必細詢先達老成，徐通庠序，遍考輿言，不以私掩公，不以虛冒實」，以期「信今而傳後」。（羅秉義序）有康熙五十四年該本，存。

〔乾隆〕南城縣志十卷首一卷

趙丹樞　范安治修　梅廷對　嚴潔纂趙丹樞，北直阜城人，進士，乾隆十四年任南城知縣，次年卒於官。　　范安治，浙江錢塘舉人，乾隆十六年任南城知縣。　　梅廷對，字素岩，本邑進士，官至山東按察使。　　嚴潔，字楚白，號皓亭，本邑進士，曾任廣東徐聞縣知縣。

清乾隆十七年（1753）刻本　存

清嘉慶二十五年（1820）補版重印本　存

光緒《江西通志》藝文略：《南城縣志》十卷乾隆十七年知縣

范治安修。

《中國地方志聯合目錄》。

梅廷對序歲庚午，予邑奉簡書纂修志乘，邑侯趙公丹樞勇於趨事，遂屬余與嚴先生皓亭典其事。而余年衰邁，昏於視，艱於步，弗能任也。侯不余諒，以余囊者備員史館，充內廷之纂修有年，今桑梓之事安得辭，且嚴先生精力強固、學行邑所引重，得以籍手，無虞廢事，並延鄉之有名望甲科孝廉明經文學諸先生，克期開館，發凡啟例，乃屬草。報二三卷，而趙邑侯遽赴玉樓之召，經費無所出，遂至輟筆經年。我邑侯范公安治……甫下車，庶務叢集，逾月而秩然就理，百廢俱興。乃集諸同事就館踵修之。雖繼續前緒，猶之創始也。期年而志告成，嚴先生出以示餘，其凡例各目視前志稍有損益，往哲之傳間有刪冗補遺乃更置者。若乃財賦、規建、學校、典禮等類，各述新法以附舊章。逼歲人物之可以風世者，則悉參之輿論，本乎鄉評，寧核無浮，寧簡無濫，於以存往詔來，信今而傳後，豈徒以工著述哉……（乾隆十七年嘉平月）

【按】乾隆十五年，知縣趙丹樞奉命修志，委梅廷對等主纂事，志稿未及二、三卷，趙氏卒於官，修纂一度中斷。范安治繼任知縣，覆命開局修輯，乾隆十七年志書始克告成。梅廷對有序述其事始末。本志體例，較康熙舊志有所更易，其凡例云：「舊志散亂，有目無綱，今統以八志，廣搜博攬。事取其詳，亦歸於確，周諮必謹，罔敢妄綴，要以傳信云。」全書十卷，分封域、建置、賦役、典秩、武備、職官、選舉、人物、藝文、雜志十志，各為一卷，子目八十六。後人稱本志「仿史家八書十志之例，分綱立目，如理棼絲，有條不紊」（同治縣志凡例）。有乾隆十七年刻本，存。又，嘉慶二十五年，知縣雷學淦以本志「板

多漫缺，補刊復初」。嘉慶二十五年補刻本，亦存，又，本志主修之一知縣范安治，光緒《通志》錄作「范治安」，誤。

〔道光〕南城縣志三十二卷首一卷

松安　張景　時式敷修　廖連纂松安，鑲黃旗人，舉人，道光三年任南城知縣。　張景，河南武安人，進士，道光四年署南城知縣。　時式敷，山東單縣人，進士，道光五年任南城知縣。　廖連，本邑進士，曾任河南內黃、孟縣知縣。

清道光六年（1826）刻本　存

光緒《江西通志》藝文略：《南城縣志》三十二卷道光五年知縣松安修。

《中國地方志聯合目錄》。

廖連序前邑侯松以奉文修纂，囑余董是役。余當以弇陋固辭，復承責以桑梓大誼，不敢不勉力從事……爰商同人，姑即現存通志、府志、各前志，參核同異，錄其詳確。其新增，一切謹啟松侯暨署任張侯、新任時候，疊諭城鄉，各自赴縣舉報。而山川形勢，除令保地圖示外，復賴在局同人不辭勞瘁，親行履驗，務歸明確。風俗人物，則屢就詢老成，傳訪紳望。一遵頒發條例，核實登載。自甲申季春至乙酉仲夏，乃就初稿。適值新任時候以班范之才為吾邑師帥，潤色揮旗，群情共仰，謹繕寫就正，鑒定發刊……（道光六年孟冬）

【按】本志係道光四年縣令松安始修。松氏去後，署令張景接修之，至五年仲夏乃就初稿。值時式敷任知縣，加以潤飾後就梓。據本志凡例稱：「此次奉文頒定格式，按謝《通志》三十二門刊發各府縣一律編纂，送省備錄，故與諸志體例不同，而逐類

核實，歸於一是，匪敢妄綴，以昭慎重。」全書凡三十二卷，分三十二志，每志各一卷，即星野、沿革、形勢、城池、山川、水利、學校、公署、書院、田賦、風俗、土產、兵衛、武事、津梁、驛鹽、古跡、封爵、秩官、選舉、名宦、人物、寓賢、列女、仙釋、方伎、祥異、祠廟、塋墓、寺觀、藝文、雜記。本志修纂拘守憲頒例規，後人譏之曰：「甲申志奉文照謝《通志》編輯，而變易舊志，除綱削目亦與謝志未符。」（見同治凡例）

〔同治〕南城縣志十卷首一卷

李人鏡修　梅體萱纂李人鏡，字英卿，雲南河陽進士，同治八年任南城知縣。　梅體萱，原名棠，本邑進士，曾任安徽鳳陽府知府。

清同治十二年（1873）刻本　存

梅體萱序南城專志創於明范公淶，而國朝曹公養恒、姚公瀚、羅公秉義以次修之。其事則開創之初，規制尚簡；其義則區類別物，析理辨名；其文則蕭明彝、張曉樓、何從之、陶存軒諸先生當時名士之所為。先宮詹月川公序之詳矣。乾隆辛未，范公安治屬先都轉素岩公暨嚴皓亭先生復為編輯，原本於舊書，而立綱分目較為詳備，蓋其時文明大啟，法制久定，視國初規模為尤巨集也……甲申，時公式數奉文纂修，頒定格式，使闔省州縣同其步趨，有弗增，增之；弗與協，弗取也；有弗刪，刪之，弗與合，弗去也……顧以志乘當修輯之時，辱邑父母李公之見推，辭之未獲，遂不量力而謬為擔荷。受事以來，經費之籌畫，幾事之凌雜，概勿與知，惟是冥心毫素，澄神簡編，考不厭詳，理必求是，凡十五閱月而稿脫。全書體例悉取裁於辛未以前諸志，而綴以其後之事實，間有變易，亦必研求詳審，參合議例，以期協於均平，不苟為塗塗附也……（同治十

年）

【按】同治九年，南城知縣李人鏡有修志之舉，梅體萱主筆，十年稿成，凡歷十五月。梅氏以道光六年縣志拘守頒定格式，頗有不滿。所修此志體例，不沿用道光志而「悉取裁於辛未（指乾隆十七年范安治志）以前諸志，而綴以其後之事實，間有變易」。本志正文分十志，各為一卷。各分志標題與乾隆范志同，子目略有損益變更。卷一封域志，卷二建置志，卷三賦役志，卷四典秩志，卷五武備志，卷六職官志，卷七選舉志，卷八人物志，卷九藝文志，卷十雜志。子目一百二十。

▶ 南豐

南豐置縣早在三國吳時，其邑乘之可考者，以見引於《輿地紀勝》之《（南豐）圖記》最早。此本疑係宋志，撰年不明。元修南豐州志有二種，即大德四年志及元末續志。明初有志，此後明永樂、景泰、弘治、正德先後均有修纂。其後里民鄧倬、譚浚各自裒輯成書。譚氏私修《南豐備錄》與程三省所修官本縣志幾乎同時，均在萬曆十四年前後，萬曆間又有鄭志。清修邑志有七種。以順治初趙師賓《邑乘紺珠》為先出，此係私修本。康熙、乾隆、道光、同治各有纂輯成書。其中，道光志又有節錄本刊行。民國十三年，又修成一志。本縣志乘今存者，以萬曆十四年程三省本為最早，明志僅存此本。清康熙、道光、同治、民國諸本俱存。唯乾隆志原刻本有殘缺，嘉慶補刻本存。

三國吳太平二年，析南城縣地置南豐縣。隋開皇九年，廢入南城。唐景雲二年復置；先天二年又廢；開元八年復置，屬撫州。宋淳化二年改屬

建昌軍。元初屬建昌路，至元十九年升南豐州，直隸江西中書行省。明復降為縣，屬建昌府。清仍之。

（南豐）圖記

佚名修纂

修纂年不詳　佚

《輿地紀勝》卷二十九，撫州，景物上軍山，引《圖記》一條。

《江西古志考》卷七：《（南豐）圖記》佚卷數，撰人。未見著錄。按：南豐置縣，昉自三國孫吳之時，至元朝，歷千餘載，邑乘放失，了無載錄。今見著錄最早舊志，乃元大德《南豐郡志》。茲得《紀勝》所引《圖記》一條，雖是書撰年撰人俱失考，庶幾可補元以前古志之闕歟。

〔大德〕南豐州志十五卷

李彝修　劉壎纂李彝，字憲甫，燕人，大德三年任南豐知州。　　劉壎，字起潛，自號水雲村，邑人，以明經薦任建昌路學正，著有《經說講義》《水雲村稿》等。

元大德四年（1300）修本　佚

錢大昕《補元史藝文志》：李彝《南豐郡志》三冊。

倪燦《補遼金元史藝文志》。

《文淵閣書目》卷四，舊志：《南豐郡志》三冊，又三冊，又三冊。

《千頃堂書目》卷七。

光緒《江西通志》藝文略：《南豐州志》十五卷大德四年知州

李彝修。

《中國古方志考》。

《江西古方志考》卷七。

李彝序名州巨邑，靡不有志。彝宦遊所至，往往獲觀，顧於南豐未之睹。竊嘗歎曰：「圖志，古志，豐，文獻邦，其獨無志是乎。」公退搜考，得舊邑志，閱視則時代懸隔，與今事不類。因屬泮宮諸君子加修纂焉，訂其訛，補其闕，刪削其不必存。自建置至遺事，凡三十類，釐為十有五卷，捐俸募匠刻諸梓。同僚協志樂助，司屬府史偕州里諸賢咸致力，書以成。披卷縱觀，一郡事蹟萃是矣。標其目曰《南豐郡志》。書其共事者之氏名曰：會總修纂者，前學官劉壎也；分卷同修者，前學官彭埜、職員羅安道、上官鯉也；考正文字課督工程者，今學官劉東叔、直學朱顯祖也；捐俸助刊者，同知阿老瓦丁、州判常泰、吏目王沂；而主盟者則達魯花伯顏察兒也。（大德四年）

【按】元大德初，知州李彝舉修州志，劉壎主纂事。所修本之宋「舊邑志」，訂訛補闕，續其後事。全書共分三十類，釐為十五卷。李彝有序略述其事。清人傅大業、劉凝等俱稱是志「條例最清」，「以體例勝」（見康熙二十二年縣志傅、劉序）。其書今雖不存，然康熙二十二年縣志「一尊《州志》體例」。由康熙縣志尚可窺略本書體裁之舊貌。又據鄭釴序康熙縣志云：「劉水村先生所修《南豐州志》，櫝藏書院，倖免於咸陽一炬。」則至鄭氏修志時，本志版櫝尚存，其亡佚當在康熙之後。又本志題名，李彝稱「南豐郡志」，後之書家從之著錄。然本志程文海序作「州志」，《元詩選》作《圖志》，明清縣志修纂者則俱稱「南豐州志」，光緒《通志》亦錄作《州志》。今以「州志」錄之。

〔元〕南豐州續志

佚名修纂

元末修本　佚

《中國古方志考》：《南豐州續志》元，佚。按，萬曆《南豐備錄》譚浚序：州志元初劉水村修之，元末繼之。

《江西古志考》卷七。

〔明〕南豐縣志

佚名修纂

明初修本　佚

《永樂大典》卷二二六七，六模，湖鯉湖；卷七五一四，十八陽，倉豐儲倉；引《南豐縣志》二條。卷二二六六，六模，湖天湖、劉湖；卷二二七〇，六模，湖師姑湖、飯籮湖、萬歲湖；卷二二七一，六模，湖高視湖；引《南豐志》七條。又卷七五一四，十八陽，倉豐儲倉；卷八八四三，二十尤，游遊少遊；引《建昌府南豐縣志》二條。

《江西古志考》卷七：《南豐縣志》明，佚卷數，撰人。未見著錄。

【按】宋南豐縣，元升南豐州，明初復為縣。《永樂大典》引此志題名「縣志」，應是明初所修。然佚文「豐儲倉」條曰：「在州治之南」，似出元人手筆；而佚文「鯉湖」條又曰：「在建昌府南豐縣南四十里」，則與上文相抵牾。又《大典》引《南豐志》七條，六條佚文稱「（南豐）縣」，唯「萬歲湖」條曰「在州東。」上述兩志，當係一書。其佚文稱「州」外，或沿元末州

志之舊。考元末明初南豐舊乘，有續於元末者，見明人譚浚《南豐備錄序》（本書已著錄）。而明朝所修，據《南豐備錄序》，以永樂間修本為先出。而永樂本縣志成書未必在《永樂大典》編纂之前，難以推斷《大典》所引《南豐縣志》必為譚浚所謂「永樂間修之」者。頗疑本志即譚氏《南豐備錄》所言元末續本，蓋修於元末而成之明初，故志文中有元制餘痕而未及更改。因乏更充分證據，不敢必以為是，姑仍分錄為兩書，略附管識於此。又《大典》引《建昌府南豐縣志》佚文二條，亦當出自本志，「建昌府」三字似引者所加。

〔永樂〕南豐縣志

佚名修纂

明永樂間修本　佚

【按】明萬曆譚浚《南豐備錄序》曰：「邑志永樂間修之，未詳其人，景泰昌郡侯汪公采之，東園何公序之。」據此，明永樂年間曾修縣志。（參見上條明初《南豐縣志》考說）又此志未見後人言及，而譚氏已稱該書撰人「未詳」，則本志至萬曆時已經不存，譚氏編《南豐備錄》時未曾見及。

〔景泰〕南豐縣志

汪澤修　汪倫纂汪澤，宜城人，監生，景泰四年任南豐知縣。　汪倫，字廷言，號澹庵，寧波奉化人，景泰七年任南豐縣訓導。

明景泰八年（1457）修本　佚

【按】明萬曆譚浚《南豐備錄序》曰：「邑志永樂間修本，

未詳其人，景泰間郡侯汪公采之，東園何公序之。」由是可知，明景泰間知縣汪澤曾修縣志。又據清康熙二十四年縣志卷六，名宦政績：明景泰間縣訓導汪倫「嘗修本縣實錄，紀一邑之概」。考汪倫任訓導在景泰七年，汪澤任知縣在景泰八年（按：是年英宗即位，改元天順），可以推知本志係汪澤主修，汪倫總其纂事。又譚序謂本志采永樂縣志，其內容，卷帙今已無由詳知。

〔弘治〕南豐縣志

雷頤修雷頤，字孟正，巴陵舉人，弘治六年任南豐知縣。

明弘治七年（1494）修本　佚

光緒《江西通志》藝文略：《南豐縣志》弘治七年知縣雷頤修。

何喬新序弘治七年秋，江右藩臬移文所屬郡縣各纂修志書，上之會省，將刪為通志……南豐令巴陵雷侯孟正，知其所繫之重，乃集邑之師儒者宿語之曰：南豐，名邑也，有曾文定公之文章，曾文昭公之剛大，朱光祿之厚德，曾悟、黃樞之忠義，其他名賢碩士，未易縷數，紀載其可不謹乎？願相與成之。乃本舊志，考諸家文集，參以里巷紀聞，公暇延訪多士，親加筆削。賦貢物產，丁口頃畝，務紀其實；吏治得失，人才賢否，不為虛美。開卷一閱，而一邑數千年之故了然在目矣。侯既繕寫上之藩臬，而留其副於縣，屬予序之。

【按】本志係弘治七年邑令雷頤奉檄修纂。《南豐備錄序》稱「弘治甲寅，邑侯雷公復修，請序於椒邱何公」。弘治志已佚，何喬新（椒邱）序文仍存，本志修纂經過，略見序文。是書卷帙、門目，何氏略而不具，今已不得其詳。

〔正德〕南豐縣志十九卷

符遂纂符遂,字良臣,號聰衰子,邑人,曾任銅陵、維揚、興化縣知縣,著有《南豐詩注》《歸田稿》《特立堂集》。

明正德間修本　佚

光緒《江西通志》藝文略:《南豐縣志》十九卷正德間邑人符遂修。

【按】明李萬實《符興化知縣墓表》曰「(符遂)以縣志久荒,修纂成編,凡四帙」(李文見萬曆十四年縣志卷七藝文志)。知符遂歸鄉之後編纂縣志,此當係私家修志。又,李氏《墓表》稱「以縣志久荒」,而弘治七年邑令雷頤已有纂輯,不知何以未及一語,又,趙師賓《邑乘紺珠序》云:「符良臣先生正德間所修志十九卷。」本志卷數據此著錄。

〔明〕南豐縣志

鄧倬纂鄧倬,邑人。

明修本　佚

【按】本志前無著錄,僅見萬曆十四年縣志王璽序提及。王氏曰:「於是取舊繕本元《南豐州志》……旁及傳刻子史案牘口碑,甚至里民鄧倬、譚浚所自裒輯。」譚浚「所自裒輯」,係《南豐備錄》,可知鄧倬所纂輯,亦是私修邑乘。鄧書至王璽時猶存,並為王氏修志採用。然鄧志題目,卷帙、內容,王序無說,姑錄作「南豐縣志」。

〔萬曆〕南豐備錄十一卷

譚浚纂譚浚，字允原，號勺泉，邑人，隱居不仕，著有《醫宗》二十四卷、《老莊解》等。

明萬曆十四年（1586）刻本　佚

光緒《江西通志》藝文略：《南豐備錄》十一卷譚浚撰。謝鳴謙撰《傳》：字允源，號勺泉，南豐人。

譚浚序南豐邑事，輯於元代凡幾，續於國朝凡幾，歷無刊木，煩略互異，荒而無體，駁而無次，瑣識浮於大程，異端冗於正道，廢跡淆於顯額，利弗謂可舉，敝弗謂可袪，世教莫明，政體曷補。隆慶壬申，邑侯鄭公蒼濂謂志有勸懲，帖下諸生修纂，因循未就。余友李氏良瀚曰：禮曠而求之野，子其為乎。乃出舊錄州志、邑志各帙屬浚。余曰：州志元初劉水村修之，元末續之。邑志永樂間修之，未詳其人。景泰間郡侯江公采之，東園何公序之；弘治甲寅，邑侯雷公復修，請序於椒邱何公；正德間符衰老續而序之。何為不傳，徒置荒篋，恐茲後亦然，何益之有……浚病忘之衰，白日甚，跬步莫移，豈能通於邑事乎。然感善忘非義，竊野史，訪諸耆舊，參以典故，增其遺闕，刪其浮冗，別其序次。人生日用詳焉，能無煩乎；涉於虛誕略焉，能無疏乎。惟義所適……（萬曆十四年仲冬）

【按】本書係邑人譚浚私纂，書亡，譚氏序存。譚氏略述其書修纂原委，稱「竊野史，訪諸耆舊，參以典故，增其遺闕，刪其浮冗，別其序次」，輯為一遍。該序撰於萬曆十四年丙戌，此書成之時。

〔萬曆〕南豐縣志[1] 七卷

程三省修　王璽纂程三省，號確齋，富陽舉人，萬曆十三年任南

豐知縣。 王璽，號見竹，本邑進士，官至嘉議大夫廣東按察使。

明萬曆十四年（1587）刻本 存

《千頃堂書目》卷七：王璽《南豐縣志》七卷。

光緒《江西通志》藝文略：《南豐縣續志》七卷萬曆十四年知縣程三省修。

王璽序明興實錄外，天下郡邑咸有志乘。南豐志亦舊矣，先是毀於兵，有司往往欲修輯，弗逮。省藩大參鄭公蒼濂為令時，嘗設局集士，未半以遷秩諫垣行。豈乘之興廢抑有數耶。歲萬曆乙酉冬十有二月，川南確齋程侯來視邑篆。甫至，首革胥役之健滑而蠶食者將百人，約以自奉，勤以為民。越明年丙戌，治具恢恢張矣，慨縣乘久漸湮沒，無以稽治行順民風而出化理也。一日，偕邑博司諭鄧君成藩、司訓周君釗、李君東明投刺加幣，訪王子於培德堂……於是取舊繕本元《南豐州志》、國朝塚宰何公文淵縣志為標的，豫章省志、《盱江郡志》與諸郡邑之志之可觀者為質成，而會極於一統志焉，遵制典也。旁及傳刻子史案牘口碑，甚至里民鄧倬、譚浚所瞭裒輯，騷人墨客所自詠歌，罔不采撮。去取始言人人殊繼之制立論定，一邑事了了若在目，口遂分卷為七，列目為若干，扃局秉槧，次第書之……（萬曆十四年季冬）

【按】萬曆十三年，南豐邑令程三省設局修志，聘王璽主纂，次年修成。是志以元劉壎《南豐州志》、明正統何文淵《廣昌縣志》為標的，並參用多種官私舊乘，博采慎取，纂為一編。全書七卷，分封域志、規建志、食賢志、典秩志、秩官志、人物志、藝文志，各為一卷。有萬曆十四年刻本。臺灣成文出版公司《中國方志叢書》有影印本。

〔萬曆〕南豐縣志[2]

鄭秉厚修　高士貞纂　鄭秉厚，字滄濂，遂昌進士，隆慶五年任南豐知縣。高士貞，邑人。

明萬曆間刻本　佚

曾思孔序　曩不佞與高士貞隸籍青衿，屬滄濂鄭公有人倫之鑒，見許國士，既謂君子好古，假以纂修邑乘。君故博徐多聞，爰復廣諮兼采，優以歲時，乙訖增缺。厥草甫就，滄濂公以內召戒行，尋輟梓事。不佞假嘗披讀，則事碎道法一稟前載，考訂創體，良自匠心，不以鉤棘為工，不事餖飣為富，蔚然自成一家，斯已勤矣。不佞雅謂友人，君草即不行，當俟後世，子雲決不為覆瓿具。今上萬曆丙戌，西惟程公來令豐邑，不佞就試南宮歸，而志已候成，然而草封篋中如故。友人曰：高君不賞並世子雲，而俟異世乎？夫且不為覆瓿乎？余以人各有長，材罕兼擅，今二書臚列，覽者固難以一隅概也。夫滄濂公自以遷擢未竟，志曷與哉？考志中載南豐先生《隆平集》……皆足稱詳核，君書傳無疑。籍令不佞汙，何至阿其所好耶？於是君之門人子姓窺君用心勤，懼來者無徵，相與謀鋟之，而求序於余。余專愚，何敢附知言，則誦君所為志書始末由滄濂公者如此……

【按】本志已佚，今僅見邑人曾思孔序文一篇。曾序言是書纂修事頗詳。據曾氏說，本志係知縣鄭秉厚（滄濂）委高士貞纂輯。「厥草甫就，滄濂公以內召戒行，尋輟梓事。」又曰：「不佞就試南宮歸，而志已候成，然而草封篋中。」知在鄭秉厚調任時志稿已成，因鄭去而未能鋟鋅。鄭氏離任在隆慶六年，此本志稿草就之時。又，曾序云：「君（指高士貞）謀鋟之，而求序於餘。」據此，本志後來付梓刊行。細審曾文，鄭志刊刻當在萬曆十四年丙戌之後。王璽序萬曆丙戌縣志云：「有司往往欲修輯

（志乘）弗逮，省藩大參鄭公蒼濂為令時，嘗設局集事，未半以秩遷。」道光八年縣志亦曰：「隆慶七年邑令鄭滄濂欲修而未果。」所言似有未的，當以曾思孔序為是，茲據以著錄。又，曾思孔為隆慶志作序，只言高士貞為纂人，通篇未談到過曾氏本人有修邑志之事，亦未談到過他參與纂修隆慶志。而清修南豐縣志卻記有曾氏修志，如康熙二十二年縣志，藝文志，書目著錄「曾思孔《南豐續志》」，同治縣志，人物亦載曾思孔著有《南豐續志》。未知何據。頗疑皆未審曾序之文而致訛。曾氏《南豐續志》今不錄，附說於此。

〔順治〕邑乘紺珠三十二卷

趙師賓纂趙師賓，字衍公，邑人，著有《蔓金苔》《屯書蠹瞤》《群玉樓集》等。

清順治五年（1648）修本　佚

康熙二十三年《南豐縣志》卷十二：趙師賓《邑乘紺珠》。

《千頃堂書目》卷七。

光緒《江西通志》藝文略。

趙師賓序昔唐相張燕公云：有人惠一珠，持之能藥健忘，諸凡生平經心目者，悉能記憶，名記事珠，其色紺，又名紺珠。解者曰：「此言心也，燕公蓋作是隱語云爾。」及讀文太青《太微經》，言朱童者，心之嘉贊也。與《黃庭》所載黃庭中人依絳衣義相符券。則紺珠信乎云心矣。取以名邑乘，亦曰伏朱童以為師，借墨卿穎人佐之，備一邑故事，令不湮滅……賓不揣荒陋，以戊子夏日，合元劉水村先生大德間所修《南豐州志》十五卷、符良臣先生正德間所修志十九卷、譚勻泉先生萬曆乙酉所修

《備錄》十一卷、王見竹先生萬曆丙戌所修縣志七大卷，參訂而手錄之，刪其重複，節其支蔓，補其缺略，詳其序次，又取近日事文細為編定，一本中心，不敢漫滅，期為信史稿本，其書蓋見之譚君虞言暨旁為博采。因烏戶六閱月，庶幾稗官野說，亦足備全匱石室之一覽。

【按】此係明清易代之際邑人趙師賓所纂縣乘。趙氏序於其書題名「紺珠」已有解說。是志之修，合元、明舊乘如劉壎、符遂、譚浚、王璽諸本參訂，刪繁補缺、續錄近事，「以備一邑故事」。據趙序，本志修於「戊子夏日」，即清順治五年夏，六閱月乃成。是清修南豐縣志之最早者。書亡於何時，已不詳。光緒《江西通志》藝文略錄康熙《南豐縣志》，按曰「《邑乘紺珠》三十二卷」。今准此著錄。

〔康熙〕南豐縣志十六卷

鄭釴修　劉凝纂鄭釴，錢塘籍桐鄉人，監生，康熙二十二年任南豐知縣。　劉凝，字二至，本邑歲貢，曾任崇義縣訓導。

清康熙二十四年（1685）刻本　存

光緒《江西通志》藝文略：《南豐縣志》康熙二十二年知縣鄭釴修。

《中國地方志聯合目錄》。

劉凝序歲癸丑，奉修天下郡邑志，而豐之志以沮牾弗果成。今歲癸刻再修，邑侯鄭衛先生虛心延訪，搜輯舊文，以其事屬，凝謝弗敢當。鄉先生傅公用茲、彭公彥遠又謂凝曰：子雲先人水村先生當元大德時曾纂輯《南豐州志》矣，即前邑侯張曲江先生亦欲以此事相屬，曷弗嗣續先人之業乎。凝愈謝弗敢當。申命至三，不得已勉承其乏，晝夜兼工，寒暑不

間，始克告成。因思宇內邑乘充棟，未獲遍覽，若吾盱前後郡邑之志，皆得寓目，就中擇其最善者有三書，吾祖水村公《南豐州志》以體例勝，王稚川太史《新城縣舊志》以文辭勝，司李陸開仲先生萬曆壬子續府志以敘論勝，三者皆修志之典型。然體例可仍，而文辭敘論不可襲也。用是一遵州志體例，正其訛謬，補其闕略，參集諸家，犁然具備，擇取之審，庶幾無愧。（康熙二十二年）

【按】康熙十二年，天下郡縣奉命修志，「而豐之志以沮牾弗果」。至二十二年，縣令鄭釴再修，以其事屬元《南豐州志》主纂者劉壎之後人，邑貢生劉凝。本志之修，參集諸家，正其訛謬，補其闕略，其體例則「一遵《州志》」。全書十六卷，卷一邑境圖考、建置沿革、封域界限、城郭坊門、鄉都里保、牌籍戶計、稅糧課程、分野災祥、風土物產，卷二縣治公宇、學校齋舍、倉庫鋪鎮、橋樑津渡、名跡宮室，卷三境內山川、壇廟祠墓、寺觀殿宇，卷四官師年表，卷五選舉題名，卷六名宦政績，卷七、八鄉賢實跡，卷九釋道舊記，卷十制誥敕命，卷十一題詠詩歌，卷十二至十六藝文。

〔清〕南豐續志稿六卷

李灝纂李灝，字文柱，號范江，邑人，雍正八年歲貢，曾任永寧縣訓導，著有《四書疑問》三十六卷、《茝堂類稿》一卷等。

清修稿本　佚

同治《南豐縣志》卷三十三：李灝《續志稿》六卷。

【按】李灝所修《續志稿》，清同治縣志藝文志有著錄，然修纂時間不詳。據同治縣志，名宦，「萬元臣」、「褚俟藻」兩傳

引「李灝《志稿》」，記至雍正七年，十年（壬子）之事。知《志稿》修成在雍正以後，或在乾隆間，亦未可知也。又據同治縣志，人物載：「李灝，字文柱，號范江，在田八子之一，嗜古力學，淹貫經史，有名諸生間。雍正庚午歲貢，乾隆元年巡撫常公安薦博學鴻詞，報罷，甲子授吉安永寧訓導。課士有方，著有《四書疑問》三十六卷、《莅堂類稿》一卷、《周易說研》六卷，諸書刊刻行世」。

〔乾隆〕南豐縣志四十卷首一卷

盧崧　朱若烜修　陸嘉穎　閔鑒纂盧崧，字介軒，號存齋，襄平舉人，乾隆二十五年任南豐知縣。　　朱若烜，桂林人，攝纂南豐縣。　　陸嘉穎，字中允，浙江仁和進士，翰林院編修。　　閔鑒，號照堂，南昌人，進士，琴城山長。

清乾隆三十年（1765）刻本　闕

清嘉慶十六年（1811）補版重印本　存

朱若烜序旃蒙作噩之六月，余奉憲攝纂豐邑。下車後，紳士即進而請曰：南豐志乘，前縣敦請仁和陸太史纂修，雖已告竣，尚未開雕，書出一手，恐千慮不無一失，兼之西河痛後，伎助無人，其中或煩或略，或須參訂，始為完善。仲春，呈明府，憲檄委另修，遷延半載，尚未舉行……乃卜日延山長閔君照堂經理其事，公餘之暇相與悉心商榷。發凡起例，一以孟志為准，惟人物一門，經前縣核定。初蒞茲土，耳目未經，故不贊一詞。其餘略者補之，訛者正之，煩者節之。事經訐訟，據檔案以書之。疑義當闕者，集紳士以商之。寧慎無濫，總歸於體例之當而已。閱月蕆事……（乾隆三十年）

【按】乾隆二十八年，南豐知縣盧崧奉文修志，越數月，草創將就，尚未開雕，盧氏調協署南昌。朱若烜攝篆南豐，延琴城山長閔鑒繼加核訂刪簡，付諸刊行。有乾隆三十年刻本，今藏北京故宮（闕）及臺灣「故宮博物院」圖書館（缺一至五卷，卷十六至二十一及卷三十五上）。又本志版片，毀於乾隆五十七年水患。嘉慶十五年，邑令王茂源於邑紳家中求得原本，悉心讎校，加以補版。「計遺失原板四百九十餘片，共一十八萬七百三十餘言，並圖形八版，籌款刊刻，依次補入。」至嘉慶十六年二月刻竣，「缺者復全，燦然如舊」。（王氏補刻序）嘉慶十六年補刻本今存。

〔道光〕南豐縣續志四十卷首一卷末一卷

鄭芬　孫爾修　張兼山　徐江修　徐湘潭纂鄭芬，爵里不詳，道光二年署南豐知縣。　孫爾修，字菊才，江蘇副貢，道光三年任南豐知縣。　張兼山，字柳汀，河南進士，道光六年署南豐知縣。　徐江，安徽進士，道光六年任南豐知縣。　徐湘潭，字松東，永豐拔貢。

清道光八年（1828）刻本　存

光緒《江西通志》藝文略：《南豐縣續志》四十卷道光八年知縣徐江修。

徐江序道光二年，間奉大府檄修省志，都人士敦請永豐拔貢生徐湘潭主纂，歷前任劉松坪、孫菊才、張柳汀諸生，閱七年而書始告成。余自丙戌秋八月由新城量移此邦，迄今已三載矣。讀其書，凡四十卷，門目凡三十……薦紳先生乃請序於余……（道光八年）

【按】本志自道光二年奉檄纂修，至八年告成，前後經四任

邑宰之手。此書題稱「續志」，乃以「乾隆癸未邑令盧公崧主修者為前志」，道光志則「續癸未以後六十五年，與前志並行者也」。（同治縣志凡例）據徐江序稱：「（全志）凡四十卷，門目凡三十，建置曆秦漢而各分因革，縣令溯唐宋而備載姓名，人文則自古為隆節孝，則於今為烈。凡例門類，舊志綦嚴；土物民風，新志愈悉。」有道光八年刻本，今存。

〔道光〕南豐縣續志節錄二十六卷

徐湘潭纂

清道光二十三年（1843）刻本　存

朱士嘉《國會圖書館藏中國地方志目錄》。

【按】徐湘潭係道光八年《南豐縣續志》之纂人。《續志》成書後，徐氏又鈔錄部分內容另成一節本，名曰「《南豐縣續志節錄》」，於道光二十三年刊行。該本今存。朱士嘉《目錄》謂「今《續志》已不可見，幸賴是書（指《節錄》）存其崖略」。其實，《續志》與《續志節錄》兩本俱在。

〔同治〕南豐縣志四十六卷首一卷末一卷

柏春修　魯琪光等纂柏春，湖北監生，同治四年任南豐知縣。　魯琪光，字芝友，本邑進士，翰林院庶起士，後為琴台書院山長，曾纂《建昌府志》。

清同治十年（1871）刻本　存

《中國地方志聯合目錄》。

柏春序歲在己巳，劉峴莊大中丞奏修《江西通志》，定為條目格式，

飭下諸郡邑一體編纂。春承乏於茲，責無旁貸。因多方搜求，得盧、徐舊志兩部。爰集紳士，僉舉前任江蘇臬司湯鶴樹廉訪雲松纂修。局尚未開，已歸道山。主稿者一時難定，直至庚午終方延琴台書院山長魯芝友太史琪光總纂一切，並延曾宬甫孝廉道文協修……開局轉稟省局各大憲，分晰條理，事增於前面文省於舊。數月以來，幸已草創，其中略者詳之，訛者正之。所有後來事蹟聿關風化者概增載之……（同治十年）

【按】本志是同治八年奉憲檄修纂，以備《江西通志》採擇，主修人知縣柏春，總纂為琴台書院山長魯琪光。全志按省局頒定格式條目纂輯。正文分建革、疆里、城池、山川、公署、學校、賦役、風俗、物產、水利、津梁、武備、祠祀、祥異、古跡、坊表、塋墓、名宦、秩官、選舉、仕宦、封蔭、人物、列女、方伎、流寓、仙釋、藝文、雜記二十九門，其中人物有五卷，列女有二卷，藝文有十三卷，其他各為一卷。

〔民國〕南豐縣志三十六卷首一卷末一卷

包發鸞修　趙惟仁纂包發鸞，字竺峰，本邑廩生，前清高等審判廳廳丞，民國眾議員。　趙惟仁，字慕祁，本邑拔貢，前清湖南即補知縣。

民國十三年（1824）鉛印本　存

《中國地方志聯合目錄》。

趙惟仁序己未夏五，客京師，包君竺峰任眾議院議員，相過從，言於余，曰：吾邑志書修自同治辛未，越五十年，板故存書院，改學堂，散失盡，自此以往，舊學凋零，老成代謝，千餘年文獻任其廢墜，可乎？及今為之，僅籌費難，子任其勞者，費吾任之……余惟竺峰意良厚，徵諸鄉

先生，曰：意厚不可負。歸而徵諸省之鄉先生焉、邑之鄉先生焉，皆曰厚意不可負。乃於是年舊曆十一月開局舉修，乃延採訪都邑之望，乃延調查務實無華，乃延纂輯經典博習，惟繁斯刪，惟遺斯拾，乃訂體例，立名編次八志五傳，目以綱繫，人皆舊人，學皆舊學，新文新獻無敢揚榷，目睹必書，耳食不記。辛亥而後命曰紀事。秋蟬之鳴，寒之聲，越十有四月而全志告成……（民國九年）

【按】本志由邑人包發鸞出資，聘趙惟仁等纂修。民國十年修成。據其凡例：「是書近采魯志（同治縣志），而參考前志、續志暨姚府志以釐訂之。」本志「全變舊志體裁」。全書分兩部分，前一部分編至清宣統三年止，宣統以後另編「民國紀事」一卷。「共分八志五傳，志以綱繫目，傳歷代分類，仿史書先志後傳例，重新編纂。」卷首序、考、銜名、凡例、總目、輿圖，卷一至三疆域志，卷四卷五建置志，卷六賦役志，卷七官師志，卷八武備志，卷九卷十選舉志，卷十一藝文志，卷十二、十三雜類志，卷十四、十五名宦傳，卷十六至三十二人物傳，卷三十三、三十四列女傳，卷三十五寓賢傳，卷三十六仙釋傳，卷終民國紀事、後序、校勘記。末附南豐節孝錄一冊。

▶ 黎川

邑乘明以前所修者，茫然無可考稽。今可考者，以明永樂間邑儒朱徽修本先出，正德間邑令黃文續修之，隆慶間王材重加編輯。清先後凡四修，康熙間有周天德修本，體例沿襲明隆慶志舊式；乾隆間有方懋祿、李珥修本，體裁較前志略有變更；道光有徐江修本，係乾隆志之續編；同治

有劉昌岳、金時宣修本，依《通志》體例兼采隆慶、乾隆兩志。明志僅存正德黃文鸞本，此係江西古邑志見存最早的完本。清修四本俱存。

宋紹興八年，析南城東南五鄉置新城縣，以南城舊稱城，故曰新城，屬建昌軍。元屬建昌路。明屬建昌府。清仍明，民國三年改名黎川。

〔永樂〕新城縣志

朱徽纂朱徽，字文徽，號松轂，邑人，永樂二十一年舉鄉試，授光澤訓導擢知同安縣事。著有《清溪類稿》等。

明永樂間修本　佚

光緒《江西通志》藝文略：《新城縣志》永樂間邑人朱徽修。

【按】明正德陽丙子《新城縣志》黃文序云：「新城自宋紹興置縣以來，未聞有志以紀時事。國朝正統間，邑儒朱徽雖一掌修，而紀載闊略，且來者無所與續。」據此，明正統間邑人朱徽曾修縣志。然康熙十二年縣志周天德序、乾隆十六年縣志李珥序及光緒《江西通志》俱謂朱徽修志在「明永樂間」。今從光緒《通志》等著錄，定朱志修於明永樂間。周天德評本志「援據雜遝，棄取失倫，前志病之，故其書亦泯沒，不少概見」。又據乾隆縣志稱：其時朱志已「無復存者，亦不可考矣」。

〔正德〕新城縣志十三卷

黃文鸞修　塗紱等纂黃文鸞，蒲田舉人，正德八年任新城知縣。　塗紱，邑人。

明正德十一年（1516）刻本　存

光緒《江西通志》藝文略：《新城縣志》十三卷正德十年知縣

黃文修。

《中國地方志聯合目錄》。

黃文序新城自宋紹興置縣以來，未聞有志以紀時事。國朝正統間，邑儒朱徵雖一掌修，而紀載闊略，且來者無所與續。則是志也，安得而作；其作也，亦安得略之而不詳哉？正德癸酉，文來知是縣，嘗有志編纂，城城未遑。乙亥秋，城成，乃緣舊志輯理之。義例則仿吾諸伯提學仲昭公，提其要以為綱，敘其事以為目，隨類為之序論，覆命學子塗紱、李、琚中、潘翰采諸未備事蹟，增昔所無，續今所有，而去取則質鄉袞李公泰、何公㞷、陳公袞三大夫，刪繁就簡，黜駁登純，殫精竭慮，越二載而成編。自地理而至外紀，釐為卷一十有三，綱一十九，目五十九。其辭雖無足取而新之，一邑四百年事蹟，一閱而卓然在目，得失於焉可考，文獻於焉足徵，凡生於斯，宦於斯，豈無少補哉？謹繡梨以傳，略述其概，推明志非苟作，觀者幸毋曰譜逾云。（正德十一年）

【按】本志係正德十年邑令黃文主修，次年成書。全書十三卷，「綱一十九，目五十九」。卷一、二地理；卷三、四食貨；卷五秩官；卷六公署、學校、壇土遺、祠廟、恤政、預備倉、惠民局；卷七選舉；卷八人物、恩典、宮室、丘墓、古跡、卷九宸章；卷十至十二藝文；卷十三外紀。據黃氏序稱，其書所志「一邑四百年事蹟」。乃接正統朱徵志之後增續之，「增昔所無，續今所有」，去取則質諸鄉袞李泰、何㞷、陳袞三鄉大夫。黃氏以正統朱志「闊略」，意在糾正之，故主「刪繁就簡，黜駁登淳」，然亦以「陋雜而多舛」為後人所譏。（見康熙縣志周天德序）其志綱目設置，即可見駁雜之弊。本志明正德十一年刻本，今存。

〔隆慶〕新城縣志十卷

李嘉猷修　王材纂李嘉猷，雲南太和舉人，隆慶三年任新城知縣。　　王材，字子難，號稚川，本邑進士，翰林庶起士，累官至嘉議大夫，著有《念初堂集》《黎川文緒》等。

明隆慶五年（1517）刻本　佚

《千頃堂書目》卷七：王材《新城縣志》十卷

光緒《江西通志》藝文略：《新城縣志》十編隆慶五年知縣李嘉猷修。

鄧元錫序前太史大司成邑王公作邑志十篇。科條義類，篇諸所序列詳矣……始公以雄剛正直之德……蓋十年而志克修，邑大夫滇李公亟以聞督學邵公、憲僉許公，咸用右勸。公杜門纂，諸交摯並絕，逾年而書成，屬鄧元錫為之序……

【按】明邑儒鄧元錫為本志作序，稱王材「十年而志克修，邑大夫滇李公亟以聞督學邵公、憲僉許公，咸用右勸。公杜門纂，諸交摯並絕，逾年而書成」。據此，本志似王材私纂。又康熙十二年縣志周天德序云：「隆慶倖未，李侯嘉猷以邑乘荒闊，當纂訂，上白憲使，以其事屬之王公材。」參合二說推知，本志之修，始於嘉靖四十年，及至隆慶四年，邑令李嘉猷請於上憲，屬王材纂成此書，逾年志成。王材修纂此志乃有意而為之，其纂述義旨頗為時人推重。至王材時，明朝積弊已深，鄧元錫謂「王公蓋憂之，於是乎假邑志而一存當代之故」；其書「志兼述作，義歸創感，紀載偏遐，而用式天下」。乾隆縣志評王材志云：「今以其書，撴捃雖未詳，而體例殊善。」清人劉凝稱「王稚川太史《新城舊志》，以議論勝」，與元劉壎之《南豐州志》、明萬曆陸

鍵之《建昌府續志》並稱「修志之典型」。（康熙二十四年《南豐縣志》序）本志今未能得見，其體例、內容均不得而知。

〔康熙〕新城縣志十卷

周天德修　塗景祚纂周天德，遼陽貢生，康熙六年任新城知縣。　塗景祚，字萬年，號介庵，本邑進士，曾任東粵廣州府推官。

清康熙十二年（1673）刻本　存

光緒《江西通志》藝文略：《新城縣志》康熙十二年知縣周天德修。

《中國地方志聯合目錄》。

周天德序新為邑自宋紹興，曆元二百餘年，未有專志。明永樂間，孝廉朱徽始一編輯，而援據厖逞，棄取失倫，前志病之，故其書亦泯沒，不少概見。正德乙亥，黃侯文、邑紳李泰、陳袞、何宣為糾闔略，意主於刪繁就簡，黜駁登淳，論者又或謂其陋雜而多舛……隆慶辛未，李侯嘉猷以邑乘荒闊，會當纂訂，乃上白憲使，而以其事屬之王公材……缺而不修，且在二十年矣。清興三十年間，天子用閣臣議，令天下各修通志……為綱十，為目若干，越六月而始克就，義例條貫，燦然具舉……（康熙十二年）

【按】康熙間，清廷修《一統志》，令天下各修通志，頒行直省，下之郡邑。新城知縣周天德奉命行事，於康熙十二年三月設局修纂邑志，八月成書。據周天德序稱，本志之修，「探撰前紀，綴續後聞，舉新數百年興革治亂之故，遺風曩跡之事，地理時令風俗物產之宜，城堡公署壇廟洋宮關市津梁土田水利之廢置，人物官方之所系，靡不詳搜慎核，論撰整齊，一不敢以私意

雜乎其間。為綱十，為目若干。」本志體例大致沿明隆慶志之舊，「其引義繁簡則不盡同」。（見本志凡例）全書十卷，正文為封域、建置、賦役、學校、秩祀、禮儀、武備、官職、人物、藝文十志。有康熙十二年刻本，存。

〔乾隆〕新城縣志十四卷首一卷

方懋祿　李珥修　夏之翰纂方懋祿，字定之，號漱六，江南元和進士，乾隆十三年任新城知縣。　　李珥，字君筆，號西河，靜樂舉人，乾隆十五年任新城知縣。　　夏之翰，號檀園，新建進士，揀選知縣。

清乾隆十六年（1751）刻本　存

光緒《江西通志》藝文略：《新城縣志》十四卷乾隆中知縣方懋祿、李珥先後修。

《中國地方志聯合目錄》。

方懋祿序余治新城之三年，乃得稍暇，謀諸縉紳家，將重修邑志。適有憲檄趣其事，爰聘新建孝廉夏子檀園修之，且延邑之有聞望者襄事焉。館局方開，余有清江之調。幸新令尹靜樂李公周旋營度其間，不越歲而告成……（乾隆十六年）

【按】乾隆十五年，新城知縣方懋祿奉憲檄修志，館局方開，方氏調任清江，李珥接任，繼而修輯，六閱月而志書告竣。本志例目，較之康熙志有所更易，設土地、建置、民賦、職官、學校、禮儀、風俗、武備、人物、選舉、恩榮、藝文、雜志、外志，凡十四分志，各為一卷，下隸子目七十有四。有乾隆十六年刻本，存。

〔道光〕新城縣志十四卷

徐江修　周鳳誥　喻端士纂徐江，安徽定遠人，由翰林改授知縣，道光元年知新城縣。　　周鳳誥，字桐塢，奉新舉人，新城縣丞。　　喻端士，字柘南，高安舉人，新城縣訓導。

清道光六年（1826）刻本　存

光緒《江西通志》藝文略：《新城縣志》道光四年知縣徐江修。《中國地方志聯合目錄》。

徐江序道光元年，余蒞任新城……亟欲徵文考獻，作為風俗一書，未暇及也。是年冬，闔省紳士黃因蓮等呈請議修通志。二年春，憲檄各縣速輯縣志，送局以備採擇。余進諸鄉士大夫暨耆老謀之，僉謂志議修久矣。因檢舊志細讀一過……爰請周君桐塢、喻君柘南纂訂，且偕邑人士斟酌而損益之，四年閏七月稿成，並省費稟呈大府……乃遲之又久，而欲梓，不果，稿幾散，費幾盡。丙戌春三月，予恐此志之迄無成也，特鳩工付梓，三閱月而告竣……

【按】本志係知縣徐江道光四年修，其體例沿襲乾隆十六年縣志，「謹分散舊志各門，而續增其後，其無所加於舊及所采有可補舊志所未備者，爰請周君桐塢、喻君柘南纂訂，且偕邑人士斟酌而損益之」（徐江序）。是年閏七月志稿成，延遲至道光六年三月付梓，三閱月而告竣。

〔同治〕新城縣志十二卷首一卷末一卷

劉昌岳　金時宣修　鄧家琪等纂劉昌岳，號峻卿，湖南新化進士，同治八年署新城知縣。　　金時宣，號雨卿，湖北江夏人，咸豐十一年由軍功署新城知縣，同治二年復署，四年任新城知縣，九年復

任。　　鄧家琪，字榆雲，本邑舉人，揀選知縣。

清同治十年（1871）刻本　存

《中國地方志聯合目錄》。

金時宣序奉大府通飭纂修邑乘，邑人推在籍陳子嵩觀察諸君綜其役，知余篋中攜有舊志，走書相詢……回任，而新志脫稿，適逢其會，邦人士咸謂與余願若合符節，問序於余……（同治十年）

【按】同治八年，署邑令劉昌嶽奉大府飭令重修縣志，志稿將成，劉氏卸職，金時宣回任，終此役。本志體例，「一本通志，兼采隆慶、乾隆二志」。凡十二卷，首末各一卷，正文為地理、建置、食貨、學校、禮儀、武備、秩官、選舉、恩榮、人物、藝文、雜類十二分志，各為一卷。有同治十年刻本，存。

▶ 廣昌

廣昌自南宋紹興間置縣以來，至明正統，其間三百年，僅知元初連仲默修邑志，且係私纂，此外未聞。據康熙二十二年縣志「志略」，明時邑乘先後六修，即正統何宗志、嘉靖丙申李喬志（主修為邑令黃德純）、嘉靖乙卯強仕志、萬曆癸巳顏魁槐志、萬曆丙申陳時志、崇禎壬申徐時進志。其中，嘉靖乙卯、崇禎壬申兩修，未見後人言及，其事不詳。頗疑萬曆癸巳、丙申修志原係一事。清時縣志有五修，順治丙申沈寅志、康熙癸丑王維翰志、康熙癸亥王景升志、道光曾興仁志（未刊）、同治丁卯曾毓璋志。以上諸志，今存者僅康熙癸亥王景升志、同治丁卯曾毓璋志兩部。

宋紹興八年，析南豐縣地置廣昌，以其道通二廣而屬建昌軍，故名。元時廣昌縣屬建昌路，明、清屬建昌府。

〔元〕廣昌縣志二集

連仲默纂連仲默，邑人，初以裁衣為業，後棄業就儒。

元初修本　佚

《永樂大典》卷二二六七，六模，湖蛤湖，引《廣昌縣志》一條。

《中國古方志考》：《廣昌縣志》元，佚，元連仲默纂。

《江西古志考》卷七。

【按】明正統《廣昌志》何文淵序云：「元初，邑人連仲默嘗集析縣以來之事為志，後遭兵燹，焚毀殆盡。吾長子宗遍求鄉閭，於農家得其前集，又於漆工劉文興家得其後集，合為全志。」據此可知，元初邑人連仲默嘗修縣志前後二集，至明正統間尚存民間，何宗修縣志時，搜尋連書遺編，合為全志。今輯得《永樂大典》引《廣昌縣志》佚文一條，當出連志。又，同治縣志卷五，人物，文學傳：「元連仲默，陵安里人，以裁衣為業，年三十尚未知學……乃棄業就儒，十年經史皆通，宋元邑志皆其手輯。」

〔正統〕重修廣昌志

何宗纂何宗，字本茂，邑人。

明正統五年（1440）刻本　佚

光緒《江西通志》藝文略：《重修廣昌縣志》正德五年邑人何文淵修。

何文淵序元初邑人連仲默嘗集析縣以來之事為志，後遭兵革，焚毀殆盡。吾長子宗遍求鄉閭，於農家得其前集，又於漆工劉文興家得其後

集，合為全志。然自元初至國朝宣德又二百年矣，今不編續，則後之視今亦如今之視昔。宗即其所知所聞者，編類補缺，以續前志，書成，名曰：「重修廣昌志」，鋟梓以永其傳……（正統五年）

【按】本志係明正統五年邑人何宗纂，屬私家修志。何宗乃吏部尚書何文淵之長子，文淵為是志撰序文一篇，見錄於後志。據文淵序，自元初連仲默志成後，至明宣德間二百年，邑乘未修。何宗遍求鄉閭，得連志全編，乃「即其所知所聞者，編類補缺，以續前志，書成，名曰『重修廣昌志』，鋟梓以永其傳」。知本志乃續連仲默志，記其後二百餘年之邑事。書成於明正統五年。光緒《江西通志》著錄本志為「正德五年邑人何文淵修」，撰人、撰年俱誤。

〔嘉靖〕廣昌縣志[1] 二卷

黃德純修　李喬纂黃德純，莆田進士，嘉靖十四年任廣昌知縣。　李喬，號石崗，本邑進士，累官至吏部稽勳員外郎，著有《石崗集》。

明嘉靖十五年（1531）刻本　佚

光緒《江西通志》藝文略：《廣昌縣志》嘉靖十五年知縣黃德純修。

黃德純跋昌缺志舊矣。郡有志，法猶略也，遠而傳，必自邑積之，文獻重焉。立官之紀，且資之誰責耶。余茲勤焉，乃禮邑君子輯之，搜訂權潤，成上二卷，簡而周，文而核，嚴而有體，亦邑信史矣。噫，茲志焉爾，為之者存乎其人，故慎之封守，綏之人民，均之貢賦，嚴之淑慝，肅之官防，以無負茲志；是在我守土之人。（嘉靖十五年）

【按】本志修於明嘉靖十五年，主修邑令黃德純及纂人李喬有序跋，猶存於後志。至清朝，歷修縣志已未有人言見及本志，蓋已散佚不傳。

〔嘉靖〕廣昌縣志[2]

強仕修強仕，字甫登，無錫舉人，嘉靖三十二年廣昌知縣。

明嘉靖三十四年（1556）修本　佚

【按】康熙二十二年縣志「志略」云：「廣昌縣志始於元連氏仲默，明正統間尚書何文淵長子宗嗣修之，嘉靖丙申員外郎李喬又修之，嘉靖乙卯知縣強仕增修之……」知嘉靖乙卯（三十四年）知縣強仕修邑志，是志距嘉靖十五年黃德純志僅隔二十載，「志略」稱強氏「增修之」。當是據黃志增修。其書體例、內容今不詳。是否刊行，亦不詳。

〔萬曆〕廣昌縣志[1]

顏魁槐修顏魁槐，晉江舉人，萬曆十七年任廣昌知縣。

明萬曆二十一年（1593）修本　佚

【按】據康熙二十二年縣志「志略」：「萬曆癸巳知縣顏魁槐又修之。」則萬曆癸巳（二十一年）有修志之舉。參見下條陳時《廣昌縣志》之考說。

〔萬曆〕廣昌縣志[2]

陳時修　陳夢槐纂陳時，會稽舉人，萬曆二十年任廣昌知縣。　陳夢槐，侯官人，貢生，萬曆二十一年任廣昌教諭。

明萬曆二十四年（1596）修本　佚

【按】康熙二十二年縣志，「志略」載明萬曆間兩修縣志，一為萬曆癸巳（二十一年）知縣顏魁槐修，一為「萬曆丙申（二十四年）知縣陳時同教諭陳夢槐又修之」。前後僅隔三年，且陳時接任廣昌縣志在萬曆二十年，陳夢槐任教諭在萬曆二十一年。（據同治縣志，職官）頗疑兩志本係一書，先修於顏氏任上，繼任陳氏接修成書。顏、陳志俱未見書志家著錄，亦乏證佐，不敢強合為一，謹據康熙志「志略」分別錄之，附識於茲以備考焉。又，清順治十三年縣志沈寅序稱：「萬曆丙申再續之，迄今又六十餘年矣」。又謂邑父老搜輯舊乘，「各出其璧中之藏以相示曰：廣昌志在也。然六十年來事已荒墜，無可考者不少矣」。此言「六十年來事已荒墜」，指萬曆二十四年至清順治十三年事，則其時萬曆丙申志似尚存全帙於民間。該書散佚當在此後。

〔崇禎〕廣昌縣志

徐時進修徐時進，崇禎間以建昌府通判署廣昌知縣。

明崇禎五年（1632）修本　佚

【按】康熙二十二年縣志「志略」云：「崇禎壬申本府通判署縣事徐時進增修之。」又清順治十三年縣志何三省序：「嘉、隆以後，享時平無事者百有餘載，徐公增修之志，斷自壬申。」據此，崇禎五年壬申署縣事徐時進增修縣志。何三省序又稱：「暇索及舊志，澌滅者半，比得其全，則壬申以前或蕪或漏，壬申以後缺如也。」則本志至清初尚有全本。何氏之後，未聞有人獲見之。

〔順治〕新修廣昌縣志

沈寅修 何三省等纂沈寅，字弼宇，孝感人，貢生，順治九年任廣昌知縣。 何三省，字曰唯，號印茲，本邑進士，曾任廣東提學副使等職，著有《古今廣徵集》《樽餘集》《選夢齋詩集》等。

清順治十三年（1656）刻本 未見

光緒《江西通志》藝文志：《新修廣昌縣志》順治十三年知縣沈寅修。

沈寅序廣昌之志，始自元連仲默氏，嘉靖丙申續修之，萬曆丙申再續之，迄今又六十餘年矣……寅不佞以壬辰八月來令茲土，明月空城，瓦礫滿目，廬舍倉庫之不存，而何有於志。寅櫛風露，剗荊棘，驅除其豺狼窟穴，以比於國家荒服要服之邦，比三年報政。乃輯紳士謂之曰……父志唯唯，退自搜輯，各出其壁中之藏以相示曰：廣昌志在也。然六十年來事已荒墜，無可考者不少矣。稽故實，厄犁棗，合諸巨公名士之手，往復商榷，寅攬其大綱，籍手以既斯役……廣昌修志往往成書於丙申之歲，寅實邁此，其又奚誣。從前志因舊刻俱在，例曰續修。今雖有舊稿，而實另修另刻。《春秋》之例，凡書作者，創始也。書新者，完舊也，是志也，有原本，不書作；無舊板，不書續；其在作述之間乎，書曰「新修廣昌縣志」。（順治十三年）

【按】本志是清修最早一部廣昌縣志，成書於順治十三年。其書未見，修纂者沈寅、何三省序仍存。據沈、何序，知其時於民間搜獲萬曆丙申陳志及崇禎壬申徐志，以此為基礎加以重修，如何序所言：「凡舊志、續志，悉從原本，或得諸散帙，或采諸輿議。」又，同治縣志，卷一，人物載「（何三省）兩訂縣志」，不知除本志外，何氏還訂過那本縣志。沈序曰：「今雖有舊稿，

而實另修另刻。」此「舊稿」，不明所指，是否為何氏所訂本，亦不可知，姑且存疑。另據同治縣志曾毓璋序稱，「於魏副貢家得沈志，十存五」。知其時沈志有殘帙存民間，今存亡不明。

〔康熙〕廣昌縣志[1]

王維翰修王維翰，洛陽人，進士，康熙十二年任廣昌知縣。

清康熙十二年（1673）稿本　未見

光緒《江西通志》藝文略：《廣昌縣志》康熙十二年知縣王維翰修。

王維翰序盡天下皆邑也，今奉詔徵天下郡邑志，匯為一統……前志既備，順治丙申知縣沈寅督修之較詳。維翰集請紳士芟繁就簡，補丙申後所有人事……（康熙十二年）

【按】康熙間，清廷修《一統志》，詔徵天下郡邑志，本志奉詔纂修。據主修縣令王維翰序，本志乃因順治沈志，「芟繁就簡，補丙申（順治十三年）後所有人事」。康熙二十二年縣志凡例曰：「康熙癸丑，前任洛陽王公維翰因功令徵志，修輯成書未刻。」知此志未嘗梓行，其內容已不知其詳。

〔康熙〕廣昌縣志[2] 六卷

王景升修　魏宗衡等纂王景升，鑲藍旗監生，康熙二十一年任廣昌知縣。　魏宗衡，字平仲，號台佐，本邑進士，曾任臨淮縣知縣。

清康熙二十二年（1683）刻本　存

光緒《江西通志》藝文略：《廣昌縣志》康熙二十二年知縣王景升續修。

《中國地方志聯合目錄》。

王景昇冪余以壬戌冬杪視事，首詢故實，為出政本。乃兵火之後，典冊散逸，搜求數月，始得前令王君維翰草創一帙，於今十載餘矣。適恭奉纂修之詔，余曰：是烏可旦夕緩也。因謁諸薦紳先生學博，訂舊增新，芟繁補缺，繼晷編摩，克期成書……（康熙二十二年）

【按】本志為康熙二十二年知縣王景昇主修，去王維翰志僅十年。王景昇搜求得王維翰志稿一帙，委魏宗衡等芟繁補缺，訂舊增新，其體例略仿前志，分為六門。「審其緒次，體例亦未臻備，草率成書。如藝文志，選錄蔓濫，詩有殘缺之章，且於邑事無關者亦入之。」（《稀見地方志提要》卷九）廣昌縣乘，至此十修，前修九本俱不傳，唯此志今存。

〔道光〕續鈔（廣昌）縣志

曾興仁修曾興仁，字壽田，善化舉人，道光十一年任廣昌知縣。

道光十一年（1683）稿本　佚

曾興仁序辛卯春，余蒞任斯土，下車詢諸父老，始知邑志自康熙亥續修後，迄今百五十餘年，不特志未繼修，幾無存者。道光初，奉大府徵修，邑人復以費浩中止。余聞之，不禁悴然，有慨矣。於是搜求月餘，始於邑紳廣文魏君衡、副貢何君際昌處覓得二部，如獲南金，而其中猶互我殘闕。爰合為一，並以乾隆二十三年府志所載秩官、科第及近所見聞者錄為二編，一存儒學，一存縣署，俾後之撰修者廣為搏羅，亦得籍資考證，是則此志之所由鈔也。而余竊為邑乘之修，實有土者之責，今錄是編，原欲仿升庵《蜀志》、對山《武功志》之撰，求歸切實簡要，乃風塵逐逐，筆墨久荒，兼之瓜期已代，不獲與都人士同為訂就，謀諸棗梨，慚愧茲

甚……（道光辛卯）

【按】本志係道光十一年知縣曾興仁纂輯。曾氏之前，道光初大府徵修邑志，「邑人復以費浩中止」。曾氏履任，搜求之，於魏衡、何際昌處得二部，互多缺殘，爰合為一。又於乾隆二十三年府志中輯出秩官、科第及近所見聞者，錄為二篇，一存儒學，一存縣署。曾氏本欲仿《蜀志》《武功志》重加修纂，「以費未集，受代促，中寢」。（同治縣志曾毓璋序）咸豐四年，志稿為水漂失，「邑竟無完本」（同治縣志凡例）。唯曾興仁自序一篇見存同治縣志。

〔同治〕廣昌縣志十卷首一卷

曾毓璋修曾毓璋，字潤甫，湖南善化監生，同治三年補廣昌知縣，四年到任。

清同治六年（1867）刻本　存

《中國地方志聯合目錄》。

曾毓璋序廣昌縣志自康熙癸亥迄今百八十四年。道光辛卯，先大夫受恬公履任，倡修，構遺書二，補苴罅漏。垂成，以費未集，受代促，中寢。爰序正之，一藏學宮，一存禮科以待，後遂無言志事者。同治乙丑，璋重蒞。比時戎馬倥傯，軍興旁午，日不暇給。丙寅夏，防兵去，農歸業，時和年豐，適期延命徵志。璋慨然父志未成，不孝；朝命弗供，不忠。不孝不忠，無子臣理。即日具書帖搜求舊志。久之，於魏副貢家得沈志，十存五；久之，又於羅孝廉家得王志，十存八。喜甚，蓋邑中書盡是矣。於是以王志斷沈志之疑，以沈志補王志之略，參訂舊聞，前事幾備。乃命吏人刻日抄書，梓人刻日鐫字，告示遠近……（同治六年）

【按】本志主修知縣曾毓璋，係道光間邑令曾興仁之子。曾興仁嘗有修志之舉，稿成未刊，咸豐時為水漂沒。同治四年，毓璋知廣昌縣事，欲竟父業，又適逢朝命徵志，遂設局興修。其時，搜得順治沈志及康熙二十二年王志殘帙，參互考訂補葺，接續後事。因「當兵燹之後，元氣未復」，「又因費浩難成，只得從簡便，覓出舊志照刊，其乾嘉以來職官人物可考者輯之，不可考者闕之，毋失於濫」（本志凡例）。全志十卷首一卷。卷首為序、凡例、志略，目錄、圖說、繪圖；卷一沿革、星野、形勝、山川、城池、風俗五志；卷二賦役志；卷三學校、壇廟、公署、坊表、邱墓、古跡六志；卷四秩官志、選舉志；卷五、六人物志、仙釋志；卷七至卷十藝文志。有同治六年刻本，今存。

▶ 資溪

　　資溪縣原名瀘溪，明萬曆六年置縣，萬曆十一年，知縣陳王廷草創邑志五卷；萬曆四十二年，知縣梁應掄復修一志。清康熙十二年、二十二年、雍正十年、乾隆十六年相繼踵修成書。乾隆志系周立愛主纂，稿成後遭人竄易，周氏因撰《東村辨謬》以駁之。又，道光初邑人林策輯有縣志稿一編，道光九年知縣張澍據以重修，同治九年楊松兆等續編一書。邑志今見存本，有康熙十二年余志、雍正十年李志、乾隆十六年朱志、道光九年張志及同治九年楊志。

　　明萬曆六年析金溪置瀘溪縣，屬撫州府。清仍之。民國三年改名資溪縣。

〔萬曆〕瀘溪縣志[1] 五卷

陳王廷修陳王廷，字封石，浙江上虞舉人，萬曆八年任瀘溪知縣。

明萬曆十一年（1583）刻本　未見

光緒《江西通志》藝文略：《瀘溪縣志》五卷萬曆十一年知縣陳王廷修。

陳王廷序邑之有志，所以來遠矣，蓋地所以存往而詔來者也。山川之險夷，疆里之遠近，戶口之繁簡，風俗之醇漓，人物之盛衰，物產之多寡，胥於志焉登之。然志有二尚：一曰詳，匪詳則漏；二曰核，匪核則誣。誣與漏，求其垂永久，難矣。瀘溪舊為南城僻壤，歲己卯，朝用守臣議，肇建為邑。余自萬載移令茲土，至之日，邑治僅草創，諸皆未備，余漸次拮据，甫一年零八月，粗將就緒。而邳州之命下矣，若士與民顧安余之拙而不餘釋也，乞留於兩台。兩府即具疏聞。居無何，成命莫回，余乃謝慰士民，戒行有期矣。顧新邑未有志，存往詔來之道毋乃闕乎？將無首政者責乎？嘗按南城舊志，加以博采眾言，匯次成帙，分為五卷，稱邑志焉，於是始付諸剞劂氏以傳。噫，綱舉目張，細大罔棄，余以為詳且核矣。不知識者視之，得免於誣與漏否也。倘不免焉，釐而正之，在於後之君子。（萬曆十一年）

【按】本志係瀘溪邑志之始創本，知縣陳王廷修之，在瀘溪置縣後僅數年。該志資料多取用南城舊志，參以眾言，輯為五卷。其書今未得見，存佚不知，其內容亦無由知詳。萬曆四十二年縣志梁應掄序云：「在先令陳君王廷，因新政之暇，集闔境事宜而志之，斯一邑得失之林矣。顧當時草創，或遺而未錄，或錄而未確。」陳志草創，或有遺漏，或未核實，亦在所難免。

〔萬曆〕瀘溪縣志[2]

梁應掄修梁應掄，字訒韋，順德舉人，萬曆三十七年任瀘溪知縣。

明萬曆四十二年（1614）刻本　佚

光緒《江西通志》藝文略：《瀘溪縣志》萬曆四十二年知縣梁應掄修。

梁應掄序夫縣之有志，即古列國史也，觀風俗，稽產賦，考人物，僉於是在。先令陳君王廷因新政之暇，集闔境事宜而志之，斯一邑得失之林矣。顧當時草創，或遺而未錄，或錄而未確，或今昔賦役之遞更，或新舊令甲之迭變，當事者勢難沿凤簡而不一釐正。歲在己酉冬，余承乏來瀘，睹瀘志，亟欲議修，緣新任未暇也……越壬子，府修志而取縣志以入。余幸諸務就理之餘，或可乘是以續陳君之業，乃選弟子員分局以始事。是冬，復承憲命代纂黎水，癸丑秋始還瀘，余虞事之不終，為邑乘羞，敦請該博髦士，魏生魁、傅生先覺、林生士講、曾生於升，類次校讎，迄孟秋而報成焉……（萬曆四十二年）

【按】本志修於萬曆四十年。時知縣梁應掄以萬曆十一年陳王廷志係草創之書，「或遺而未錄，或錄而未確，或今昔賦役之遞更，或新舊令甲之迭變，當事者勢難沿凤簡而不一釐正」。適「府修志而取縣志以入」，梁氏因設局重修縣志，至萬曆四十二年孟秋修成。梁氏有序述纂修始末。本志已佚，其卷帙、內容已不知。

〔康熙〕瀘溪縣志[1] 十一卷首一卷末一卷

佘履度修　鄧化日等纂佘履度，字微如，福建莆田舉人，康熙十年任瀘溪知縣。　鄧化日，字貞明，號著齋，邑人，明崇禎元年拔貢。

清康熙十二年（1673）刻本　存

光緒《江西通志》藝文略：《瀘溪縣志》_{康熙十二年知縣余履}庶修。

《中國地方志聯合目錄》。

佘履度序_{聖天子……茲允閣臣請修各省通志，以備一代之文獻。余}惟瀘雖褊壤……於是與紳矜者碩才流彥士暨僚屬等，參互考訂，取其繁者刪之，訛者正之，幽隱弗著者則搜采而闡揚之……（康熙十二年）

【按】本志係清修瀘溪縣志之最早者，成書於康熙十二年。繼萬曆四十二年梁志，續記其後六十年邑事。其書十一卷，首末各一卷，正文為九分志，子目八十三。原書今存。本志主修佘履度，光緒《通志》作「余履庶」，誤。

〔康熙〕瀘溪縣志[2]

衛執躬修　魏奇纂_{衛執躬，陝西韓城人，康熙二十二年任瀘溪知}縣。　_{魏奇，字伯民，又字白庵，邑人，明諸生，明亡後杜門著書，有}《春秋左氏公谷胡傳》_{六卷、《詩賦體辨》十卷等。}

清康熙二十二年（1683）刻本　未見

光緒《江西通志》藝文略：《瀘溪縣志》_{康熙二十二年知縣衛}執躬修。

衛執躬序_{今上之二十二年……予奉簡書來吏於瀘……越月，被命續}修志書。夫瀘之有志，原有成帙，修之已在十年之前，予所得續不過十年以後事耳。然則何以續之？山川土田、食貨禮教等類，無庸增新。荒殘之餘，有能補偏救弊興創為功於時者，得揭而書之。而事績罕著，是惟人物一編已耳。蒞茲土者，有秩官、良牧、儒學、邑佐、鎮防諸類，此顯而易

見，余得專之；生茲土者，有德行文章、節烈貞媛諸類，或隱而未彰，予不得專，公諸故老紳衿，裒輯而品騭焉。若夫世運迭興，科名踵起，瀘開縣於先朝，垂七十年，成進士者一，登賢書者三；覆育於國朝四十年，登賢書者五。以勢揆之，展以年歲，所成就必有大逾於昔者，即如余前考校，應童子試者不下七百餘人，此中縣之所庶幾，而瀘溪以十六都圖⋯⋯斯度其必有文章華國起而黼黻皇猷者⋯⋯（康熙二十二年）

【按】本志係康熙二十二年知縣衛執躬「被憲命續修」，距佘履度志僅隔十年。所修大體原本佘志，於秩官、人物、選舉諸類略有增補。是志今未得見，衛氏有序言其事。

〔雍正〕瀘溪縣志十一卷首一卷末一卷

李如瑤修　譚先等纂李如瑤，字瓊仙，直隸霸州舉人，雍正五年任瀘溪知縣。　　譚先，本邑監生。

清雍正十年（1732）刻本　存

光緒《江西通志》藝文略：《瀘溪縣志》雍正九年知縣李如瑤修。

《中國地方志聯合目錄》。

李如瑤序邑自萬曆六年分疆以來⋯⋯四經前令釐訂，逮康熙二十二年後，歷今四十九載，缺焉莫舉⋯⋯幸邑人士以重修瀘志為請，乃筮吉啟局，以踵前修，竊念有美弗彰，失之漏，無美妄綴，失之濫。爰於事之遠者從略，事之近者從詳，疑者闕而弗論，庶不至附會失實耳。會正月末開纂，有餘閒，取所輯詳加考核，事必確實，辭尚謹嚴，以見瀘雖僻邑，而人文樸茂，士女幽貞，足為樂國矣。於是乎序。（雍正九年）

【按】本志修於雍正九年正月，當年告成。其體例沿康熙縣

志之舊，內容頗有增續。如封域、規建、食貨諸志，有所補苴且加考訂，人物志中增補舊志遺缺亦多。有雍正十年刻本，今存。

〔乾隆〕瀘溪縣志十二卷首一卷末一卷

朱崧修　周立愛等纂朱崧，字維嶽，號冠山，奉天寧海人，進士，乾隆十四年任瀘溪知縣。　　周立愛，字惠民，號東村，本邑舉人，棟選知縣。

清乾隆十六年（1751）刻本　存

光緒《江西通志》藝文略：《瀘溪縣志》乾隆十六年知縣朱崧修。

《中國地方志聯合目錄》。

朱崧序余關左迂疏，丁卯、戊辰鄉會獲售，聖恩深重，於榜下引見，擢於稠人，授以民社，旋赴銓曹，簽掣江右……受事之初，即奉院司道府各憲檄飭修志，自慚固陋，未堪勝任……至庚午春，乃延紳士集議，莫不踴躍同心，捐貲襄事。遂於五月開館，敦聘名彥，殫精悉慮，增略刪繁，考核必詳，登記必慎……其好惡端，其去取嚴……（乾隆十六年）

【按】本志係知縣朱崧奉府檄修纂，於乾隆十五年五月開館，次年乃成。其書纂例大體本之康熙、雍正志之舊，正文十二卷，分封域、規建、學校、賦役、典禮、秩官、選舉、人物、藝文諸志，除人物、藝文各占二卷外，其餘七志均為一卷，卷末為雜志。又，本志之修，由周立愛主纂，「稿皆經其手訂，因未暇校刊，內多竄易」，周氏遂著《東村辨謬》斥之。（見同治縣志卷九，人物）周氏《辨謬》今未獲見。

〔道光〕瀘溪縣志[1]

吳喬年修　林策纂吳喬年，順天大興舉人，道光元年任瀘溪知縣。　林策，字運籌，又字董惟，本邑進士，曾任廣西蒼梧知縣。

道光二年（1822）稿本　佚

光緒《江西通志》藝文略：《瀘溪縣志》道光二年知縣吳喬年修。

【按】據同治縣志卷首記邑志原委曰：《瀘溪縣志》「七修於道光二年知縣吳喬年，總纂則林策，搜輯則曾淑薰、劉逢吉、林元英、盧嵩齡、林用晉、丁敬，至道光九年知縣張澍踵前事而刪定之」。又，道光九年縣志張澍序稱：「原任蒼梧大令董惟林君以其稿來，大都沿襲舊編，只增益人物百十耳。」知此志係稿本，尚未鋟梓，內容多因襲舊志。

〔道光〕瀘溪縣志[2] 十二卷首一卷

張澍修張澍，字介侯，一字伯淪，甘肅武威人，進士，道光八年任瀘溪知縣。

清道光九年（1829）刻本　存

光緒《江西通志》藝文略：《瀘溪縣志》十二卷道光九年知縣張澍修。

《中國地方志聯合目錄》。

張澍序往者丙寅歲，予游右江，喜其山水刻露，人物清華……復于丁亥冬題補是邑，戊子四月履任。入其院，山則犖確，水則瀨，田不沃鏡，產不阜碩，而士習民風頗為淳樸，色為之懌。視事後，其縣三志閱之，支蔓叢芳，漫無體制，深病之，急欲改修。而原任蒼梧大令董惟林君

以其稿來，大都沿襲舊編，只增益人物百十耳……今予之修此志也，亦不能不敘人物，而芟其贅疣，並刪其屬冒，尚覺太溢，嫌於仍貫，蓋猶有人之見者存也。然體例分明，事蹟賅括，不取燕說郢書，不為鉤章棘句，庶幾有裁制矣。邑人士之知言者，或不以為河漢乎。（道光九年）

【按】本志係道光八年知縣張澍所修。張氏以為前修縣志「支蔓叢苀，漫無體制」，而道光初林策志稿，又「大都沿襲舊編，只增益人物百十耳」，因有重修之舉。本志體例較前志有變更。其正文十二卷，卷一建置、疆域、城池、公署、學校；卷二賦役、漕析、鹽引；卷三形勢、山川、水利、津渡、防守、鋪遞；卷四風俗、物產；卷五祠廟、寺觀、塚墓、古跡；卷六秩官；卷七宦業；卷八選舉；卷九人物；卷十列女；卷十一流寓、仙釋、方術，休咎；卷十二藝文。

〔同治〕瀘溪縣志十四卷首一卷

楊松兆　孫毓秀修　彭鐘華纂楊松兆，字枚臣，山西右玉縣人，同治八年任瀘溪知縣。　　孫毓秀，浙江紹興人，監生，同治九年任瀘溪知縣。　　彭鐘華，字蘇莕，本邑舉人，瀘溪鶴城書院主講。

清同治九年（1870）刻本　存

《中國地方志聯合目錄》。

楊松兆序余以同治戊辰改官，其明年，捧檄來宰斯邑……公暇搜覽舊志，紀載皆有可觀。蓋修自道光九年，距今四十餘載，蠹蝕劫灰之遺，寥寥矣……適上憲諭郡邑修志，謀諸列紳，欣然樂從。或膺採訪。任募捐，而志局諸君，孜孜纂載。餘時往來，上下其議論。雖體例條目悉因前志，而於平陂往復之故，幽光潛德之美，較前志殆有詳無略。抑猶憾江陵

一炬，民間藏書亡失，其故實有不可得而考也。今幸志稿甫就，開雕有日，余方調簾赴省，又將改篆東鄉，則是宦跡鴻泥，不及終始其事，能無慨然已乎……（同治九年）

【按】本志係同治九年奉憲諭修纂，先是邑令楊松兆主其事，「功已過半」，楊氏移篆東鄉，而繼任孫毓秀接修之，書成付梓。據楊兆松序：其書「體例條目悉因前志（此言『前志』即道光張澍志）」，並無任何損益更改。道光以前之事多沿襲舊編，略有補續耳。本志卷首「總目序述」稱：「（本志）惟秩官一冊，間有脫漏，選舉之歲貢生未能確指年次，俟各大憲本案卷補載。」

吉安地區

▶ 吉安

　　吉安郡乘之最早者，為梁福《廬陵記》。此書見引於唐人馮贄《雲仙雜記》。其成書年代不詳，學者多以為先唐古籍。唐人所修郡乘無考。《太平御覽》引有《（吉州）圖經》，是唐人所纂還是宋初修本，尚無法判定。宋朝所修廬陵郡志，今可考者有《舊圖經》《舊志》見於《輿地紀勝》或《永樂大典》引錄，撰人撰年無考；又有吳機《吉州記》、佚名《吉州志》、周必大《廬陵志》，其成書之年亦難確知；又嘉泰趙善《新廬陵志》。元修郡志考得《廬陵志》、《吉州郡志》兩種，均見《永樂大典》引，纂人亦不詳。明修郡志先後有九種：《吉安府圖經志》、《吉安府志》俱明初至永樂以前所修；永樂、景泰相繼纂續，修纂人佚名；成化有吳節志、正德有徐輔志、嘉靖有王昂志、萬曆有王時槐志、又有郭子章府志補。清時郡志先後三修；順治李興元修本、乾隆盧崧修本、光緒定祥修本。明以前郡志俱亡佚；明修本今僅存嘉靖王昂志殘本及萬曆王時槐志；清修郡志三種，今皆存。

　　吉安縣舊志，宋修本僅得嘉泰志一種。元修本無從尋繹。明初有縣志一種，見引於《永樂大典》；又有嘉靖間修本。此外未聞。清時縣志先後五修；康熙十年有於藻志、二十二年有陸在新志、乾隆四十六年有平觀瀾

志，道光五年有梅大鶴志，同治十二年有陳汝楨志。民國九年，王樸修成一志；民國十一年李士梅等纂《吉安縣記事》五卷；民國三十年李誼正復纂縣志。清以前縣志已亡。清修縣志，除康熙於藻志亡佚外，其他諸本今存。民國所修縣志三種，亦存。

　　盧陵縣，置於秦始皇二十五年，屬豫章郡。後漢末，置盧陵郡，領西昌、石陽、巴邱、南野、東昌、新興、吉陽、興平、陽城十縣，治西昌。晉太康中，移治於石陽縣；咸康末，徙郡治於今吉安縣城南一里，石陽縣隨遷。隋開皇十年，改盧陵郡為吉州；大業初，復盧陵郡，領盧陵（石陽改）、泰和、安褵、新淦四縣，治盧陵縣。唐武德五年，復置吉州；天寶元年，改吉州為盧陵郡，領縣五；盧陵、太和、安福、新淦、永新，治盧陵；乾元元年，復為吉州。南唐吉州領縣六：盧陵、吉水、太和、安福、龍泉、永新、新淦，仍治盧陵縣。宋吉州盧陵郡兼軍事，領盧陵，吉水，安福、太和、龍泉、永新、永豐、萬安，治盧陵縣。元吉安路，領吉水、安福、太和、永新四州，盧陵、永豐、萬安、龍泉、永寧五縣，治盧陵。明吉安府，領盧陵、泰和、吉水、永豐、安福、龍泉、萬安、永新、永寧九縣。清吉安府，領縣如明。乾隆八年增置蓮花一廳，仍治盧陵。民國三年改盧陵為吉安縣。

盧陵記

　　梁福纂梁福，盧陵人。

　　修纂年不詳　　佚

　　《雲仙雜記》張元厚家庵、成芳、郎詠，引《盧陵記》三條。

　　【按】唐人馮贄《雲仙雜記》引梁福《盧陵記》三條。清王謨《江西考古錄》卷八、《豫章十大文獻略》卷四十七有轉錄。

王謨曰：「或疑其書出偽撰，故著述家不傳其事。然自漢以後，凡屬江西諸郡，若豫章（雷次宗記）、鄱陽（劉澄之記）、臨川（荀伯子記）、南康（鄧德明記）、尋陽（張僧鑒記）、安成（王孚記）皆有記，而盧陵獨無，亦為憾事。」今按梁福其人，生平事蹟未詳，舊志多附記於六朝梁人修瑞之後。如乾隆平觀瀾《盧陵縣志》卷三十二，人物志，文苑「修瑞」傳附記曰：「《雲仙雜記》中有梁福作《盧陵記》，當亦如王孚以安成人作《安成記》之類，福當為盧陵人，以未知時代，故附於此。之二人（指修瑞、梁福）者雖其事蹟不傳，書亦久佚，然見於正史所錄，別記所引，實茲邑唐宋以前文筆之先聲也。」此推測梁福為盧陵人，其書係唐以前故乘，後世志家多從之，今謹錄以備考。

（吉州）圖經九卷

佚名修纂

修纂年不詳　佚

《太平御覽》卷一七〇，州郡部十六，吉州以吉陽山為郡名，引《圖經》一條。

《輿地紀勝》卷三十一，吉州，景物下螺子山，引《圖經》一條。

《永樂大典》卷八〇九二，十九庚，城府山城（《吉安府圖經志》），引《圖經》一條。

《通志藝文略》卷四：《吉州圖經》九卷。

《國史經籍志》卷三。

《中國古方志考》。

《江西古志考》卷八。

【按】本《圖經》見錄於《通志》藝文略；《御覽》所引《圖經》，疑即是書。當修於宋太平興國以前，或係宋以前故乘。

（吉州）舊圖經

佚名修纂

修纂年不詳　佚

《永樂大典》卷八〇九二，十九庚，城吉安府城（《吉安府志》），引《舊圖經》一條，又《舊經》一條；又，西昌故城、東昌城（《吉安府圖經志》），引《舊經》二條。

《中國古方志考》：《吉安舊圖經》佚。

《江西古志考》卷八：《（吉州）舊圖經》佚卷數、撰人。按：《大典》「吉安府城」條載《吉安府志》曰：「城周回二十里二百一十五步，高二丈五，據《舊圖經》。今城實一十三裡三十三步，《舊經》蓋以關垣通計也。」審其文意，後《舊經》即《舊圖經》之省稱也。又「西昌故城」「東昌城」兩條亦引《舊經》，張國淦氏《大典輯本》錄歸《舊圖經》，可從。

〔宋〕（吉州）舊志

佚名修纂

宋修本　佚

《輿地紀勝》卷三十一，吉州，景物上東山，引《舊志》一條。

《永樂大典》卷八〇九二，十九庚，城吉安府城（《吉安府志》），引《舊志》一條。

《中國古方志考》：《（吉州）舊志》佚。

《江西古志考》卷八：《（吉州）舊志》宋，佚卷數、撰人。
按：《紀勝》引舊志曰：「吉水縣亦有東山。」考吉水縣，五代楊吳天祐七年及南唐升元二年兩度設置，旋置旋省。至保大八年復置後，未始省廢（參見吳宗慈、辛際周《江西八十三縣沿革考略》）。本志記吉水縣，當是保大年復置縣。又《大典》「吉安府城」條載《吉安府志》引舊志，記吉水外城九門，曰：「望雲門，舊名吉陽，呂源改。」據《府志》，「紹興三年，太守呂源增壘浚壕，城池始備。」舊志言呂源改外城名，當在紹興三年之後。《紀勝》卷三十四又引《吉州志》，此稱舊志，其成書當先於《吉州志》也。（參見《吉州志》考）

〔宋〕吉州記三十四卷

吳機纂吳機，爵里不詳。

宋修本　佚

《宋史藝文志》史部地理類：吳機《吉州記》三十四卷。

《中國古方志考》。

《江西古志考》卷八。

〔宋〕吉州志

佚名修纂

宋修本　佚

《輿地紀勝》卷三十四，臨江軍，人物陳喬，引《吉州志》一條。

《永樂大典》卷二二六六，六模，湖葤湖；卷三五二五，九

真，門戟門儀門，引《吉州志》二條。卷九七六三，二十二覃，岩通天岩（《吉安府志》）引《志》一條。

《文淵閣書目》卷四，舊志：《吉州志》十一冊，又十四冊。

《中國古方志考》。

《江西古志考》卷八：《吉州志》宋，佚撰人。按：《大典》「戟門儀門」條引《吉州志》曰：「有大觀元年御制八行八刑碑」云云。「大觀」，宋徽宗年號。又「菏湖」條曰：「在龍泉縣東南三十里。」按南唐中興三年，升龍泉場為龍泉縣；宋宣和三年更名泉江，紹興初復名龍泉。本志記有大觀年事，又曰「龍泉縣」，此必為紹興復名龍泉縣之後，當是南宋修本，其成書應晚於《（吉州）舊志》，先於王象之《紀勝》，即在宋嘉定末年之前。又，《大典》通天岩（《吉安府志》）引志一條，疑即《吉州志》，且繫於此。

〔宋〕盧陵志

周必大纂周必大，字子充，一字洪道，吉州盧陵人，紹興進士，官至左丞相，封益國公。

宋刻本　佚

《輿地紀勝》卷三十一，吉州，州沿革秦屬九江長沙郡；仙釋西峰第六代圓淨大師，曹溪令禪師；卷三十一，贛州，詩章江來自西；卷五十八，道州，官吏漢召信臣，引《盧陵志》六條。

《輿地紀勝》卷三十一，吉州，碑記：《盧陵志》周必大纂。

《中國古方志考》。

《江西古志考》卷八。

【按】周必大修《盧陵志》，最早見王象之《輿地碑記》著

錄。本志卷帙、纂年，王象之未予說明。考南宋嘉泰間，郡守趙善秉承周必大旨意續纂郡乘以附周志，知周必大《廬陵志》成書當去嘉泰不遠。又，王象之曰：「吉州《廬陵志》乃周益公類編，比之他郡縣志，頗為精詳。」（參見本書「嘉泰《廬陵縣志》」考識）又《永樂大典》引有《廬陵志》數事，張國淦氏《大典輯本》錄歸周必大志名下，誤。《大典》所引《廬陵志》，實係元人所修，與周必大志同名異書耳。（參見本書「元《廬陵志》」著錄）又，周志至明初尚有存本，見明洪武《永豐縣志》劉倩玉序。

〔嘉泰〕新廬陵志

趙善修　王子俊　許景陽等纂_{趙善，慶元六年任吉州廬陵郡}

守。　_{王子俊，許景陽，俱郡人，貢生。}

宋嘉泰間修本　佚

《輿地紀勝》卷三十一，吉州，縣沿革_{吉水縣}，引《新廬陵志》一條。

《中國古方志考》：《新廬陵志》_佚。

《江西古志考》卷八。

【按】《輿地紀勝》所引《新廬陵志》，撰人、撰年均未署明。其成書當在王象之《紀勝》編成之前。按《紀勝》既引周必大《廬陵志》，此又引《新廬陵志》，所謂「新」者，蓋相對周志而言，以示先後兩同名志書之區別也。則此新志又當在周志之後修纂。考乾隆四十一年府志卷十六，名宦載：「趙善，慶元間守吉州……命貢士王子俊、許景陽等分纂八邑志以附周必大郡志

之後，由是吉之文獻彬彬足徵。」由此可知，周志之後，又有趙善修纂郡志，以為續編。又據宋嘉泰《太和縣志》趙汝譽序稱「逾年（按指嘉泰二年），郡守趙善以少傅觀文左丞相益國公先生旨意，來檄求西昌事蹟」，太和縣令趙汝譽因修縣志。此嘉泰《太和縣志》之修，當係趙善命人「分纂八邑志」之一種。趙氏所修郡志，亦必在八邑之志纂輯之後，即南宋嘉泰二年以後。此修郡志，先於王象之《紀勝》成書僅十餘年，王氏故稱《新廬陵志》加以引錄。准此，《紀勝》所引《新廬陵志》，為嘉泰間郡守趙善所修。

〔至元〕廬陵志

佚名修纂

元修本　佚

《永樂大典》卷二六○三，七皆，台課誦台；卷七二四○，十八陽，堂立心堂；卷八○九二，十九庚，城漢廬陵縣故城、遂興縣志；卷一四九一二，六暮，釜鐵釜，引《廬陵志》五條。

《江西古志考》卷八：《廬陵志》佚卷數、撰人。

【按】茲輯《永樂大典》引《廬陵志》五條，佚文記及太和、吉水、永新諸縣事，所志合郡事，是為郡乘。又佚文「立心堂」條有「宋須溪劉辰翁書額」。按辰翁生於宋紹定五年，王象之《輿地紀勝》早已成書，故是志絕非《紀勝》所引周必大《廬陵志》，亦非趙善《新廬陵志》甚明。張國淦氏《大典輯本》此條失收，因斷本書為周必大志，殊誤。又此條佚文稱「宋須溪劉辰翁」，又，「鐵釜」條稱「宋侯外郎」，非宋人語，當是宋以後

之人所修。考明初諸郡志見引《大典》者，無有稱《盧陵志》，疑本志為元志。又據輯文「盧陵縣故城」條曰：「在太和縣」，「今吉水縣」；「鐵釜」條曰：「永新縣」。據《元史地理志》，太和、吉水、永新三縣俱於元貞元年升州，則是志應修於元朝至元年間。又，上引佚文稱「太和縣」，考該縣沿革，元元貞以前為太和縣，元貞元年升太和州，明洪武二年州廢，復縣，改「太和」為「泰和」。此又為本《盧陵志》是元朝至元間修本之佐證。

〔元〕吉州郡志

佚名修纂

元修本　佚

《永樂大典》卷七二三八，十八陽，堂二友堂；卷七二四〇，十八陽，堂平心堂；卷七二四二，十八陽，堂籌安堂；卷七五一六，十八陽，倉都倉，引《吉州郡志》四條。又卷七二三八，十八陽，堂詩人堂（《吉安志》）引《郡志》一條。

《中國古方志考》：《吉州郡志》。

《江西古志考》卷八。

【按】《永樂大典》引本志題為《吉州郡志》。輯文「詩人堂」載元人李希蘧《雲陽集》引《郡志》：「司戶廳在州治西南，實今廉訪分司之近。」「廉訪司」，即肅正廉訪司。考元朝官制，至元二十八年，改諸提刑按察司為肅正廉訪司，司置使一人，副使二人，僉事四人，以分司一人監臨各路。明復置提刑按察司。據此《郡志》所云「今廉訪分司」，知係元人所修。又李氏《雲陽集》云：「至正四年，今太守燕山高侯為政且一期矣。」則此

文作於至正四年，所引《郡志》成書必在李希蓬文之前。大約在元貞至元間所修，晚於上所錄《廬陵志》。又《文淵閣書目》舊志錄有「吉州志十一冊、又十四冊」。疑是兩種志書。有一種是宋志，已著錄，另一種似為本志。宋、元兩種《吉州志》孰為「十一冊」本，孰為「十四冊」本，則《書目》未予注明，今亦不敢強為之說。然此兩志明初尚存，《文淵閣書目》有著錄，《永樂大典》有援引，即其明證。

〔明〕吉安府圖經志

佚名修纂

明初修本　佚

《永樂大典》卷八〇九二，十九庚，城永新縣城、泰和縣城、西昌故城、東昌城、府山城、白口城、龍泉縣城，引《吉安府圖經志》七條。

《江西古志考》卷八：《吉安府圖經志》明，佚卷數、撰人。未見著錄。按：是志題曰「吉安府圖經志」，「吉安府」係明朝建置。輯文「泰和縣城」、「西昌故城」、「白口城」諸條引本《圖經志》屢曰「泰和縣」。據《明史地理志》，洪武三年，降太和州為縣，復名「泰和」，隸吉安府，知是志為明洪武、建文年間修。

〔明〕吉安府志四冊

佚名修纂

明初修本　佚

《永樂大典》卷二二六七，六模，湖中湖；卷二二七〇，六

模，湖常公湖；卷七五一四，十八陽，倉永濟倉；卷八〇九二，十九庚，城吉安府城、永寧縣城；卷九七六三，二十二覃，岩通天岩；卷九七六四，二十二覃，岩清水岩；卷九七六六，二十二覃，岩西岩；卷一〇八一四，六姥，母慈如父母；卷一三〇七四，一送，洞石門洞；引《吉安府志》十條。又卷二二六七，六模，湖上湖；卷二五四〇，七皆，齋艇齋；卷二九四八，九真，神廟祀為神；卷七二三八，十八陽，堂詩人堂；卷一九七八一，一屋，局雜造局，引《吉安志》五條。

《文淵閣書目》新志：《吉安府志》四冊。

《江西古志考》卷八。

【按】《文淵閣書目》新志錄有《吉安府志》四冊，係明初所修。《永樂大典》引《吉安府志》若干條，「永豐倉」條曰：「皇明初建」，「洪武八年革」；「吉安府城」條曰「國朝歸附」，知是志修於明初洪武八年以後，永樂以前。又《大典》引《吉安志》五事，輯文「雜造局」條曰：「在府治東，元朝文錦局舊基」，亦明人手筆，與《吉安府志》應是一書，即《文淵閣書目》新志之所錄也。又，本志輯文有稱「太和縣」者，其時「太和」已更名「泰和」，志文蓋沿用縣舊名也。

〔永樂〕吉安府志

佚名修纂

明永樂間刻本　佚

【按】明弘治《泰和縣志》羅璟序稱，泰和志「本朝永樂戊戌、景泰庚午又續修焉，亦既梓行，然皆總於郡志，固不得以獨

詳」。由此可知，明永樂間曾修有郡志，永樂戊戌泰和縣志續修本「總於郡乘」，則此次吉安郡志之修，當稍晚於永樂戊戌（十六年），其書非《大典》所引、《文淵閣書目》新志所錄之《吉安府志》四冊甚明。該志今僅見羅璟序文提及，其後未見有論之者，蓋早亡矣。茲據羅序者錄，其書卷帙、撰人從闕。

〔景泰〕吉安府志

佚名修纂

明景泰間刻本　佚

【按】弘治《泰和縣志》羅璟序稱泰和志「景泰庚午」續修本亦「總於郡志」。又據明嘉靖《吉水縣志》周廣序稱，景泰間「錢文肅公」亦曾修吉水志「萃於郡志」。得此二事，可知明景泰年間，吉安府有纂修郡志之舉。本志前人無著錄。茲據羅璟、周廣兩序予以著錄。是志修纂者失考，此修當在景泰吉水縣志、泰和縣志修竟之後，其成書之年已難確考。參見本書「景泰《泰和縣志》」、「景泰《吉水縣志》」考說。

〔成化〕吉安郡志

吳節纂吳節，字與儉，號竹坡，安福人，宣德四年進士，累官至太常寺卿、侍讀學士。

明成化間刻本　佚

光緒《江西通志》藝文略：《吉安郡志》成化中吳節修，節，安福人。

【按】明萬曆辛丑劉元卿《福乘藏稿》自序曰：「始予從夏

和卿家得吳太常《安成志》錄本讀之，蓋所謂成化郡志而分安成為一帙者也。」又《藏稿》顏欲章序云：「酌裁成化吳太常郡志暨正德戊辰，嘉靖壬午、萬曆乙酉郡志。」此言「吳太常」，指吳節，曾任太常寺卿。知成化間吳節纂輯郡志，其內容卷帙，難以考知。清乾隆盧崧府志序謂「考郡志肇明成化間」，不確。明初至成化吳志之前，已修有吉安郡乘數種（見上著錄），盧氏失考。

〔明〕吉安郡志

徐輔修徐輔，浙江人。

修纂年不詳　佚

《千頃堂書目》卷七：徐輔《吉安郡志》。

光緒《江西通志》藝文略：《吉安郡志》《浙江通志》徐輔修。

【按】本志見錄於《千頃堂書目》、光緒《通志》。光緒《通志》注曰「《浙江通志》徐輔修」。今檢明嘉靖四十年刊《浙江通志》藝文志，無著錄。明萬曆十三年、清乾隆四十一年《吉安府志》職官表無徐輔，僅「幕職，經歷」欄弘治間有「徐溥」，係「德安人」，未聞有修府志之事。茲謹據《千頃堂書目》、光緒《通志》著錄，闕者存之。

〔正德〕吉安郡志

佚名修纂

明正德三年（1508）修本　佚

【按】本志未見著錄。明萬曆辛丑顏欲章序《福乘藏稿》，

言及明「正德戊辰」（三年）修有吉安郡志。此志未見後人論之，修纂者亦不詳。正德三年吉安府知府為任義，未聞有修志之舉。茲謹據《福乘藏稿》顏序著錄。

〔明〕吉安府志三十二卷

劉養正纂劉養正，爵里不詳。

明修本　佚

《千頃堂書目》卷七：劉養正《吉安府志》三十二卷。

【按】本志僅見《千頃堂書目》著錄，列置徐輔志後，王安（當作王昂）府志之前，當係明志。劉養正其人無考，本志修纂情況不得其詳。

〔嘉靖〕吉安府志十九卷

王昂纂王昂，字成德，吉水人，解元，曾任刑部郎中，河南兵備僉事等職。

明嘉靖元年（1522）刻本　闕

《千頃堂書目》卷七：王安《吉安府志》十九卷。

光緒《江西通志》藝文略：《吉安府志》十九卷《天一閣書目》：王昂編《吉安府志》，昂，吉水人。

《中國地方志聯合目錄》：《吉安府志》（明）佚名纂，明嘉靖間刻本。

【按】《天一閣明代地方志考錄》錄有「吉安府志十九卷，散出」。謂係「明嘉靖間王昂修纂」。又曰此志「見一八〇二年舊目和一八〇八年舊目，原藏兩部，其中一部卷五地（今按：當

作至）十六輿地志、人物志今藏北京圖書館；另一部卷十至十一今藏上海圖書館」。《中國地方志聯合目錄》錄有明佚名纂「〔嘉靖〕吉安府志」。稱「北京（存卷 5-16），上海（存卷 10-11）」。知《聯合目錄》所錄此志，即王昂本。《千頃堂書目》錄有王安《吉安府志》十九卷。遍查有關文獻，未聞王安修《吉安府志》之事，疑「王安」即「王昂」之誤，故不另錄之。又嘉靖壬午（元年）有《吉安府志》之修，即萬曆《福乘藏稿》劉元卿自序及顏欲章序所謂「嘉靖壬午郡志」。據清順治《吉安府志》，職官表，鄉科上所錄「王昂」注：「解元，僉事，修壬午郡志。」知劉元卿、顏欲章所言「嘉靖壬午郡志」，即王昂所纂，成書當在嘉靖元年。

〔萬曆〕吉安府志三十六卷

余之楨修　王時槐等纂余之楨，內江人，進士，萬曆間任吉安府知府。　　王時槐，字子植，號壙南，安福人，進士，累官至太蔔少卿，光祿少卿。

明萬曆十三年（1585）刻本　存

《明史》藝文志：《吉安府志》二十六卷王時槐編。

《千頃堂書目》卷七：王時槐《吉安府志》二十九卷。

光緒《江西通志》藝文略：《吉安府志》二十六卷《明史‧藝文志》王時槐編。《明史‧儒林傳》，字子植，號壙南，安福人。

《中國地方志聯合目錄》：《〔萬曆〕吉安府志》三十六卷（明）余之楨纂修，明萬曆十三年（1585）刻本。

【按】本志係萬曆十三年知府余之楨聘安福王時槐編纂。萬

曆《福乘藏稿》劉元卿序所謂「甲申待壙南先生預修郡志」者，即其事。又，康熙十七年《安福縣志》卷三，人物，「王時槐」傳云：「郡志重修，先生與劉瀘瀟、羅公廓采筆，惟鄉之賢者是詢，流俗好惡不恤也。」知劉元卿（號瀘瀟）、羅大鋐（字公廓）亦與此役。是志《明史》藝文志、光緒《江西通志》藝文略均錄為二十六卷，《千頃堂書目》錄為二十九卷，俱誤，本志實為三十六卷。卷一郡紀，卷二沿革表、卷三秩官表、卷四至九選舉表，卷十人物表，卷十一風土志，卷十二山川志，卷十三戶賦志，卷十四建置志，卷十五學校志，卷十六祠祀志，卷十七賢侯傳，卷十八至二十人物傳，卷二十一名臣傳，卷二十二忠節傳，卷二十三死事傳，卷二十四學理傳，卷二十五儒行傳，卷二十六孝友傳，卷二十七隱逸傳，卷二十八藝文傳，卷二十九寓賢傳，卷三十列女傳，卷三十一雜傳，卷三十二至三十六附錄。有萬曆十三年刻本，今藏日本宮內省圖書寮。

〔萬曆〕（吉安）記

　　王檉纂王檉，字方塘，安福人，著有《吉州文獻略》《江右文人贊》及《景慕編》等。

　　明萬曆間修本　佚

　　【按】未見著錄。明萬曆顏欲章序《福乘藏稿》，舉劉元卿裁取舊乘有「吳太常郡志暨正德戊辰、嘉靖壬午，萬曆乙酉郡志及《（安福）叢錄》，若王方塘私記，芟繁綴要，耨稗錄遺」。此王方塘，即安福王檉，所謂「私記」，似私修志乘。若准此說，王氏「私記」之纂當在萬曆乙酉十三年王時槐《吉安府志》之

後，萬曆二十九年劉元卿《福乘藏稿》纂成之前。然王氏修志之事，顏序語焉不詳。後之志家序跋，亦未見有人言及。康熙十八年《安福縣志》卷四，人物、文學傳，「王樿傳」云：「時王太常（時槐）、劉徵君（元卿）修郡志，紀次頗嚴，樿以羅文毅不入理學，往復辯論；及議諡，又力言解學士不得諡為恨；江陵沒，為祭文中有養士道衰，直臣氣喪，薄於父私於子等語，年九十卒，《墨莊一截》、《人物考》尤為時重。」又同治《安福縣志》卷十一，人物，「王樿」亦載，「（樿）師事鄒守益，議論侃侃不阿，時修郡志，力為辯駁」。據此可知，王樿於王時槐所修府志，「力為辯駁」，其事略如康熙《安福縣志》本傳所述。王氏所謂「私記」，當與此有關。今姑據顏說錄作郡志一種，且存疑焉。

〔萬曆〕吉安府志補十二卷

郭子章纂郭子章，字相奎，泰和人，進士，官至福建布政使，貴州巡撫，兵部尚書，著有《玭衣生易解》等。

明萬曆間刻本　佚

《明史》藝文志。

《千頃堂書目》卷七：鄧子章《吉安志補》二十卷。

光緒《江西通志》藝文略：《吉志補》十二卷《明史・藝文志》郭子章撰。子章見經部易類。

【按】郭子章補志，在萬曆間，成書之年今難確考。此志《明史》藝文志錄作十二卷，光緒《通志》同。《千頃堂書目》作「二十卷」，撰人作「鄧子章」，俱誤。

〔順治〕吉安府志三十六卷

李興元修　歐陽主生等纂李興元，直隸遵化人，貢生，順治八年任吉安知府。　歐陽主生，號醒庵，廬陵人，進士，曾任南京兵部主事。

清順治十七年（1660）刻本　存

光緒《江西通志》藝文略：《吉安府志》三十六卷順治十七年知府李興元修。

《中國地方志聯合目錄》。

李興元序余承乏茲土六七稔……惟是邑志一事忡忡然，時往來余懷也。今年春直指李公以志事相屬，方議修復，而驄馬還京師，乃請兵臬趙公。公曰：是守臣之責也，其亟行之。爰檄九屬令長、十庠博士采各邑典籍，先後以其書至，又慮法未謹嚴，詞不雅馴，無以昭實錄而垂久遠，於是集鄉大夫歐陽醒庵，羅來思、王謹山孝廉、康上若諸君鍵室編纂，刪繁舉要，浹旬而書成……（順治七年）

【按】本志為清朝吉安府志之首修本，由知府李興元聘進士歐陽主生等纂輯。全書三十六卷，體例「悉依萬曆乙酉志」，「為紀五、表三、志六、傳十三。蓋竊仿史例為之。末為附錄」。（本志凡例）志成於順治十七年。乾隆四十一年府志盧崧序評之曰：「國朝順治庚子歲本萬曆志而續輯者……往往明著正史而不及收，沿襲訛謬而不及正，略於本來源流之辨而不能核以悉。」本志雖頗有疏誤，然明萬曆末至清初本郡之史料多賴以存之。

〔乾隆〕吉安府志七十四卷

盧崧修　朱承煦　林有席纂盧崧，奉天鑲黃旗人，副貢，乾隆三

十九年任吉安府知府。　　朱承煦，字天門，廬陵舉人，曾任湖北大冶知縣。　　林有席，字儒珍，號平園，分宜舉人，曾任湖北東湖縣知縣。

清乾隆四十一年（1776）刻本　存

清道光二年（1842）補刻本　存

光緒《江西通志》藝文略：《吉安府志》七十六卷乾隆四十一年知府盧崧修。

《中國地方志聯合目錄》。

盧崧序考郡志肇明成化間，閱正德暨於萬曆，凡三易。國朝則順治庚子歲本萬曆志而續輯之者，而前志無考。夫吉以人文藪，鴻聞巨制，網羅搜討，宜無失，然往往明著正史而不及收，沿襲訛謬而不及正，略於本末源流之辨而不能核以悉，又距今遠更百有十四年矣，其間疆域之沿革，風俗之澆淳，人事之興替，與夫哲宦名賢孝子貞婦高士文儒之表見，以扶人倫裨世教及一長自異而彪炳人耳目者，日以湮滅而不傳於後，余懼焉。乃集同寮而議續修，而郡士大夫群籲以公捐請，遂據輿情，遍白大府，報可。於是具書幣延積學者益都朱君天門，分宜林君平園至司纂職，並遴儒官分任佐之，發凡例目，繪圖劃表，別類分門，更舊志之失而益其未備……（乾隆四十一年）

【按】本志係知府盧崧主修，其去順治庚子之修已百四十餘年。修纂始末略見盧氏自序。本志於順治郡志多有訂補，續其後事。其凡例稱：順治志「原闕天文、星野、陂壙、水利、軍政等門，卷首二圖亦覺簡略」，本志予以增補並「遵照通志例繪郡廳縣輿圖建置並郡八景，凡三十八圖，各立圖說，標其實跡。據史志增天文、分星有關郡境者；山川外增津渡橋樑陂壙以重水利；軍政中分武事、寇變以著其略」，等等。全書七十四卷，別為十

八分志，卷一天文志，卷二地理志，卷三至十山川志，卷十一至十四建置志，卷十五至十七學校志，卷十八、十九書院志，卷二十至二十二職官志，卷二十三薦辟志，卷二十四至三十一選舉志，卷三十二封爵志，卷三十三、卷三十四賦役志，卷三十五軍政志，卷三十六、三十七名宦志，卷三十八至五十三人物志，卷五十四至五十八列女志、卷五十九、六十寺觀志，卷六十一至七十二藝文志，卷七十三、七十四雜志。子目百四十。內容較為翔實，門目設置繁細。有乾隆四十一年刻本。又道光二十二年補刻本。補刻本有知府李熔經序記其事，云：「吉安郡志乾隆四十一年重刻，計若干卷，板三千九百九十三塊。道光辛丑秋，余由建昌調守此郡，下車後求府志，不可得，詢知板存府庫，因經查閱，則年久架傾堆積滿地，潮濕朽爛，兼有蟲蛀，逐一檢點，少一千五百餘塊，擬補刻完全，匆匆未遑，爰委教授盧君殿衡、劉君拱辰分任讎校以成其事，乃以壬寅二月開雕，至季夏補訖。」

〔光緒〕吉安府志五十三卷首一卷

定祥　特克紳布等修　劉繹等纂定祥，字靜山，滿洲鑲紅旗人，同治七年任吉安知府。　特克紳布，鹽運使司銜吉安府知府，同治十年任。　劉繹，字瞻岩，永豐人，道光十五年取一甲一名進士，曾任山東提都學政，三品京堂銜江西團練大臣，翰林院修撰。主纂《江西通志》。著有《存吾春齋詩文集》三十五卷。

清光緒二年（1876）刻本　存

《中國地方志聯合目錄》。

劉繹序同治九年庚午，吉安太守定公奉大中丞檄修府志，其時繹與

周仙舫俱在籍，定公具關聘相邀會議於郡城，於是籌費開局，並延各屬文士同與編輯，規模初定，逾年定公以憂去。攝府篆者為臨江守德公，重理局務，未及半載而特公來蒞任，運繹在省局，彭養痾家居，惟周以白鷺書院山長領其局，各屬紳士成集，次第具草，於甲戌冬匯繕成稿送省局。然迫於期限，僅據各屬鈔本倉猝呈書，實未完備，彭、周相繼作古，特太守以為此書必加審定，謀之於繹，乃復專任尹湜軒、蕭友松，王與翠三人再加討論，務期詳核精確，然後付鐫。至乙亥八月，特公又因病出缺，中丞調廣信蔣公署事，並督修府志，重經鑒訂，催工甚急。適以檄調南昌赴新任。十二月，今太守鐘公奉特簡出典是郡，下車即以志事為先務，數蒙致書垂詢，約以今歲開局。仲春之朔，繹由籍赴郡，再邀同人重加修飾編次督刻，賴公經營調劑，以終此局，至是斯志乃克底於成……（光緒二年）

【按】同治九年，吉安府知府定祥奉憲檄纂修府志，聘劉繹等主其事，籌費開局，規模初具。次年定氏調職，德馨攝府篆，重理局務，分任合修，未及半載又去，特克紳布接任，繼續前任修志之事，至同治十三年志稿草具，呈送省局，「然迫於期限，僅據各屬鈔本倉猝呈書，實未完備」（劉繹序）。於是重加修訂，然後付鐫。光緒元年八月，特氏因病出缺，繼任者有蔣繼洙、鐘珂，先後接修，至光緒二年春畢此役。本志修纂，歷時七載，經五任郡守之手乃成。劉繹有序記其事始末頗詳。本志以乾隆盧志為基礎而參訂增續之。其凡例云：「盧志分門多，今並山川志於地理，並書院志於學校，並薦辟志於選舉，並封爵、名宦二志於秩官，其封爵志中之封蔭則附於選舉之末，從《元史》例也。統以十綱，曰地理、曰秩官、曰賦役、曰學校、曰軍政、曰選舉、曰人物、曰列女、曰藝文，而以雜記終焉。」有光緒二年刊本，

今存。

〔嘉泰〕盧陵縣志

趙善修　王子俊　許景陽等纂_{趙善，慶元六年任吉州盧陵郡}
守。　　王子俊，許景陽，俱貢生。

宋嘉泰間修本　佚

【按】宋慶元間郡守趙善修《新盧陵志》，以續周必大《盧陵志》。據清乾隆四十一年《吉安府志》卷十六，名宦志載：「趙善……命貢士王子俊、許景陽分纂八邑志以附周必大郡志之後」。「八邑」，指宋吉州盧陵郡所領盧陵、吉水、安福、太和、龍泉、永新、永豐、萬安八縣。則慶元間此八縣各有志乘纂輯。此分纂各縣志，有宋嘉泰《太和縣志》趙汝暮序之證。趙序曰「逾歲（按：指嘉泰三年），郡守趙善以少傅觀文左丞相益國公先生旨意，來檄求西昌事蹟，並及龍州顛末」云云。知嘉泰二年，太和縣令奉郡守趙善命修志；又嘉泰間新淦縣亦修縣志，明隆慶間尚有嘉泰《新淦縣志》抄本存世。（參見本書「嘉泰《大和縣志》」、「嘉泰《新淦縣志》」考說）正與乾隆府所載趙善命人「分纂八邑志」相合。可推知盧陵縣等八屬縣各輯邑志以備郡乘纂修之需。又嘉泰太和、新淦兩志有單本刊行，其他縣志是否如此，則不得而知。茲著錄嘉泰《盧陵縣志》一種，為現今所知本縣最早邑乘，其實際修纂人不詳，謹依乾隆府志錄作趙善修，王子俊、許景陽等纂。後人追溯盧陵縣志源流，多以草創明初，未確。（參見宋慶元趙善《新盧陵志》考說）

〔明〕廬陵縣志四卷

明初修本　佚

《永樂大典》卷七二三五，十八陽，堂進士堂，引《廬陵縣志》一條；又卷八〇九二，十九庚，城吉安府城（《吉安府志》），引《縣志》一條。

《江西古志考》卷八：《廬陵縣志》四卷明，佚撰人，未見著錄。

【按】清康熙己酉縣志於藻序曰：「顧志則尚缺，明初草率為之，不過四卷，斷紙遺編，文不雅馴。」道光乙酉縣志馬旋圖序亦云：「考舊志，明初僅四卷，明中葉續修，亦略而不詳。」由是可知，明初有縣志四卷，其「斷紙遺編」，至清康熙間尚存。今輯《永樂大典》引《廬陵縣志》、《縣志》各一條。輯文有「宋丞相文天祥」，知係宋以後修本。又輯文「吉安府城」條載《吉安府志》引《縣志》曰：「故今泰和縣西北三十里有故城。郡治西昌，據《晉志》；故城，據《縣志》。」考《太平寰宇記》，廬陵故城在今泰和縣西北三十里。（參見吳宗慈、辛際周《江西八十三縣沿革考略》）知此《縣志》所志為廬陵縣也。《大典》所引《廬陵縣志》，即清人所謂明初四卷本縣志。

〔嘉靖〕廬陵縣志六卷

佚名修纂

明嘉靖四十一年（1562）修本　佚

【按】本縣嘉靖間有志，屢見後志序文提及。如康熙己酉縣志李狮霄序曰：「廬陵之有志舊矣，原僅六卷，自前明嘉靖以

後，記載闕焉。」又曰：「抑舊志六卷，溯趙宋以前，沿革建置，亦曾討論。」又，民國庚申縣志王樸序亦云：「邑志之編，肇自明季，嘉靖以後缺焉」，即其事。又，道光乙酉志馬旋圖序稱「明中葉續修，亦略而不詳」者，或以為亦指嘉靖末之修。本志所記，上溯趙宋以前，下至明嘉靖末。光緒《江西通志》藝文略著錄清康熙於藻志有考案謂「盧陵舊有志僅六卷，止於嘉靖壬戌（四十一年）」。其言當有所據，今從之。又，本志至康熙於藻時尚存。王貞生序稱於氏志之修，「因舊志而加廣焉」。此言「舊志」，當指本志。

〔康熙〕盧陵縣志[1] 二十六卷

于藻修　張貞生纂于藻，字慧男，順天大興人，貢士，康熙元年任盧陵知縣。　　張貞生，字瑤山，邑人。

清康熙十年（1671）刻本　存

光緒《江西通志》藝文略：盧陵縣志二十六卷康熙八年知縣于藻修。謹按：志云盧陵舊有志僅六卷，止於嘉靖壬戌，是明以前故有志也。藻序稱明初草率為之，不過四卷；馬旋圖道光盧陵縣志序云明初僅四卷，明中葉續修之，亦略而不詳，是盧陵志明代有二。

于藻序盧陵以邑稱始漢，後升邑為郡，至唐永淳，盧陵之名始專屬邑。至於今千有餘歲。蒞茲土者，且不賢且眾也。顧志則尚缺，明初草率為之，不過四卷，斷紙遺編，文不雅馴。康熙癸卯，藻承乏是邑，不揣讜陋，欲力舉其墜，乃以請於張學士瑤山先生，閱十月而書成……（康熙八年）

【按】康熙元年，於藻知盧陵縣事，以邑志有缺，「明初草

率為之，不過四卷，斷紙遺編，文不雅馴」（於序），因有重修之舉。郭景昌序謂於氏「與邑中請君子稱三長者羅搜故實，輯錄近事，相為商榷考訂而又親操觚翰，衷之以裁鑒，加之以芳潤，右質而左文，正疑而傳信，務詳而忘略，崇雅而黜浮，統為目者十，為卷者二十有六。」于氏此修，「網羅舊聞，捃摭遺佚，萃十年之功，因舊志而加廣焉」（王貞生序）。由此可知，本志是在「舊志」（疑即明嘉靖縣志）基礎上的增補與續修。其書完成當在康熙十年。又據康熙己巳縣志陸在新序，陸氏康熙二十五年修志時，所得本志僅殘帙「數十頁」。謂于藻修志「其殺青卒業，藏之石函者，悉燼於寇燹，篇帙散軼，闕而不該」。今已不可得見矣。

〔康熙〕盧陵縣志[2] 二十六卷首一卷

濮應台　陸在新修　彭殿元　趙縱等纂濮應台，浙江舉人，康熙二十二年任盧陵知縣。　　陸在新，字蔚文，長洲舉人，康熙二十五年任盧陵知縣。　　彭殿元，本邑進士，曾任翰林院庶起士。趙縱，字德操，邑人，郡庠明經。

清康熙二十八年（1689）刻本　存。

光緒《江西通志》藝文略：《盧陵縣志》二十六卷康熙二十八年知縣陸在新修。

《中國地方志聯合目錄》。

陸在新序會大中丞中州宋公以盧陵、萬安、南昌、德化四邑文獻是稽，方伯剌史下記于令，在新蹴然起曰，是未可以綿薄辭也……於是屬歐陽東一齊，范姚承授中諸孝廉，偕邑郡生若干人，分司其事，而禮辟郡庠

明經趙德操縱，蓋吉陽鴻儒而博洽典故者，受裁而董成焉……（康熙二十七年）

【按】本志之修，邑令陸在新、魏基鴻俱有序記其事。據陸序，康熙己酉于藻所修縣志，毀於「寇燹」，陸氏所見僅殘帙數十頁。康熙二十六年丁卯秋「會大中丞中州宋公以盧陵、萬安、南昌、德化四邑文獻是稽，方伯刺史下記于令」，陸氏遂設局輯纂縣志。然據本志卷首所列主修人除陸在新外，又有濮應台，此人係陸氏前任縣令，則本志始修當在康熙二十五年之前，濮氏任內。又志稿將成，陸氏卒於官，康熙二十八年繼任縣令魏鴻基終其役。魏氏未列名於卷首主修人，今亦不錄之。全書二十六卷，首一卷，分十門，子目七十有六。門目設置較為齊備，記載亦較詳。有康熙二十八年刊本，今存。

〔乾隆〕盧陵縣志四十五卷首一卷

平觀瀾修　錢時雍　黃有恆纂平觀瀾，字百泉，山陰監生，乾隆四十三任盧陵知縣。　錢時雍，字寄圃，清江人，歲貢生。　黃有恆，字固齋，本邑舉人，原任山西保德州知州。

清乾隆四十六年（1781）刻本　存

光緒《江西通志》藝文略：《盧陵縣志》四十五卷乾隆四十六年知縣平觀瀾修。

平觀瀾序自下車，即取舊本而披閱之，則康熙年間，一修於前任于，一修於前任陸，迄今近百年，版片朽蠹，字跡摩挲，前後官師未嘗有過而問者焉……於是與邑之老成紳士，公用商榷，邑人皆蒸蒸樂從。籌畫綜括，購求藏書，訪問者舊，徵文考獻，巨細畢收。第志欲謹嚴而無脫

落，雅馴而不鄙俚，詳備而不繁冗，史家所謂簡而賅，博而當，直而不諛者也。乃為之訂訛正偽，補漏存佚，經始於庚子之秋，告竣於辛丑之冬……（乾隆四十六年）

【按】乾隆四十五年庚子秋，知縣平觀瀾修纂縣志，次年冬告成。本志之修，距康熙間於藻、陸在新兩志已近百年。平氏此志，在陸志基礎上多有增廣補續，如平序所言：「舊志二十六卷，今增為四十五卷；舊志分為九類，今增為十二類。雖不敢言美備之觀，然百年以來，一邑之山川、井裡、土田、賦役、禮典、兵制、溝恤、陂渠、橋樑、道路，凡有關於國計民生、人心風俗者，概不敢忽。他如名賢、祠墓，紀其修葺；往哲遺蹤，重加標題。」自康熙己巳以來邑事賴之以傳。本志有乾隆四十六年刻本，存。

〔道光〕盧陵縣志四十八卷首一卷

梅大鶴　陳徵芝　馬旋圖修　王錦芳等纂梅大鶴，大名人，拔貢，嘉靖二十五年任盧陵知縣。　陳徵芝，閩縣人，進士，道光二年署知盧陵縣事。　馬旋圖，奉安舉人，道光三年任盧陵知縣。　王錦芳，本邑舉人。

清道光五年（1825）刻本　存

光緒《江西通志》藝文略：《盧陵縣志》四十八卷道光五年馬旋圖因前任梅大鶴、陳徵芝志稿匯而成之。

《中國地方志聯合目錄》。

馬旋圖序顧自乾隆辛丑至今，志之不修者，四十餘年……旋圖於癸未夏承乏是邦，因前任梅公大鶴、陳公徵芝所輯志稿，匯而成之，門分十

六，卷凡四十八，訂舊編新，秩然不紊。邑之人士之力為多，而余加之釐
正焉……使此邦之文獻，相繼於不墜，是則余之厚望也夫。（道光三年）

【按】道光二年，盧陵邑令梅大鶴奉憲檄修志，供通志採
擇。甫設局分編，梅氏調職，陳徵芝、馬旋圖相繼接掌盧陵，主
邑志之修纂。及至道光三年之歲末，上呈省局之底稿告竣，次年
夏開局纂輯縣志，縣志修成，梓刊之功將半，馬氏調去，繼任知
縣札隆柯終其役。本志修纂，大體本憲頒章程，其凡例云：「有
通志所無而縣志舊有者補之；有通志所略而縣志應詳者益之；有
舊志未允協者，稽諸史冊釐定之；有舊志未分明者考諸各志昭晰
之。」「訂舊輯新，刪繁補佚，凡十六門，為四十八卷。」正文
分天文、輿地、山川、建置、賦役、學校、兵防、秩官、選舉、
名宦、人物、列女、寓賢、寺觀、藝文、雜志諸分志，子目百十
二。記事終止於道光五年。有道光五年刻本，存。

〔同治〕盧陵縣志五十六卷附補編一卷

陳汝楨　彭芝　李寅清　承霈修　匡汝諧等纂陳汝楨，字梅
孫，浙江石門舉人，同治八年代理盧陵知縣。　　彭芝，字幼清，貴州貴
築舉人，同治六年任盧陵知縣，九年回任。　　李寅清，號直齋，江都舉
人，同治十一年署任盧陵知縣。　　承霈，漢軍正紅旗生員，同治十二年
署盧陵知縣。　　匡汝諧，本邑進士，四品銜遇缺員外郎刑部主事。

清同治十二年（1873）刻本　存

《中國地方聯合目錄》：《〔同治〕盧陵縣志》五十六卷首一
卷附補編一卷（清）陳汝楨等修，匡汝諧等纂，清同治十二年（1873）
刻本。

李寅清序志乘一書，肇自明季，書僅六卷，略而不全。國朝康熙間，邑宰於君，網羅掇拾，輯為二十八卷，體例始備。厥後陸君、平君，增為四十八卷，梅君、陳君、馬君、札君因之，裒然各成大觀矣。咸豐丙辰、辛酉兩遭兵燹。志書版片付諸劫灰，官署文卷，蕩然靡遺，故家大族，舊藏卷軸，亦多散失。溯自道光乙酉重修縣志以來，距今四十餘年耳，而經此火毀、事蹟失傳，故老耆舊，僅有存者，倘不加搜輯，竊恐過此以往，愈就消廢，不且有文獻無徵之歎耶。同治庚午春，劉大中丞重修省志，檄下郡邑修府縣志以備採擇。前署縣陳君梅孫延本邑匡君俞臣比部，暨各鄉縉紳先生設局採訪。彭君幼青引見回任，繼為經理。壬申春，寅請權知斯邑，四月，書告成。地方遼廓，博采為難，節目繁多，搜羅匪易。舊志十六門，其目百有十二，屢經名流纂定，無可硬易。道光乙酉以前，悉仍其舊，遺漏者補之；乙酉之後，所采近事，續編於後。增經籍、金石二門，增目十三，其釐為五十六卷。簡篇繁富，考核詳明，足以信今而傳後。至於斟酌去取，芟繁削蕪，增廣闕略，旁徵博引，則諸君子操觚定，頗費經營，觀其著述，不愧史才……（同治十二年）

【按】本志之修，去道光縣志四十餘年。「咸豐丙辰、辛酉兩遭兵燹，志書版片付諸劫灰，官署文卷，蕩然靡存，故家大族，舊藏卷軸，亦多散失。」同治庚午（九年）春，中丞劉坤一重修省志，檄下郡邑修志以備採擇，廬陵縣因有舉修。先是署縣陳汝楨倡其事，其後陳去彭（芝）來，彭去李（寅清）來相繼主修之。至同治壬申（十一年）四月，志稿修竣。同治十二年，李氏調去，承沛署縣事，於志稿略有修飾，遂付剞劂。本志之修，沿襲道光縣志體例，如李寅清序云：「道光乙酉以前，悉仍舊編，遺漏者補之；乙酉以後，所采近事，續編於後」，僅「增經

籍、金石二門，增目十三」。全志正文凡五十六卷，堪稱「簡編繁富」。有同治十二年刊本，存。

〔民國〕盧陵縣志二十八卷首一卷末一卷

王補　曾燦材纂王補，原名龍文，字澤寰，祖籍盧陵，徙籍湘鄉。賜進士及第，前翰林院編修，武英殿、國史館協修。　曾燦材，本邑舉人，同知銜安徽候補知縣。

民國九年（1920）刻本　存

《中國地方志聯合目錄》：《〔民國〕盧陵縣志》二十八卷首一卷末一卷王補　曾燦材纂民國九年刻本。

王補序今之為志，迄宣統辛亥而止，蓋溯開皇名邑之初，一千三百二十有二年矣。補故盧陵人，遷籍湖湘者，百有餘載，徒以邑人不棄，承乏斯役……（民國四年）

【按】本志於民國四年修纂，王補主其役。「五閱歲而志乃脫稿」（曾燦材序）民國九年刻成。按民國三年，盧陵縣已更名吉安縣，是志仍用「盧陵」舊稱名書。其凡例有辨志名「盧陵」事，謂「未聞以後名蔽故邑，亦不得以故邑該後名，覦若畫一，斷難混淆，盧陵之更名吉安蓋猶是也。今志曰同治癸酉迄宣統辛亥，凡四十四年，當曰盧陵……若辛亥以後事蹟則當曰吉安，不得以故邑該今名」。本志記事下限止於清宣統三年辛亥，取斷代為書之義。故王補以「盧陵」名其志。全書凡二十八卷，首、末各一卷。卷首為舊志歷修名氏、例言，諸圖及圖說，目錄；末卷為雜記。正文類目，有異於舊乘，分疆域志（四卷），政要志（七卷）、禮典志（四卷）、耆獻志（十卷）、藝文志（二卷）、

叢志（一卷）。有民國九年刊本，存。

〔民國〕吉安縣紀事五卷

李士梅　王祜纂李士梅，吉安人，清末副貢，曾任九江府儒學教授。　　王祜，吉安人，清末貢生。

民國十一年（1922）活字本　存

《中國地方志聯合目錄》：《〔民國〕吉安縣紀事》五卷李士梅修，王祜纂。民國十一年活字本。

李士梅序我邑續修縣志，取斷代為書之義，迄今宣統辛亥，仍用盧陵舊名。民國而後，則曰吉安。因時立制，因制立文，理有斷然者，惟不曰志，而曰紀事，仿南昌例也。或者曰：盧志成矣，志事畢矣，復以紀事續其後，不已贅乎？曰，不然，變政以還，於茲十稔，其間人事之轉移，時局之變更，月異而歲不同，不有以紀之，年湮代遠，後有作者，於何取徵焉。同人有鑑於此，於是重加搜集。仍依盧志門類，前無而今有者則增之，前有而今無者則刪之，據事直書，務求其實。蓋邑乘者，國史之權輿，紀事者，又邑乘之矢矣也。攝拾遺聞，聊答採擇，至於體例之如何規定，折衷之以求至當，是尚待繼起之君子。（民國十一年）

【按】本志係民國九年王補《盧陵縣志》之續編本。王志記事下限斷於清宣統三年，用「盧陵」舊縣名名書，義取斷代為書。王志纂成，志局將散，「同人以十年來事變不少」，因屬李士梅，王祜等續紀之。該書纂於民國十年，次年編成。記事始於壬子（民國元年），其時盧陵縣更名「吉安」，因以新縣名題志，「名曰紀事，蓋據事直書，以別於志云」。其例言云：「是編謹用《盧陵志》體例，分疆域、政要、禮典、耆獻、藝文五綱，依目

附事，間增新政，若叢志、雜記則姑從闕如。」又「是編表歲以首年，事關公令，概用陽曆，其他宜書明加注『夏時』二字」。全書五卷，僅記十年間縣事，篇幅較狹，雖間增新政，所記亦多疏略。《中國地方聯合目錄》著錄本志纂人有「王祐」，「祐」為「祜」字之誤。

〔民國〕吉安縣志四十八卷首一卷末一卷

李正誼等修　鄒鵠纂李正誼，永新人，民國二十五年任吉安縣長。　鄒鵠，吉安人。

民國三十年（1941）鉛印本　存

《中國地方志聯合目錄》：《〔民國〕吉安縣志》四十八卷首一卷末一卷李正誼等修，鄒鵠纂。民國三十年鉛印本。

鄒鵠序民國四年秋，縣人士以王澤寰太史所輯縣志僅記縣號廬陵，時事易，廬陵為吉安，今已二十餘載。此二十載中，吉安人迭嬗，事迭更，不有以賡修之，恐代遠年湮，無徵不信，於是以纂修屬鵠……初擬竭二年之力觀厥成，以職採訪者之延宕，暨財用短絀，時事阽危，中輟者數四，至二十七年冬，而草始就，至二十八年夏，始付剞劂。是役也，微胡縣長南屏力，弗克梓；微戴君紹遠力，即梓，亦弗克竟；微鐘縣長緩庭力，即梓竟，而書亦不可得。屬詞比事，則肖、顏、王、徐、歐諸君勞最多……（民國三十年）

【按】本志始修於民國二十五年，主纂鄒鵠有序稱：「初擬竭二年之力觀厥成，以職採訪者之延宕暨財用短絀，時事阽危，中輟者數四，至二十七年冬，而草始就；至二十八夏，始付剞劂。」民國三十年印行。全志四十八卷，首末各一卷，正文分輿

地、建置、祀事、教育、財政、庶政、司法、民事、職官、人物、藝文、叢志十三志，八十六目。從所記內容到體例，都較舊志多有改觀。如鄒序所言：「就舊志體例，酌加變通，為當世之高揭民幟而學貴於科也；於縣民所以生存及政府所以治我縣民者，刻意求詳。而於事之近怪與科學弗協者，則從略。」有民國三十年鉛印本，存。

▶ 泰和

《太平寰宇記》引《（太和）縣記》佚文一條，本縣志乘，尚未見有早於此《縣記》者，此書疑係宋以前所修。又有《（太和）圖經》，撰年撰人無考。宋修本可考僅得兩種：一為淳熙陳秀實《西昌縣志》，一為泰嘉趙汝 《太和縣志》。淳熙志至明弘治間尚有抄本，嘉泰志至清時猶有遺存。元修縣志闕然無從尋稽。明修縣志有七本，明洪武間有徐遜《泰和圖經》，又有《泰和縣志》，亦明初本，見引於《永樂大典》。此後，永樂十六年、景泰元年、弘治十年、萬曆七年各有纂輯成書。又弘治志成後，邑人羅璟曾撰書批評；萬曆三十一年郭子章撰《白下太紀》三十卷，以補萬曆七年唐志之遺闕。清時縣志先後亦七修，先有康熙三十七年田志，次有乾隆十五年楊國瓚《西昌志》。楊志甫成，即以「謬濫被訐」，舟棠奉憲諭重加修輯，乾隆十八年梓行。又道光四年楊訒續修，六年，徐迪惠加以補訂；同治十一年又纂輯縣志稿四十四卷，未刊行，光緒五年周之庸本之改編成三十卷。又彭敏求撰有《續白下大記》三卷。民國二十八年，歐陽輔等又修縣志，有志稿三十六卷，未刊印。此外，明劉鴻有《西昌存古錄》、楊冬寅有《西昌存錄》、清彭烜有《白下文獻考》二十卷、《西昌軼

事》三卷，俱見前人著錄。以上四書並非正志，本書不錄。又明以前舊志皆佚，明修本僅存萬曆唐志殘卷。清修諸志，除康熙田志及彭敏求《續白下大記》未得獲見，存佚不明外，其餘諸本今存。民國二十八年縣志稿亦存。

後漢末，析廬陵縣地置西昌縣，隸廬陵郡。南朝陳時，省西昌縣。隋平陳，復置西昌；開皇十一年，更名泰和，以其地產嘉禾，為和氣之所生，故名，初屬吉州，大業初屬廬陵郡。唐武德五年，置南平州，領泰和、永興等四縣，治泰和；八年州廢，改泰和為太和，屬吉州，天寶後屬廬陵郡；乾元後復隸屬吉州。宋屬吉州廬陵郡。元元貞元年，升太和州，屬吉安路；明洪武二年，州廢，復為縣，是年復改太和為泰和，屬吉安府，清仍之。

（太和）縣記

佚名修纂

修纂年不詳　佚

《太平寰宇記》卷一〇九，泰和縣，引《縣記》一條。

《中國古方志考》：《（太和）縣記名》佚。

《江西古志考》卷八。

【按】宋淳熙《西昌志》張可速序、嘉泰《太和縣志》趙汝暮序追溯本縣志乘修纂，俱稱「舊有《圖經》」，乃以此《圖經》為邑乘之最早者。今輯《太平寰宇記》引《縣記》一條，其纂人、卷帙皆不可考。頗疑此書係先唐故物。宋淳熙、嘉泰志均未曾言及，蓋此《縣記》早佚無傳。

（太和）圖經

佚名修纂

修纂年不詳　佚

《中國古方志考》：《（太和）圖經》佚。

《江西古志考》卷八。

【按】本《圖經》最早見於宋淳熙二年《西昌縣志》張可速序。張序曰：「太和舊有《圖經》，僕初抵官獲見焉，敘述闊疏，編次無倫，其卑狹也，如曹鄶之風；其淺俗也，如甲乙之帳，往往不足為壯縣稱。」又嘉泰二年縣志趙汝暮序云：「西昌置縣上下千四百年，志書不以時修，《圖經》雖存，脫落殊甚，漫不可考。」據此，本《圖經》當修成於宋淳熙之前，張可速未言該書有缺帙，而趙汝暮則稱「脫落殊甚」。至明朝修纂縣志者，已無有人言見過是書，知已亡佚。又，張國淦《中國古方志考》輯《永樂大典》所錄《泰和縣志》注引《圖經》一條，斷為張可速、趙汝　序所言之《圖經》。今按張說似不確。此條疑是明洪武間所修《泰和圖經》佚文。說詳明洪武《泰和圖經》考。

〔淳熙〕西昌縣志十卷

陳秀實修　張可速等纂陳秀實，淳熙二年任太和知縣。　張可速，三山人，淳熙二年任太和縣丞。

宋淳熙四年（1177）修本　佚

光緒《江西通志》藝文略：《西昌志》十卷淳熙二年知縣陳秀實，邑丞張可速修。

《中國古方志考》。

《江西古志考》卷八。

陳秀實序　紹興乙卯，先君攝簿西昌……後四十二年，秀實始得邑於此……每欲輟簿書之餘暇，覽江山之形勝，搜求先君遺文逸句於精蘭古寺山岩石壁之間，且因以稽考此邦賢人君子之操履，墨客騷流之賦詠，高僧仙伯之詼詭譎怪，揭而揚之，未暇也。一日，太守直閣王公以書抵秀實曰：天下郡國皆有志，而廬陵獨闕，意者其有待乎？子盍有以成吾意，凡四封之內，一事一物，有可以備實錄者，咸采摭以告。秀實奉命惟謹，於是好古博雅之士各以所聞來獻，乃詔貢士嚴萬全、倪求已會粹之，而縣丞張可速董其成，釐為十一卷，以資討論之博……（淳熙二年）

【按】本志係宋淳熙二年縣令陳秀實主修，縣丞張可速主纂，貢士嚴萬全，倪求已與其事。其書已佚，陳、張有序見存。據張序稱：此志之修「諏訪之廣逮於田父野老，參考之詳，及於殘編斷簡，山鑱塚刻，方言蒼說，靡不會粹詮次，逾時而成書，加於舊什六七，其修之也，於是大備。」本志「著述之功，張居十九」（乾隆十八年縣志）。又，嘉泰縣志趙汝暮序謂：「淳熙丁酉（四年）邑丞張可速者始著《西昌志》十卷，然事出草創，未克詳備。」明人楊士奇謂本志「所錄皆宋淳熙以前事，考其詩文亦失之泛。」（乾隆十八年縣志，附錄舊序）淳熙志在明弘治間，有抄本藏於民間。據李穆所修弘志之凡例：「得宋時淳熙志錄本於貢士王宜中，比郡志差詳，但止於淳熙時矣；其次得宣德以前錄本於城東之楊宗華，蓋經其先太師文貞公所嘗改正者，第前後剝落殊甚，故又假都運康公德良所有者補正之。」由此可知，李穆曾見過三種淳熙志錄本，其中有楊宗華所藏本，曾經楊士奇改正。尹直序弘治志稱淳熙志「未及梓以行」。蓋以其時僅得見該

志抄本而逆推其書初未刊刻，別無所據。淳熙志亡佚於何時，今已難考確，至清康熙間田惟冀修縣志時，已稱淳熙志「杳不可得」，蓋諸家所藏抄錄本亦「燹蕩無存」。

〔嘉泰〕太和縣志

趙汝暨修　曾之謹　嚴萬全纂趙汝暨，字嘉言，南昌人，進士，嘉泰元年知太和縣事。　　曾之謹，吉水人，進士，曾任永州零陵縣令。　　嚴萬全，本邑進士，曾任廣東南雄州軍事推官。

宋嘉泰二年（1202）刻本　佚

《永樂大典》卷二九九九，九真，人口腹累人；卷七二三九，十八陽，堂思隱堂，引《太和縣志》兩條。卷三〇〇〇，九真人問喘無人；卷七五〇七，十八陽，倉常平倉；卷七五一四，十八陽，倉太平倉；卷一一〇七七，八賄，觜英鐵觜；卷一四六〇九，六暮，簿縣主簿，引《太和志》五條。

光緒《江西通志》藝文略：《泰和縣志》嘉泰三年知縣趙汝修。

《中國古方志考》。

《江西古志考》卷八。

趙汝暨序太和隸江西，幅員廣袤，視古子男邦，為緊望地。縣創立，在漢為廬陵，孫吳改為郡，而以西昌為縣。隋開皇十年，廢西昌而置安豐，次年移今縣，改太和；大業八年，以安豐非要津，又徙於西昌。唐武德五年，改太和為南平郡；八年廢郡而復太和；迨乾元二年，始移治白下驛，乃今縣治也，上下千四百餘年間，縣之因革大略五變，而今名始定。然志書不以時修，因經雖存，脫落殊甚，漫不可考。淳熙丁酉，邑丞張可連者，始著《西昌志》十卷，然事出草創，未克詳備。嘉泰改元，汝

承乏邑寄，嘗有志於斯而未暇。逾歲，郡守趙公善以少傅觀文左丞相益國公先生旨意，來檄求西昌事蹟，並及龍洲顛末，俾討論其故，以備觀覽，亦汝暮之素願也。拜乎承命，屬諸鄉貢進士陳暕、周有德、陸子遊會粹之，從政郎新永州零陵縣令曾之謹、文林郎新南雄軍事推官嚴萬全編次之，汝暮總其凡而詳訂之，剪剔繁蕪，搜訪遺逸、其義當兩存者，不敢偏廢，亦《春秋》傳信傳疑之意云。

　　【按】宋淳熙間陳實秀、張可速《西昌志》後，嘉泰間邑令趙汝暮重修縣志。此志已佚，趙氏序文尚存，修纂始末略具該序。嘉泰志至明清猶有鈔本見存民間，據明李穆弘治志凡例稱：「得典膳王仁甫所藏宋嘉泰重修志，蓋其祖汝南手筆，比淳熙志所增不多。」又清康熙三十七年縣志凡例：「最後得國學蕭從清家嘉泰抄本，雖字多剝蝕撰述歌吟，堅完滿紙。」明弘治志尹直序稱嘉泰志原「未及梓以行」，疑不確。本志雖亡，猶有佚文見存於《永樂大典》。張國淦氏輯《大典》所引《太和志》兩條，考曰：「其『太平倉』條嘉泰元年知縣趙汝　，當即是志」，又「常平倉」條「嘉泰元年，丞沈准增置四敖」，因斷佚文所出之《太和志》即嘉泰志，可從。今又輯得《大典》所引《太和志》三條，張氏失檢。又輯《大典》引《太和縣志》兩條，輯文「口腹累人」條記乾道六年太和知縣莆堯仁，又「思隱堂」條記楊萬里《思隱堂詩》，俱宋嘉泰以前之事，亦當是趙汝暮志佚文，張氏《大典輯本》失收。又，光緒《通志》將本志錄作「泰和縣志」，誤。宋太和縣，明初改名「泰和」。光緒《通志》誤改「太和」作為「泰和」，非此一例，不可不辨也。

〔洪武〕泰和圖經

徐遜修徐遜，字伯敏，江陰人，洪武十八年任泰和知縣。

明洪武十九年（1386）刻本　佚

《永樂大典》卷八〇九二，十九庚，城泰和縣城（《泰和縣志》注）引《圖經》一條。

光緒《江西通志》藝文略：《泰和圖經》洪武十九年知縣徐伯敏修。

《江西古志考》卷八。

蕭執序吾縣自漢時有得名廬陵，繼升為郡，而改縣為太和，以其地產嘉禾也。厥後一改而為南平，再改而名白下，或州或縣，歷千餘年，而至今日，猶歟盛也！洪武十八年三月丙子，江陰徐侯伯敏特膺上命來知此縣，下車之初，延訪師儒，講明是書，誠所謂知為政之大體者。居無何，書既成，凡若干卷，事核而不華，簡而有要，使觀者開卷一綱舉而萬目張也。（洪武十九年）

【按】本《圖經》係明洪武十九年知縣徐遜修纂，是現今所知明代泰和縣志之最早修本，其書不存。邑人蕭執之序見錄於後志。今輯《永樂大典》所錄《泰和縣志》注引《圖經》一條，張國淦氏《中國古方志考》斷為宋嘉泰志趙汝暮序所謂「《圖經》雖存」之《圖經》。趙序言「《圖經》雖存，脫落殊甚，漫不可考」。至明時已無人見及此書，蓋早佚不傳。《大典》此條佚文，疑出自洪武《泰和圖經》。今尚難以確考，暫繫於此。

〔永樂〕泰和縣志[1]

佚名修纂

明修本　佚

《永樂大典》卷八〇九二，十九庚城泰和縣城，引《泰和縣志》一條；又卷一九七八三，一屋，伏鳥獸從伏，引《泰和志》一條。

《江西古志考》卷七：《泰和縣志》佚卷數、撰人，未見著錄。

【按】《大典》「鳥獸從伏」條引《泰和志》「後隱居廬陵西昌三顧山」。知所志乃今江西泰和縣而非鳳陽府泰和縣。又「泰和縣城」條引《泰和縣志》注有「《圖經》所瞰江」。此係縣志原注，所引《圖經》，乃明洪武十九年徐遜所修《泰和圖經》。則本志之修，當在明洪武十九年後，《永樂大典》修成（永樂五年）之前，非永樂戊戌（十六年）縣志（該志見弘治志羅璟序）甚明。然明初邑人楊士奇於宋淳熙陳秀實志序後有題識云：「右《西昌志》，所錄皆宋淳熙以前事，考其詩文，亦失之泛。而宋至今，西昌人物可書甚多，而未聞有一續志者，其孰之過歟，其孰之過歟。永樂丁酉秋七月楊士奇識。」（見乾隆十八年縣志卷末附錄舊序）按楊氏題識於永樂丁酉（十五年），而不知永樂五年之前有縣志修輯，殊不可解。姑存疑俟考。又弘治縣志尹直序略言明初邑乘纂修事，曰：「時國初，鄉袞劉子高洎楊文貞公、王文瑞公皆銳意續而未果。」知劉崧（子高）、楊士奇（文貞公）、王直（文瑞公）皆有意纂續，事俱未成。今不著錄，附說於此。

〔永樂〕泰和縣志[2]

佚名修纂

明永樂十六年（1418）刻本　佚

【按】本志未見前人著錄。明弘治《泰和縣志》羅璟序云：「本朝永樂戊戌嘗修之，景泰庚午又續修焉，亦既梓行，然皆總於郡乘，固不得獨詳。」據此，明永樂戊戌（十六年）泰和縣曾修志。此修乃因郡志編纂之需而為之。所謂「皆總於郡乘，固不和獨詳」云云，蓋指該志編纂限於郡志體例，所記較為疏略耳。然羅氏明言「亦既梓行」。本志卷帙、門目，均無從知之。

〔景泰〕泰和縣志

佚名修纂

明景泰元年（1450）刻本　佚

【按】本志即弘治志景璟序所謂「景泰庚午又續修」本，係永樂戊戌志之續編。前人無著錄。參見永樂十六年《泰和縣志》考說。

〔弘治〕泰和縣志十四卷

李穆纂李穆，字元載，邑人，以虎賁左衛軍中應天府試，任南樂縣訓導。所著有《寄寄集》八卷。

明弘治十年（1497）刻本　佚

光緒《江西通志》藝文略：《泰和縣志》弘治十年訓導李穆修。

羅璟序泰和舊志，淳熙丙申知縣陳侯秀實命貢士嚴萬全，倪求己會粹眾說而成，本朝永樂戊戌嘗修之，景泰庚午又續修焉，亦既梓行，然皆總於郡乘，固不得以獨詳，泰和之志，遂為闕典。弘治中，少保尹公歸自內閣，慨然留意於斯，以司訓李元載博學善文，有纂修名，遂屬之。既

成，適大尹昆山沈侯來治，履任未幾，百廢修舉，詢知邑志新成，即具禮征而梓行。時余蒙恩休致，侯乃屬為後序，余始從元載所修觀之，考據搜羅，巨細詳密，可謂勤矣，而鄙見亦或未盡合，方欲相與商略更定。翌日，尹公見過，偶論及之，公曰：元載此志實竭心力，且沈侯銳意欲成此數百年之闕典，姑勿立異，以速其成。余無以應，退而遂序，以復沈侯……（弘治十年）

【按】本志係弘治間邑人李穆應太子少保兵部尚書尹直之請編纂。逾年稿成。弘治九年，沈時知泰和縣事，「且禮布偕掌教錢敏之，分教單曜造元載（李穆）請以錄梓」。十年刊成。其書未見，羅璟、尹直有序及李志義例見存後志。本志修纂始末，略具羅、尹序文。據本志例言：「是志之修，先得郡志中刻本為土，然多略而不詳；其次得宋時淳熙錄本於貢士王宜中，比郡志差詳，但止於淳熙時矣。其次得宣德以前錄本於東城楊宗華，蓋經其先太師文貞公所嘗改正者，第前後剝落殊甚，故又假康公德良所有者而補正之。最後又得典膳王仁甫所藏宋嘉泰重修志，蓋其祖汝南手筆，比淳熙志所增不多。集比數本，參以今之見聞，因循歲月，僅克成編。」（見乾隆十八年縣志，附錄一卷，舊序）又，尹直序云：「元載發盡平昔胸次所淳涵，耳目所聞見，粲然於毫素。凡載籍所該涉，故老所論議，皆參考折衷之，舊志有疑誤，事蹟有佚遺，咸刊正補益之，搜訪周悉，記述詳該，逾年而成書，總十有四卷。」李穆此志，羅璟雖稱之「考據搜羅，巨細詳密」，亦覺有未愜人意處，「欲相與商略更定」。後人亦謂「李志記載稍詳，而蕪粗不免」。（乾隆十八年縣志凡例）又萬曆志唐伯元序稱，其志所據本有「李司訓（穆）私志與羅司成（璟）

批評司訓之志也」。可知羅氏已有批評李志之書，惜佚而不傳，其內容已不可知，附識於此。又，李穆弘治志，至清康熙三十七年田惟冀、乾隆十八年冉棠修縣志時，均稱僅見其鈔本，「魯魚雜出」（見康熙田志、乾隆冉志凡例）。而道光六年縣志凡例卻稱「復搜得李穆志刊本」。知是志刻本至道光間猶存。其後存佚，不得而知矣。

〔弘治〕泰和縣志批評

羅璟纂羅璟，本邑進士。

明弘治年間修本　　佚

【按】弘治十年，李穆所纂《泰和縣志》十四卷成，請序於羅璟，羅氏序稱：「余始從元載（李穆）所修觀之，考據搜羅，細詳密，可謂勤矣。然鄙見亦或未盡合，方欲相與商略更定」，而尹直不以為然。羅氏因撰書批評。據明萬曆七年縣志凡例舉其所要舊志，有「李司訓（穆）私志，與羅司成（璟）批評司訓志也」。知羅氏所撰既已成書。惜已亡佚，內容俱已不詳，茲姑依萬曆七年志凡例錄作「泰和縣志批評」。又羅書此後鮮見有人議及，亦無著錄。蓋清時無傳也。

〔萬曆〕泰和縣志十卷

唐伯元修　梁庚等纂唐伯元，號曙台，海澄人，進士，萬曆三年任泰和知縣。

明萬曆七年（1579）刻本　　闕

光緒《江西通志》藝文略：《泰和縣志》十卷萬曆七年知縣唐

伯元修。

《中國地方志聯合目錄》。

唐伯元序乃選邑諸生授以凡例，令先次其更概。公餘少暇，執管其間，發故室之笥藏，摭老儒之口默，集采風謠而訂之，以賢大夫士絕籍眇言，時聞間出，若或相之，其最可據者，淳熙志抄本，李司訓私志與羅司成批評司訓之志也。越八月書成，分為十卷，總十二萬言……（萬曆七年）

【按】本志成於萬曆七年，由知縣唐伯元主修。全志十二萬言，分為十卷，越八月纂竣。唐氏有序記其事。此修所據為「淳熙（縣志）抄本，李司訓（穆）私志與羅司成（璟）批評司訓之志也」，又旁搜邑之文獻。唐氏此書，後人頗有批評，明萬曆郭子章《白下大記序》謂其「事紀僅得其概，遺者十八，誤者十一」。康熙田惟冀志凡例謂「萬曆志無災祥、無學校、無祀典、無古跡、無戶口賦役、無詩文記序、遺漏舛訛，不一而足」。乾隆冉棠志凡例謂「（萬曆）唐志校有體裁，然疏漏頗多」。儘管如此，清人修泰和志，仍多以唐志為主要依據之一。本志舊版早毀，據康熙田志序稱「且乙卯舊版亦付丙丁，鈔本襲訛，文獻失實，良可慨巳」。道光間楊訒修縣志，搜得「唐伯元志殘劃本」。而今是志刻本僅存六至十卷，存北京圖書館。

〔萬曆〕白下大記三十卷

郭子章纂郭子章，字相奎，本邑進士，累官至福建布政使，貴州巡撫，兵部尚書。著有《玭衣生易解》等。

明萬曆三十一年（1603）修本　佚

道光《泰和縣志》藝文志，附書目：郭子章相奎《白下記》三十卷。

郭子章序予邑東漢以前統於廬陵縣，孫伯符據江東始立為西昌縣。至隋，以嘉禾生，改名太和，唐改南平州，尋為太和縣。元元貞升為州，我明仍為縣，改太為泰。此建州縣之大略也。至於五行水旱之災，四境治亂之跡，人物盛衰之故，池城築墮之緣，皆事之巨者，不可無書。萬曆己卯志作事紀僅得其概，遺者十八，誤者十一，為增之正之，作《大記》。（萬曆三十一年）

【按】明萬曆七年乙卯，知縣唐伯元修成邑志。郭子章以為該志多有闕誤，為之補正，因撰《白下大記》三十卷。清康熙間田惟冀修邑志時，「從國學康義家得《弘治志》《白下大記》，前事足據」。又謂「《大記》為青螺偶錄，亦多缺遺」。（康熙田志凡例）至乾隆冉棠修志時，已稱郭氏《大記》「無從訪覓」。清道光六年縣志之藝文志有著錄。又白下驛，唐置，屬太和縣，乾元二年，泰和縣治移至白下驛。郭子章即以此名書。

〔康熙〕泰和縣志十二卷

田惟冀修　張銓纂田惟冀，字禹先，永平人，康熙二十九年任泰和知縣。　　張銓，號蓉庵，四明人。

清康熙三十七年（1698）刻本　未見

光緒《江西通志》藝文略：《泰和縣志》十二卷康熙三十七年知縣田惟冀修。

田惟冀序西昌舊有《圖經》而無志。自宋淳熙間陳君秀實、嘉泰間趙君汝簀先後衰輯，今已燹蕩無存。明時有弘治志，出於司訓李元載，然

事僅弘治以前止矣；有萬曆志，出於澄海唐曙台，然事僅萬曆以前止矣。此後歷百餘年，世變鼎遷，轉側，鮮有續其後事，且乙卯舊版，亦付丙丁，鈔本襲訛，文獻失實，良可慨已……西昌人物，宋明極盛，其間名臣碩彥、忠教義節，角立穎露，炳耀史冊，而顧以邑乘略之可乎哉？余從初念，檄徵其籍，奈四方來獻者，已事七八；後事二三，無甚增前志，甚有意所神慕者，究未得其隻字。井外之海，甕外之天，徒惘惘自憾耳，顧得其大略，不敢以搜求未備竟歇其役。姑就所見聞者，延吾友張容庵操觚竄定其間，遺則補之，誤則正之，信而有證者從之，疑而失據者刪之，歷寒暑晝夜，劌目鉥心，始克就緒。雖較之舊志詳略有間，訛正攸分，然猶疑信相半，未慊於懷，或籍是以備遺亡，誣先罔後之罪差可少……（康熙三十七年）

【按】按康熙戊寅（三十七年），泰和縣令田惟冀修輯邑乘，此志係清修泰和縣志可考之最早者，該志纂輯之事，略見田惟冀序。又張銓序稱：本志修纂，「搜之山穴殘碑，故族半編，稍次之，遂得其略，於是盡變前志之例，獨標校正之方，增新補遺，正訛芟舛，曉案圖書，夜窗繭火，歷寒暑晝夜，始克就緒」。田氏之志，後人頗有譏辭，如乾隆冉棠志凡例謂之「甄綜不精，去取無准，濫載之弊自此叢生」。蓋以田氏當時所得舊志有限，僅據弘治李志及郭氏《白大下記》，李志本多疏漏，郭記亦多遺缺，宜其以「甄綜不精」見譏矣。本志今未得見，《中國地方志聯合目錄》亦無著錄。考道光六年縣志凡例稱：「是編較田志、冉志更為纖悉」，似道光間田志尚存。此後存佚則不明。

〔乾隆〕西昌志四十卷首一卷

楊國瓚修　郭經纂楊國瓚，字中黃，山西聞喜縣人，進士，乾隆十三年任泰和知縣。　郭經，字履常，本邑舉人，乾隆三年選任知縣。

清乾隆十五年（1750）刻本　存

《中國地方志聯合目錄》：《西昌志》四十卷首一卷（清）楊國瓚修，郭經等纂。清乾隆十五年刻本。

【按】本志係乾隆十三年邑令楊國瓚主修，六閱月稿成，十五年刊峻。全書四十卷，首一卷。本志之修，多因康熙田志，前志「濫收之弊」，亦沿襲不改，其書刊成，即遭邑紳攻訐。據乾隆十八年縣志沈作朋序：「適《西昌新志》刊峻，以謬濫被訐。上憲檄飭重修。」又冉棠序稱：「棠承乏泰邑，甫蒞位，見案牘有訐告《西昌新志》事，隨集邑紳訊讞詳，蒙前院憲林鄂公暨藩憲華亭王公允結將刊版銷毀，並飭另選淹博者纂修。」是志版籍雖被銷毀，仍有刻本留存至今。

〔乾隆〕泰和縣志四十卷附錄一卷

冉棠修　沈瀾纂冉棠，字召恩，高陽舉人，乾隆十六年任太和知縣。　沈瀾，字作朋，號泊村，邑人，豫章書院掌教。

清乾隆十八年（1753）刻本　存

光緒《江西通志》藝文略：《泰和縣志》乾隆十八年知縣冉棠修。

《中國地方志聯合目錄》。

冉棠序棠承乏泰邑，甫蒞任，見案牘有訐告《西昌新志》事，隨集紳士訊讞詳，蒙前院憲林鄂公暨藩憲華亭王公允結將刊板銷毀，並飭另選

淹博者纂修。其應增入刪除者，務令秉公持正，去取無私，仰見各上憲慎重志乘盛意。棠凜遵不敢忘。尋奉憲諭，以豫章書院掌教泊村沈公學問淵博，品行端愨，曩在京裏理統志館局，熟諳體裁，棠因教請共事，互相商榷。大都憲章舊志，取李唐兩書作標準，用田志參考異同。自明萬曆以上，李唐所有者，甄綜畢備；而康熙戊寅以前，田志所續，亦酌增焉，匪則是削，以鑿空無據也。戊寅以後，科名人物列女，則取通志為准，證明印冊，間及《西昌新志》，訛者正之，芟者糾之，期複還李、唐舊觀……（乾隆十八年）

【按】前縣令楊國瓚所修《新昌志》，以「謬濫被訐，上憲檄飭重修」。繼任知縣冉棠奉命重修縣志。此修「大都憲章舊志」（冉序）。其凡例云：「是志修葺，據李穆弘治志、唐伯元萬曆志兩書為主，而以田惟冀志參之。李志記載稍詳，蕪粗不免，又係鈔本，魯魚雜出；唐志校有體裁，然疏漏頗多；至田志則甄綜不精，去取無准，濫載之弊自此叢生，此《西昌新志》遂得藉口效尤，茲廓而清之，務還李、唐舊觀，間照田志或新志增補，俱逐條注明於內。」知本志自明萬曆以上，本弘治李志、萬曆唐志，此後則酌取田志及新志，多有訂正補漏。全書正文四十卷，卷一至四輿地志，卷五食貨志，卷六至八學校志，卷九至十一官師志；卷十二至十五選舉志；卷十六至二十四人物志；卷二十五至二十八雜記；卷二十九至四十藝文志。末有附錄一卷。

〔清〕續白下大記三卷

彭敏求纂彭敏求，字訒軒，邑人，著有《警心編》等。

清修本　佚

道光《泰和縣志》藝文志：彭敏求訒軒《續白下大記》三卷。

【按】道光六年縣志，藝文志著錄彭敏求《續白下大記》三卷。成書年不詳，亦未見舊志序跋言及。今據道光志錄之，存疑俟考。

〔道光〕泰和縣志[1] 四十八卷首一卷

楊訒修　蕭錦纂楊訒，陝西潼關廳人，拔貢，道光二年任泰和知縣。　蕭錦，字標艇，本邑進士，曾任清江縣教諭。

清道光四年（1824）刻本　未見

光緒《江西通志》藝文略：《泰和縣志》道光六年知縣楊訒修。

《中國地方志聯合目錄》：《〔道光〕泰和縣志》四十八卷首一卷楊訒纂修，清道光四年刻，六年徐迪惠訂正補修本。

【按】本志係道光三年知縣楊訒奉檄纂修，邑進士蕭錦主斯役。至四年春，蕭氏就選清江，其秋，楊氏亦解任去，志書「梓且垂成」，遭邑人非難。接任縣令徐迪惠遂重加修訂，事詳徐氏序文。本志見錄於光緒《通志》及《中國地方志聯合目錄》，俱與道光六年徐氏修訂本並為一事。今按道光四年志既已付梓，自成一書，依本書著錄例另錄作一種。

〔道光〕泰和縣志[2] 四十八卷首一卷

徐迪惠修徐迪惠，浙江上虞舉人，道光四年任泰和知縣。

清道光六年（1826）刻本　存

徐迪惠序茲書自道光三年前令楊公奉月川程中丞檄設局編輯，前承

舟志之舊，後七十餘年間風土人物，延邑紳採訪，在局秉筆者咸推學博標艇蕭君。至甲申春仲，事未峻，而蕭君已就選清江，是秋，楊公亦解任去。及余蒞茲土，梓且垂成。時周姓控磵陂之案未結，局中人亦不餘聞也。冬季梓竣，都人士紛紛指楊志缺失，以未秉承於官，載筆又中去，志局執事者不必皆醇謹士也，以故新增孝友至七十六名之多，瑜不掩瑕，無以傳信，無以示公，請更正於余……因於丙戌之秋重加訂正，凡舟志所載孝義、惠恤及楊志新增各條，匯為敦行……續修之重以此，餘則仍楊志雲……（道光六年）

【按】道光四年，知縣楊訒修纂邑志，「梓且垂成」而楊氏解任去，徐迪惠繼任。是年季冬，梓竣，即遭邑士人指責，以為無以傳信，無以示公，請予更正。徐氏因於道光六年秋「重加訂正」。其事見徐氏自序。本志凡例曰：「是編大抵遵舟志及復搜得李穆志刊本。唐伯元志殘刊本，稍為更定，此外不敢臆斷輕加增刪。」又云：「是編所錄，較田志、舟志更為纖悉，觀者取其有裨實用，當不厭其繁密。」全志凡四十八卷，首一卷，正文分星野、輿地、學校、公署、田賦、驛鹽、食貨、封爵、秩官、選舉、人物、壇廟、祥異、藝文十四志。有道光六年刻本，存。

〔同治〕泰和縣志四十四卷首一卷

宋瑛　吳純錫　高廷楨修　彭啟瑞纂宋瑛，字蘭圃，湖北隨縣人，廩貢，同治二年署泰和知縣，八年復任。　吳純錫，字理卿，安徽歙縣人，監生，同治十一年署任泰和知縣。　高廷楨，字幹臣，郃陽人，監生，同治十一年任泰和知縣。　彭啟瑞，本邑進士，翰林院庶起士。

清同治十一年（1872）稿本　存

《中國地方志聯合目錄》：《泰和縣志》三十卷首一卷（清）宋瑛修，彭啟瑞等纂。

高廷楨序同治己巳，適劉峴莊大丞通飭修志之命，經前邑宰宋蘭圃賢侯謀集邑之名宿捐廉設局修纂，而宋公以憂解組，理卿吳君接署斯纂，復捐資延邑紳重行參訂。迨予履任，書已告成，錄呈上憲鑒定，旋奉批飭令數條，行令補纂，乃捐清俸與原辦紳士悉心擘畫，逐一校正，閱兩月而書成，其一切規模凡例悉遵省頒章程，凡舊志滲漏者補之，訛謬者正之……是役也，為時雖經三載之久，而採訪確實，所載所紀要皆信而有征，舉凡編徇之私，遊移之見，師心之智，皆務絕去，罔或苟且附會，以誤後人耳目（同治十一年）

【按】同治八年己巳，上憲通飭各郡縣修志，泰和縣亦應命輯纂邑志，此志先後經宋瑛、吳純錫、高廷楨三令之手，歷三載修成。高廷楨有序述其修纂始末。高序又稱，此志「一切規模凡例悉遵省頒章程，凡舊志滲漏者補之，訛謬者正之」。全志四十四卷，首一卷。正文分星野、輿地、建置、學校、食貨、兵防、職官、科舉、人物、藝文十志，末為舊序，凡四十一目。又，本志雖修成，然因乏經費，未能梓行。有稿本存，藏於臺灣。《中國地方志聯合目錄》著錄本志卷數有誤。

〔光緒〕泰和縣志三十卷首一卷

周之庸修周之庸，嵊縣人，監生，光緒三年署泰和知縣。

清光緒五年（1879）刻本　存

周之庸序志之修，肇於同治九年庚午湖北宋蘭圃大令，稿將成，以

憂去。明年安徽吳理卿明府攝纂，台檄絡繹催去稿本，延紳參訂繕寫以進，是為壬申之春，時陝西高幹臣令尹奉部檄而來，高志新開局，待屬邑稿本供採擇，又延紳校訂，再繕以並呈，應方伯之命，欲付剞劂，艱於費不果，令尹亦量稱高，自是而遷延因循者，數易寒暑矣。之庸丁丑夏調署新邑，見夫志稿塵封，幾同案牘、為悵觸者久之。明年，乃踵宋、吳、高三君子，亦捐廉為倡，設備延紳，付之手民，而邑紳曾輝門、蕭作梅才君各捐千金裏事，數年之功，畢於一旦……（光緒四年）

【按】同治十一年縣志稿雖纂成，然未能付梓，至光緒四年，周之庸署縣令，重加續纂並付剞劂。本志以同治志為基礎重修，記事終止於光緒五年，共三十卷，首一卷，卷帙與同治志有異，兩志體例亦有明顯差別。據本志凡例：「八書十志，鼎峙千古，後代方志，自宜奉為矩矱，然繁簡因地，分合隨宜，茲參考舊志勒為一書。首紀上諭，後分八門：曰輿地考，而沿革、疆域、形勝、山川、古跡、廂鄉、風俗、土產附焉；曰建置略，城池、公廨、壇廟、祠祀、坊表、津梁、水利附焉；曰政典，則附以封爵、秩官、戶役、田賦、儲備、鹽法、學校、書院、公產、駐防、兵寇；曰禮書，凡會典所載有關於一縣者胥錄焉；曰選舉志，則甲科、征貢、仕選而終以贈蔭、武科、武職；曰列傳，則正傳、補傳、附傳；曰藝文錄，則書目、金石、文匯、詩匯；而殿以祥異、寺觀、塋墓、軼事，歸雜記。」由是可知，本志與同治志頗有區別，並非前志之簡單抄襲綴讀，今另作一志著錄。

〔民國〕泰和縣志三十六卷

歐陽輔　郭志仁纂

民國二十八年（1939）稿本　存

【按】本志係民國年間縣志局主修。全書三十六卷，分三十六門七十子目。志稿成於民國二十八年，未刊刻印行。稿本今存泰和縣檔案館。

▶ 吉水

吉水舊志可考者，明以前僅有宋嘉泰志，元有《吉水州志》。後者見錄於《文淵閣書目》舊志，撰年難以確考，《永樂大典》引其佚文九條。明初有《吉水縣志》，見引於《永樂大典》，修纂年代亦不明。其後有景泰錢習禮修本、正德周廣修本，周志遲至嘉靖初付鋅。清有康熙十二年王雅修本，乾隆十五年米嘉績續修，乾隆二十一年申發祥以米志「未盡綜核」，加以重修；又道光五年周樹槐修本，光緒元年彭際盛等續修本。清以前舊志概無遺存。清修諸本，除康熙王志有殘缺外，其餘四種俱存完帙。

吉水縣，本為廬陵縣地，縣置於何年，說法不一。據吳宗慈《江西八十三縣沿革考略》，五代楊吳天祐七年及南唐升元三年均置吉水縣，俱旋廢。南唐保大八年，割廬陵水東十一鄉復置吉水縣，屬吉州；元元貞元年升吉水州，屬吉安路；明復降為縣，屬吉安府，清仍之。

〔嘉泰〕吉水縣志

趙善修　王子俊　許景陽等纂趙善，慶元六年任吉州廬陵郡守。　　王子俊、許景陽，俱廬陵貢生。

宋嘉泰間修本　佚

【按】本志未見官私著錄，後之志家更無人言及。今考清乾隆四十一年《吉安府志》名宦志載宋吉州太守趙善命貢士王子俊、許景陽等「分纂八邑志以附周必大郡志之後」。宋吉水縣係吉州廬陵郡屬邑，其時亦當有縣志之修。考趙氏檄八邑修志在南宋嘉泰年間，是志應輯於此時。實際修纂人已不可考，姑依乾隆府志錄作趙善修，王子俊、許景陽等纂。（參見「嘉泰《廬陵縣志》」考說）

〔元〕吉水州志三冊

佚名修纂

元修本　佚

《永樂大典》卷八〇九二，十九庚，城吉陽故城、吉水舊縣城、石陽縣故城，引《吉水州志》三條。卷二二六三，六模，湖西湖；卷七五〇七，十八陽，倉常平倉；卷七五一〇，十八陽，倉社倉；卷七五一二，十八陽，倉諸州倉、寄教倉；卷七五一六，十八陽，倉鹽倉；卷八五二六，十九庚，精日月精；卷八七八二，十九庚，僧元寂法師（《龍泉志》注）；卷一八二二四，十八漾，像仙師像，引《吉水志》九條。

《文淵閣書目》舊志：《吉永州志》三冊。

《中國古方志考》。

《江西古志考》卷八：《吉水州志》三冊元，佚撰人。按：據《元史地理志》，元貞元年，吉水縣升吉水州。本志題曰：「吉水州志」，其佚文屢言「吉水州」，知係元朝修本。又輯《大典》引《吉水志》數事、亦多言「州」某處，輯文「西湖」條曰：「宋紹興中」，「宋寶祐四年」；「社

倉」條記至元大德「癸卯」（七年），是為元志。張國淦《大典輯本》錄歸
《吉水州志》，可從。是志當在元大德七年後成書。《文淵閣書目》舊志有
《吉永州志》三冊，即本志也，所錄題名之「永」字，乃「水」字之筆誤。

〔明〕吉水縣志

佚名修纂

明初修本　佚

《永樂大典》卷七二三八，十八陽，堂近民堂；卷一三〇七
五，一送，洞黎洞，引《吉水縣志》二條。又，卷二二六七，六
模，湖鏡湖，引《吉安府吉水縣志》一條。

《江西古志考》卷八：《吉水縣志》明，佚卷數、撰人。按：《大
典》所引《吉水縣志》《吉安府吉水縣志》，當是一書。是志題名「縣志」，
知非元人所修。考佚文「鏡湖」條曰：「一在州東三里」，「發源於州之南」
云云，吉水升州，乃元元貞年之事，明復降為縣，據此推知，是志又非宋
志，當係明初修本。文中稱「州」者，蓋沿元時舊稱也。

〔景泰〕吉水縣志

錢習禮修纂錢習禮，名幹，以字行，邑人，永樂七年進士，累官至
禮部侍郎，謚文肅。

明景泰間刻本　佚

【按】本志未見著錄。明嘉靖縣志周廣序稱其志「大略取錢
文肅公之萃於郡志者以為張本……而人物升沉，一惟自景泰五年
始焉」。據此推知，錢習禮曾修吉水縣志而為郡志所采輯。至正
德間知縣周廣又本錢志之「萃於郡志者以為張本」。周志所記人

物「一惟自景泰五年始焉」，此為接錢志之下限而續修。錢志當成於景泰年間。另據考，明景泰間泰和縣亦曾修志，「亦即梓行，然皆總於郡乘」。此可為景泰錢氏所纂吉水縣志「萃於郡乘」之佐證。（參見景泰《吉安府志》、景泰《泰和縣志》考說）本志是否有別本刊行，已不得而知。其書體例可於後之周廣續編中窺見大略。

〔嘉靖〕吉水縣志十卷

周廣修周廣，字充之，太倉昆山人，進士，正德五年任吉永知縣。擢監察御史，後謫為江西按察司僉事，嘉靖元年升副使。

明嘉靖元年（1522）刻本　佚

光緒《江西通志》藝文略：《吉水縣志》。

舒芬序太倉周稱生充之少有文名，登弘治乙丑進士，授知蒲田縣事，以憂歸，正德庚午服除，補吉水。辛未政成，乃編采縣中事為志，未幾擢監察御史，遂持去，不及刻行。先生為御史百餘日，以言事忤旨謫官，蓋不徒以有文名者矣。今上即位，因召為江西按察司僉事，明年壬午建元嘉靖，升副使，對專勒飭兵九江，俄而士有勇而食足器備，徐得留意文字，乃函向之志草十卷，使來屬芬曰：將刻之，其敘之夫作志之意，欲以定一邑之治而推之四方天下，先生自敘盡之矣。其起凡之精，立例之密，去取斟酌，略詳之當，足稱作者，則今湖廣左布政使彭君景俊之序盡之矣，予復何言哉……

【按】周廣正德五年任吉水知縣，六年編修縣志，未及刊行，擢監察御史。後以言事忤旨，謫官為江西按察司僉事。嘉靖元年，升副使，乃囑舒芬等將昔所修志草錄梓。此事周廣、王芬

序文言之已詳。據周廣自序：此修「大略取錢文肅公之萃於郡志者以為張本，而校讎實大參曾公為之，詳核實學諭周公輩為之。雖代有廢置，而人物升沈，一惟自景泰五年始焉。」知本志實係景泰錢志之續編，所增續之事起始於景泰五年。其書「為卷凡十，列目十有三，曰建置沿革，曰疆域，曰山川，曰風俗，曰形勝，曰公署，曰學校，曰古跡，曰名宦，曰人物，曰紀載，曰別集」（本志彭傑序）。有嘉靖元年刻本，佚。

〔康熙〕吉水縣志十六卷

王雅修　李振裕等纂王雅，字思繩，慈溪人，進士，康熙九年任吉水知縣。　　李振裕，字維饒，號醒齋，本邑進士，選庶起士，歷任工、刑、戶、禮四部尚書。

清康熙十二年（1673）刻本　闕

光緒《江西通志》藝文略：《吉水縣志》康熙十二年知縣王雅修。

《中國地方志聯合目錄》。

王雅序舊志自正德辛未間猥修成帙，越今百有五十年，兵燹中變，梨棗毀滅，編簡斷落，無以應四方之求，余甚慚焉……癸丑又奉聖天子頒修統志之新命，省下之郡，郡下之邑，而余與邑之鄉先生與青衿諸君子購求散帙，裒輯遺書，凡山川、城郭、廳事、祠廟與版圖畝籍、修置沿革參考詳訂，可次第焉……是役也，分輯考訂之勞者，邑太史李醒齋振裕，原任粵東臬司曾旅庵宏，原任遵化縣知縣、龍臚先榜侯選進士李子和鶴鳴、李幼青次蓮，學博豐成游王壺運、開邑廩生曾和卿子愉、生員李長榮也。後之君子踵事增華，闡揚未及或佐之史，應亦有感於斯者矣。

【按】本志係邑令王雅奉命修輯，為清修之吉水志最早本。其時，距明嘉靖周廣志已有五十年。王氏與邑士「購求散帙，裒輯遺書」，編為縣志十六卷，邑人李振裕主其纂事。有康熙十二年刻本，今之存本缺六至十一及十六卷。

〔乾隆〕吉水縣志[1] 四十二卷

米嘉績修　黃世成纂 米嘉績，字仲功，山西蒲城人，雍正乙卯解元，乾隆十二年任吉水知縣。　黃世成，字培山，信豐人，進士，曾官禮部主事。

清乾隆十五年（1750）刻本　存

光緒《江西通志》藝文略：《吉水縣志》乾隆十四年知縣米嘉績修。

《中國地方志聯合目錄》。

黃世成序 乾隆十三年冬，同年吉水學博彭君、進士上官君遺伻來，有明年修志之約。今年春，邑侯米明府與邑薦紳諸君復以書幣交使，到則三月矣……乃按其地圖，考其舊志，搜諸典籍、列為總領九，曰疆域、官師、食貨、典禮、學校、選舉、人物、藝文、外志，條為細目若干，分為卷若干，凡八閱月而稿定。分編則同年上官君謨，陳君飛龍，周君定秀、李君景暹暨學博彭嗣君崇履、而米邑侯與彭學博實考校其成而修飾潤色之。蓋志自康熙十二年邑侯王雅以後至今，將八十年而始續……（乾隆十四年）

【按】乾隆十三年，邑令米嘉績欲重修縣志，聘黃世成主其事。次年三月始修，八閱月稿成。本志修纂以康熙王志為本，續補其後八十餘年之事。體例較王志有所變易，全書四十二卷，列

為總領九：疆域、官師、食貨、典禮、學校、選舉、人物、藝文、外志。下分七十二目。此志篇幅較廣，考訂亦較為核實，如米氏序稱其書「明目張膽，無所假借，事必核實，理必求當，好惡是非與眾共之而已無與」。本志有乾隆十五年刻本，今存。

〔乾隆〕吉水縣志[2] 三十六卷

申發祥修　廖恒纂 申發祥，錢壙人，副貢，乾隆二十一年署吉水縣知縣。　廖恒，邑人，乾隆三年舉人。

清乾隆二十一年（1756）刻本　存

光緒《江西通志》藝文略：《吉水縣志》 乾隆二十一年知縣申發祥修。

《中國地方志聯合目錄》。

申發祥序 吉志重修於康熙十三年邑令四明王雅，越七十餘年，再修於乾隆十五年前令關中米嘉績。顧以其時全書未盡綜核，越三載而前令長白寧保乃以改修事上之太守方伯，尋下其事，於太守議詳以聞，有檄照議妥辦。如今發祥自念菲才，運承其乏，義無可辭，乃即領眾請開局從事，自冬阻夏，簿領稍暇，即親裁決點竄，凡八閱月而書成，梓人既集，例得弁言簡端……是書之成兩函十志三十六卷，中間率用固陋僭事增削者十得五六，於文實愧不足，於義似較有餘……

【按】本志係乾隆二十一年署邑令申發祥主修。申氏前任縣令寧保曾上書郡守，以乾隆十五年米嘉績所修邑志「未盡綜核」，擬加改修，獲准。寧保在任年余卒於官，申發祥接任後奉檄修志。歷時八月，志書修成。全書三十六卷，分十志，有乾隆二十一年本，今存。

〔道光〕吉水縣志三十二卷首一卷

周樹槐修　葉向榮　解世榮等纂周樹槐，湖南長沙縣進士，道光二年選授吉水知縣。　　葉向榮，字培遠，本邑舉人，曾任興安縣訓導。　　解世榮，字存仁，本邑舉人，曾任瑞州府學訓導，龍南縣訓導。

清道光五年（1825）刻本　存

光緒《江西通志》藝文略：《吉水縣志》三十二卷道光五年知縣周樹槐修。

《中國地方志聯合目錄》。

周樹槐序吉水置縣始南唐，宋以來為名縣，而縣之有志可考者，明正德中令太倉周廣始，暨國朝四明王雅，關中米嘉績、錢壙申發祥凡三修，於是又六十餘年。道光二年冬，樹槐以選來為令，會江西通志議重修，承檄採訪，考上志或頗殘缺，又六十餘年事不著。於是士紳以修縣志請。其明年二月，遂合謀以屬其邑人前龍南訓導解君世榮與前興安葉君向榮，逮今年春，屬草未就，而二君先後以疾去。余與兩學師清江饒君萃、金溪蔡君殿英、邑人前南康教授李君其敏、孝廉李君朝佐復加核正，錄其副上省局，遂次第授梓，九月書成……（道光四年）

【按】道光二年，上憲議重修通志，命郡縣採訪。吉水縣令周樹槐奉命行事。又以縣志自乾隆二十一年以來六十餘載未修，邑人有修志之請，遂於道光三年設局修輯。先有解世宋、葉向榮二人主纂，至四年春，解、葉先後以疾去，遂聘饒萃、蔡殿英續其事。是年九月成書。本志凡三十二卷，首一卷。「條例悉遵上憲頒發章程，為大綱三十有二，細目各以類附，比舊志較詳，而前後次第略有不同。」（凡例）卷首序文，正文分星野、沿革、形勢、城池、山川、水利、學校、公署、書院、田賦、風俗、土

產、兵衛、武事、關津、驛鹽、古跡、封爵、秩官、選舉、名宦、人物、寓賢、列女、仙釋、方伎、祥異、祠廟、塋墓、寺觀、藝文、雜記三十二類，各占一卷。有道光五年刻本，存。

〔光緒〕吉水縣六十六卷首一卷

彭際盛等修　胡宗元纂彭際盛，廣西興業人，拔貢，同治六年任吉水知縣。　　胡宗元，本邑舉人，曾任兵部候補員外郎。

清光緒元年（1875）刻本　存

清光緒三年（1877）補刻本　存

《中國地方志聯合目錄》：《〔光緒〕吉水縣志》六十六卷（清）彭際盛修，胡宗元纂　　清光緒元年刻本，光緒三年補刻本

彭際盛序往歲大府檄各縣輯志，曰地理、曰建置、曰食貨、曰學校、曰武備、曰職官、曰選舉、曰人物、曰藝文、曰雜類。綱凡十，目凡若干，示輯志之的，使知所從事，以備通志採擇……吉水志纂自有明，國朝凡四修：長沙周君修後，距今五十年。閱時匪遙，中間事蹟詳略，同異傳聞，尚不失實，士紳踵而輯之……厥事乃集，茲志一遵通志義例。前已錄上副本，今剞劂將竣……（同治十二年）

【按】本志係知縣彭際盛奉憲檄舉修。據彭氏自序，「厥事乃集」，「前已錄上副本」云云，知其任內志稿已成。光緒元年刊竣，本志最晚記事亦止於此年。今按彭際盛於同治六年任吉水知縣，八年調去。繼任有陳長吉（同治八年任）、龍泉（同治九年任）、蔣誠（同治十二年署）、李應華（同治十三年署）、孫瑞征（光緒元年任）。本志「銜名」列「捐修」陳長吉，「總修」有彭、龍、蔣、李、孫五知縣。其實，彭氏之後諸縣令，多徒置

其名。本志修纂，一遵憲頒程式，「通志初頒凡例曰地理、曰建置、曰食貨、曰學校、曰武備、曰職官、曰選舉、曰人物、曰藝文，曰雜類。綱凡十，目五十有四條」。本志子目，略有省並，「或闕或並，審慎再三，與通志不相背戾」。（本志凡例）有光緒元年刻本，又光緒三年補刻本，補本所增無幾。原刻、補刻兩本俱存。

▶ 永豐

　　永豐自宋至和置縣，首任知縣段縫即創修縣志。紹興二十九年知縣陳豐元繼有《恩江志》，隆興初蘇升續之。嘉泰間郡守趙善命所屬八邑修志，永豐亦有纂輯。宋修邑乘可考者如是。元修縣志無考。《文淵閣書目》舊志錄有「《永豐縣志》三冊，」《永樂大典》有引錄。該志修於宋嘉定以後，不知是南宋、抑元時所修。明時縣志，先有洪武劉玉倩本，乃私家修輯；次正統黃永從本；次萬曆吳期炤本。入清以來，縣志先後五修；順治有鄧秉恒志，康熙二十三年陸湄志，康熙五十六年王坦志，道光五年陳徵芝志，同治雙貴、王建中志。宋至明朝諸志，俱已亡佚。清修本康熙王坦志未見，道光志有缺殘，另外三種均存完帙。

　　宋至和二年，割吉水縣地置永豐縣，屬吉州廬陵郡。元屬吉安路，明、清屬吉安府。

〔至和〕新建永豐縣志

　　段縫修段縫，宋至和初知永豐縣。

　　宋至和間修本　佚

《江西古志考》卷八：《新建永豐縣志》（宋）段縫纂。

【按】本志見引於吳宗慈、辛際周《江西八十三縣沿革考略》，永豐縣沿革。吳、辛二氏所據不詳。據光緒《江西通志》卷六十八，永豐縣建置廨宇所錄段縫記，永豐置縣在宋至和元年。又，《永樂大典》卷七二三六，十八陽，「思賢堂」條引《永豐縣志》：「至和初，段縫為宰。」知段氏為永豐置縣後首任知縣，本志當為邑乘之首修本。段志未見後之縣乘言及，蓋早佚不傳。

〔紹興〕恩江志十卷

陳豐元修陳豐元，紹興二十七年以右通直郎知永豐縣事。

宋紹興二十九年（1159）修本　佚

光緒《江西通志》藝文略：《永豐志》十卷紹興二十八年知縣陳豐元修。

《中國古方志考》。

《江西古志考》卷八。

陳豐元序永豐縣者，廬陵之支邑，其江州之秀，人才之盛，戶口之夥，稻粱之饒，他邑鮮儷，自至和改元分吉水縣為邑，迄今百有七年，而此書尚缺，治政者無所稽考，予承乏於此，欲類為成書久矣，每以牒訟之喧囂，催科之侘傺，力不暇給。今值瓜代有期，慮復輾於因循，爰與諸學士裒輯而編次，得四萬餘言，自總序至拾遺，析為十卷，目曰《恩江志》。

【按】本志係宋紹興間邑令陳豐元所修，其書早佚，陳氏有序猶存。陳序撰於紹興二十九年（見康熙縣志舊序），是志成書之時。又陳序稱其書「自總序至拾遺，析為十卷，目曰《恩江

志》」。恩江，亦名永豐水，在永豐縣，因以名邑志。另據隆興《續恩江志》蘇昇冪，陳志「獨遷鶯鄉缺焉」，「而志中歲月有舛訛者」，故蘇升繼有續志以為補訂。又，宋周必大《趙訓之忠節錄序》云：「按子琇與君聯事，而行狀成於四年，其書隆裕南幸並君死皆差一歲，惟《永豐志》題名載君以二年至縣者是也，其死於三年冬，而敍君本末反云四年涖官，則又誤矣。」按趙訓之於建炎二年知永豐縣，死於建炎三年。周氏此文撰於慶元四年四月，則所引《永豐志》當係紹興至慶元間所修。頗疑是陳元豐志。然陳志題名為「恩江志」，與周序引稱有異。今不另著，附說於此且存疑焉。

〔隆興〕續恩江志

蘇升修蘇升，隆興元年以左承議郎知永豐縣事。

宋隆興二年（1164）修本　佚

光緒《江西通志》藝文略：《永豐縣志》隆興二年知縣蘇升修。

《中國古方志考》《續恩江志》宋，佚，宋蘇升纂。

《江西古志考》卷八。

蘇昇冪《永豐縣志》經前宰陳候纂修，獨遷鶯鄉缺焉，宜有以補之。而志中歲月有舛訛者，亟思有以正之……予因蒞政這暇，按其凡例，撮其樞要，凡有裨於治道者錄之，簡略之譏，夫復何辭。

【按】本志係隆興初知縣蘇升所修，去紹興陳豐元志僅數年。蘇氏序稱：陳志「獨遷鶯鄉缺，宜以補之；而志中歲月有舛訛者，亟思有以正之」。知此修實為陳志作補訂。按其（指陳志）凡例「撮其樞要」云云，則知蘇氏志體例亦沿襲陳志之舊。陳、

蘇兩志久佚無傳，其內容均無以詳。又本志，光緒《通志》錄作《永豐縣志》；《中國古方志考》錄作《續恩江志》，茲從張國淦氏著錄。

〔嘉泰〕永豐縣志

趙善修　王子俊　許景陽等纂趙善，慶元六年任吉州廬陵郡守。　　王子俊、許景陽，俱廬陵貢生。

宋嘉泰間修本　佚

【按】本志未見著錄。據清乾隆四十一年府志，卷十六，名宦志載，宋嘉泰間郡守趙善命人分纂八邑志。永豐係吉州廬陵郡八屬邑之一，亦當修志。考嘉泰二年太和縣令趙汝 奉郡檄纂成邑乘，《永豐縣志》此修亦應在是時。本志非隆興蘇升志甚明。其修纂人不詳，姑依乾隆府志錄作趙善修，王子俊、許景陽等纂。（參見本書「嘉泰《廬陵縣志》」考說）

永豐縣志三冊

佚名修纂

修纂年不詳　佚

《永樂大典》二七五六，八灰，陂雜陂名；卷七五○七，十八陽，倉常平倉；卷七五一四，十八陽，倉歲念倉；卷七五一六，十八陽，倉省倉；卷八○九二，十九庚，城永豐古城、吳故城、嚴城，引《永豐志》七條。

《文淵閣書目》卷四舊志：《永豐志》三冊。

《江西古志考》卷八：《永豐志》佚卷數，撰人。按：宋段縫、

陳豐元、蘇升所修永豐邑志三種，既已著錄。今輯《大典》引《永豐志》七條，據佚文「省倉」條曰：「省倉，在縣城內丞廳之後，初以報恩水淺澀，綱運多滯，乃置倉吉水縣，名曰寄廒。歲久弊生。紹興二十六年，邑白於州，遂罷寄廒，神邑自任受領。未幾，復如故。隆興初，太守王佐復罷之，以縣之苗鹽上戶一半歸州倉，下戶一半歸縣，知縣魏希乃創此倉。」按蘇升隆興元年知永豐縣，魏希文必是蘇升後任縣令者，此條記魏希文事，是志非隆興蘇升志甚明，更無論先成於蘇志之段縫，陳豐元兩志矣。又「雜陂名」條記有「朝省陂」，其下注曰：「嘉定年間築」，此注雖未必出之原志，然據此亦可推知其志成書上限不超出該陂築年（即宋嘉定年）。《文淵閣書目》舊志於《吉安屬縣志》《吉永（水）州志》諸目下錄有《永豐志》三冊（其所志當為吉永豐而非廣永豐），殆即《大典》所引《永豐志》。

〔洪武〕永豐縣志

劉倩玉纂劉倩玉，本邑進士，曾任郡訓導。

明洪武十一年（1378）刻本　佚

光緒《江西通志》藝文略：《永豐縣志》洪武十年邑人劉清玉修。

《江西古志考》卷八：《永豐縣志》明劉清玉纂。按：《大典》引六條，題稱《永豐縣志》，然所記多為宋人事，不能確指為本志佚文，今依《大典》稱引暫係於此。

劉倩玉序恩江有志，尚矣，求於邑士大夫家，鮮有全帙，每以為恨。洪武丁巳，分教郡庠，始得周益公所修《廬陵志》而閱之，蓋合八縣之志而為一也。然合八縣志而為一，必不若獨志一邑之為詳且備。於是掇

取《永豐志》而錄之，以為他日重修之本。今年，予居邑庠講授之暇，考核舊志所存者，以補郡志之缺。而其不存者，博訪諸耆舊而附益之，其間有異同者，則疏於其下，其事若輕而實重者，曰：此志也，益是生民之厚薄，益係乎風俗之醇磽；而民情之淑慝，係乎教化之興廢。矧典章因革，文物紀述，又政治之善敗得失所攸關焉。任百里寄者，因其風氣而為之防守，等其土地而為之誥誡，使典章文物有條而不紊，則於政治之道，此志不為無助也，後之君子，正其訛，訂其謬，修其所未修，續其所未續，是又余之所厚望於方來者。（洪武十一年）

【按】本志為洪武十一年邑人劉倩玉纂，屬私修本。明修永豐邑乘，此書最先出。劉志早佚，其序猶存。據劉序可知，本志乃取宋周必大所修郡志《廬陵志》中永豐縣部分為「重修之本」，「考核舊志所存者以補郡志之缺」，「博訪諸耆舊而增益之」。劉序撰於洪武十一年，當是本志成書之時。又本志纂人，康熙二十二年縣志舊序錄作「鄉貢進士劉倩□」，同治縣志卷十六，選舉志作「劉倩玉」。光緒《通志》作「劉清玉」，今從同治縣志。又，正統縣志黃永從序論「舊志」，謂「其紀載未盡美，文獻不足徵，如志仕宦，則詳科貢而略薦舉，生顯要而輕隱逸，其他類此者，難以枚舉」。此「舊志」，當指本志。

〔正統〕永豐縣志

黃永從修黃永從，邵武人，正統八年任永豐知縣。

明正統十二年（1447）刻本　佚

光緒《江西通志》藝文略：《永豐縣志》正統間知縣黃永從修。

黃永從序余承乏豐邑數載，嘗取舊志而觀之，竊病其紀載未盡美，

文獻不足徵，如志仕宦，則詳科貢而略薦舉，重顯要而輕隱逸，其他類此者，難以枚舉。乃於蒞政之暇，爰俾諸生本以舊志所載，訪諸故老所知，補其缺略，訂其舛訛，間以質諸主事鄧公時俊，司訓李公居恭，大參曹公復鉉，校讎其得失而潤色之，庶幾無遺憾焉。嗚呼！是編之成，雖於古者九邱圖志之典不敢僭擬其萬一，然自置縣來，其間興廢沿革，人才仕宦，特產貢賦，節義風化，山川景物，與夫名公巨儒詩文著述，纂輯粗備，後之覽者撫往古之遺躅，感文獻之尚存，必有所勸懲而興起也，其於化民勵俗之道，未必無小補云。（正統十二年）

【按】本志為正統間邑令黃永從主修。此前有洪武劉倩玉志，黃氏以為「紀載未盡美，文獻不足徵」，乃「本以舊志，訪諸故老所知，補其缺略，訂其舛訛」（黃序）。知此修實以洪武志為本補訂而續輯之。原書已佚，黃序尚存。黃序末署「正統丁卯（十二年）」，知是年成書。

〔萬曆〕永豐縣志八卷

吳期炤修吳期炤，字開源，德清人，進士，萬曆十七年任永豐縣知縣。

明萬曆二十年（1592）刻本　佚

光緒《江西通志》藝文略：《永豐縣志》萬曆十七年知縣吳期炤修。

吳期炤序嘗考宋自至和建邑以迄於今，志凡四就矣，特以世遠無傳，民間鮮得其本，間有存者，殘斷疆半，莫可溯其顛末。且夫國朝之志，止於英廟嗣服之初，其後百六十年之事，茫然無可質而證也。會竊憾之……今秋七月，始圖纂述其書，再閱月，而偶以邊報，為時則又晚矣。

往歲，曾親歷鄉都、見山農野叟，頹然蒼素者，必進而問之；否則訪而求之，故此方先哲之履歷，民風之善敗，與夫陵穀之變遷，土田之高下，地理之險易，靡不探索而得其概。其事或可傳信者，輒援筆而書，納之奚囊，乃得籍手以成其志，亦以識之者豫也。而前數者中，獨於先哲之履歷為尤詳……志自疆域以下，凡八卷，其選舉、人物二志、考諸作者，必當有表、傳之名，蓋學士大夫簒史氏之筆規，恒仿遷、固以下諸大家之定例，如所謂八表，列傳云者，而實非余之所敢居也。姑以耳目所及、舊志可采者，簒而述之，總名曰《永豐志》，聊存一時記事之書，以俟後之長於史學者去取而更定焉。

【按】本志為萬曆二十年縣令吳期炤修，上接正統黃志，續其後百六十年間邑事。記事「至明萬曆癸巳年而止」（清順治縣志鄧序）。凡八卷，所志「獨於先哲之履歷為尤詳」。又，清順治丙戌（三年）縣城破，舊志牌籍焚毀。唯本志尚有殘帙存之民間，順治間邑令鄧秉恒配為全帙，據以續修。（參見「清順治《永豐縣志》」考）

〔順治〕吉安府永豐縣志六卷

鄧秉恒修　塗拔尤等簒鄧秉恒，號忍庵，山東聊城人，進士，順治十三年任永豐知縣。　塗拔尤，字煤石，本邑舉人。

清康熙元年（1662）刻本　存

光緒《江西通志》藝文略：《永豐縣志》順治十三年知縣鄧秉恒修。

《中國地方志聯合目錄》。

鄧秉恒序余治豐六載，服官之初，即諮訪舊志，故家耆老僉云：自

順治丙戌城破、版籍焚毀，即卿士大夫之家亦無有收而藏之者，余數購之
不得……越三年，文學聶譚芳聲來謁，芳聲者，乃聶襄貞公之從裔孫也。
坐談之餘，特持舊志六冊授余，曰：此生家藏本也、聞公訪求甚殷，故謹
而獻之。余政餘披覽，內多殘缺，又訪之白水宋氏、長巷郭氏，得第一至
第六卷，合而觀之，始成全帙，乃前令吳期炤所手編也。志起自漢唐，至
明萬曆癸巳年而止。嗣後，泰昌、天啟、崇禎及我朝，凡七十年，期間兵
亂相尋，缺略無考者，不知凡幾。時有孝廉塗拔尤、明經李開甲、陳可、
諸生陳思，皆博雅淹通，毅然以採集舊聞為己任，各以其事，分門別類附
以簡篇之末……無暇綜理裁訂，惟期補輯近事，以備采風之觀覽，而凡舊
志所載，不敢毫有增損也，至於追琢章句，衡鑒流品，將以待後之君子。

　　【按】據鄧秉恒序，前明舊志版籍，俱毀於順治丙戌。後鄧
氏於聶芳聲處得萬曆志六冊，內多缺殘，又於白水宋氏，長巷郭
氏家得一至六卷，合為全帙，遂本之以續修。「凡舊志所載，不
敢毫有增損」，惟輯補其後七十餘年邑事，「分門類附於（前志）
簡篇之末」。知本志實為萬曆吳志之續編。又，鄧序稱：「余治
豐六載」，考鄧氏於順治十三年知永豐縣事，作序當在順治十八
年，此亦本志修纂之時。今存康熙元年刻本。

〔康熙〕永豐縣志[1] 八卷

　　陸湄修陸湄，下相人，康熙二十二年任永豐知縣。

　　清康熙二十三年（1684）刻本　存

　　光緒《江西通志》藝文略：《永豐縣志》康熙二十三年知縣陸
湄修。

　　《中國地方志聯合目錄》。

陸湄序予抵豐任用兩越月，即有修輯邑志之命，豐邑與他邑不同，舊志毀於兵火，間有序存者，字句模糊，簡編舛錯，讀者不易，輯者尤難。搜十一於百千，予何敢以不敏謝闕事哉。爰集紳士，各業已裁，刪繁正訛，補遺錄新，逾半載而全書告竣。於仕宦則有襃無貶；於人物則經術並存，節孝必核其實，文章必裨於時，城署祠墓具邑之觀瞻，山川草木紀千秋之勝概，可以神交；可以臥遊，至於戶口之繁減，風俗之淳澆，又邑宰所宜留心，朝廷所當首重者也。凡此才要皆不過直截詳明，以勉應一統太平之盛治，若夫文詞豐華，引證博洽不無望於後之君子焉，是為序。（康熙二十三年）

【按】康熙二十二年，陸湄任永豐知縣，即奉命纂輯邑志。永豐縣志，「多毀於兵火」，陸氏爰集邑紳，搜訪遺佚，「刪繁正訛，補遺錄新，逾半載而全書告竣」。全書凡八卷，分疆域志、學校志、職官志、選舉志、人物志、碑記志、章牘志、雜志八門，各占一卷，子目五十八。有康熙二十三年刻本，存。

〔康熙〕永豐縣志² 二十四卷

王坦修王坦，北直人，進士，康熙，五十五年任永豐知縣。

清康熙五十六年（1717）刻本　未見

光緒《江西通志》藝文略：《永豐縣志》康熙五十六年知縣王坦修。

王坦序余於丙申夏，承乏茲土，翻閱邑乘，不無重魚豕亥之訛，沿革損益之缺。且修輯於康熙甲子，迄今三十有餘年，其間科第聯翩。官績炳蔚，以懿行偉節表表在人耳目間，皆闕焉弗續，恐其積久而遂淹沒也，茲逢撫都院憲白公纂修通志，檄行各郡邑悉心搜羅，此誠大憲敷政宜人，

准今酌古之至意也……於是進諸紳士，研究裒輯。人物之里居事蹟考其實，山川之舊名更新著其由，忠孝節烈之奇，寧詳毋略，文物典章之美，寧繁毋遺，以及戶口之增減，風俗之醇漓，罔不悉載，如是，則舉凡教養豐民之政，未嘗不互相參酌於其間也……（康熙五十五年）

【按】康熙五十五年，知縣王坦奉憲撫之命舉修邑志。據王氏序云，其書於「忠孝節烈之奇，寧詳毋略；文物典章之美，寧繁毋遺，以及戶口之增減，風俗之醇漓，罔不悉載」。又孫承祖序道光縣志曰：「顧邑志丁酉續修而後，板廢不存，百餘年間沿革之殊致，戶口之繁滋，人材科目之蒸育，缺然未備。」知王志成於康熙丁酉（五十六年）。今未得獲見。

〔道光〕永豐縣志六十四卷首一卷

陳徵芝　畢光榮　戴名源　孫承祖修陳徵芝，字蘭鄰，閩縣人，進士，嘉慶二十三年任永豐知縣。　畢光榮，字梧樵，昆明人，進士，道光二年任永豐知縣。　戴名源，字雲溪，安蒲州進士，嘉慶十七年任永豐知縣，二十一年調任，道光四年復任。　孫承祖，錢塘增監，道光五年任永豐知縣。

清道光五年（1825）刻本　未見

光緒《江西通志》藝文略：《永豐縣志》六十四卷道光中知縣陳徵芝、畢光榮，戴名源、孫承祖先後修。

孫承祖序顧邑志自康熙丁酉續修而後，板廢不存，百餘年間，沿革之殊致，戶口之繁滋，人材料目之蒸育，缺然未備，不足以彰往而昭來也。此誠蒞斯土者之責也。前任陳公蘭鄰倡修於前，畢梧樵、戴雲溪二公督勤於後，舉賢能以董厥事，而年代既久考據彌艱，事非一人所能為，功

非一朝所可既，故遲之又久而始成，蓋其慎也。嘗考舊志之修，皆邑宰主其事，而纂修者總其局於城，耳目難周，所以嘉言懿行，有不免於泛且漏者，惟以邑人載邑事，自覺其親切而詳明，今五鄉分局，各為採訪，廣為搜羅，耳目近而考核必詳；稿匯於鄉，然後纂修成帙。雖憲嚴繁簡或殊，而究其旨歸，大都不離乎發潛而闡幽，拾遺而補闕之意云耳……志修自道光二年冬，越五年，春始付劂，寒暑遞更，幾易稿而始蔵事，其慎也，蓋其難也。其間門類之增易，紀載之續編，視舊志似因而實創，綱舉目張、不且煌煌稱備也哉……（道光五年）

【按】本志始修於道光二年冬，成書於道光五年春，先後歷五載，經四任邑宰之手乃就。孫承祖有序述其役顛末。據孫氏序云，此修有異於昔時修志「邑宰主其事而纂者總其於城局」，而將所屬五鄉各設分局，自行採輯，匯稿於鄉，然後纂輯成帙。孫氏謂此乃「以邑人載邑事，自覺其親切而詳明」，然載筆寬嚴不一，繁簡失當為之弊，或亦在所難免。本志有道光五年刻本。原刻本今民間有收藏者，然已非全帙。

〔同治〕永豐縣志四十卷

雙貴　王建中修　劉繹纂雙貴，字雲汀，鑲藍旗漢軍，監生，同治八年任永豐知縣。　王建中，高郵舉人，同治十三年任永豐知縣。　劉繹，字詹岩，邑人，狀元。曾任翰林修撰，山東學政。主纂《江西通志》《吉安府志》，著有《存吾春齋詩文鈔》三十五卷。

清同治十三年（1874）刻本　存

《中國地方志聯合目錄》：《〔同治〕永豐縣志》四十卷（清）雙貴　王建中修　劉繹等纂，清同治十三年（1874）刻本

　　王建中序永豐自宋至和初置縣，至紹興間，邑宰陳豐元創輯縣志，由元迄明，以逮我朝，於今凡十修矣。同治己巳，前尹雙君雲汀奉憲檄舉其事，歷王君小珊、黃君立吾、朱君孟延，敦聘邑中名士為集資、為採訪、為纂修，靡不殫心竭慮，以期相與有成，為一邑考獻徵文之助。顧以在事諸君子，慎重將事，不欲簡率以速其成，凡五閱寒暑，至癸酉之冬，值余以銓注來宰斯邑，下車伊始，而志稿適具，因得取其成書，次第披覽，幾於余若相待，而使余得受其成功者，不勞而獲，幸何如也！……邑中在籍京卿劉詹岩殿撰方為全省通志總纂，而於本邑之志，實賴以攬其大綱而正其義例。在事諸君子，秉筆之餘，要皆實事求是，斟酌盡善，故其詳審精密，較舊志不啻倍蓰。茲將裝訂成帙，上之大府，以備通志之采輯……（同治十三年甲戌）

　　【按】本志始修於同治八年，其時邑令雙貴奉憲檄舉其事，至同治十二年癸酉之冬，志稿始竣，前後歷時五載，經五任知縣而終成於王建中之手，同治十三年授梓畢功。修纂經過，見於王建中序。又據主纂人劉繹後序：本志修纂，設局於縣城，「而城局則五鄉各舉二人司編纂焉，自是分任其責，董成於邑侯」。又據本志例言，是書「參酌新《通志》凡例及盧府志舊章，特立十二門，總括大意，其餘各以類從……執簡馭繁，以昭體裁，雖於舊志間有增易，要期綱舉目張，不泥古，不背古也」。全志凡四十卷，分天文、地理、建置、食貨、學校、軍政、職官、選舉、人物、列女、藝文、雜類十二志，八十六目。有同治十三年刻本，今存。

▶ 安福

安福縣舊名安成，三國孫吳時置安成郡，隋廢。劉宋時郡人王孚有《安成記》，安成郡乘以此最古。又有王烈之《安成記》，成書年代不詳，當在王孚書之後。隋有佚名《安成記》。以上三種，俱見《初學記》《太平御覽》，《太平寰宇記》等書所引。宋修安福縣志僅考得嘉泰間一種。元修本無考。《明一統志》引《安福地理志》，撰人撰年俱不明。又，《永樂大典》引《安福志》，不知是明以前舊志還是明初修本。明修本可考者，有張崧《安福叢錄》二十二卷，刊於嘉靖三十七年；又劉元卿《福乘藏稿》十卷輯遺一卷，刊於萬曆三十七年。以上二志俱為私家纂輯。清時縣志先後六修：康熙六年焦榮志先出，二十年知縣張召南奉檄纂《簡明志稿》一編。十八年張召南有重修本，五十二年黃寬又續修之；乾隆四十七年高崇基復修一志，同治十一年姚濬昌踵修之。歷修志乘，大多亡佚。今存者僅有清康熙十八年張召南志，乾隆五十二年黃寬志、乾隆四十七年高崇基志，同治十一年姚濬昌志四種。

今安福縣，漢為豫章郡平安縣與長沙國安成縣地。三國吳寶鼎二年，於平都（即原安平縣）置安成郡，安成縣自長沙來屬。晉太康元年，改安成縣曰安複。隋廢安成郡，省安成入平都，複名安成縣，屬吉州。開皇十八年，又改安成為安複。唐武德五年，於安複縣立潁州；七年州廢，改安複為安福，仍屬吉州，宋仍之。元元貞元年，升安福州，屬吉州路；明初降為縣，屬吉安府。清仍之。

〔南朝宋〕安成記

王孚纂王孚，安成人，劉宋元帝時任文學主簿，元嘉初卒，贈孝廉。

劉宋時修本　佚

《藝文類聚》卷六，地部，岡玉女岡；卷六十四，居住部四，齋讀書齋；卷八十八，木部，桐梧桐，引王孚《安成記》三條。

《太平御覽》卷四十八，地部十三，山羅霄山；卷七十一，地部三十六，泉溫泉；卷七十四，地部三十九，沙米沙；卷一八五，居處部十三，齋讀書齋；卷八五七，飲食部十五，蜜蜜岡蜜，引王孚《安成記》五條。

《太平寰宇記》卷一〇八，袁州，萍鄉羅霄山；卷一〇九，吉州，安福縣廢安福縣城，引王孚《安成記》兩條。

《輿地紀勝》卷二十八，袁州，景物下羅霄山，引王孚《安成記》一條。

《說郛》（百二十卷本）卷六十一甕都泉、二督郵爭界、玉女岡，羅霄山、乘龜，引王孚《安成記》五條。

光緒《江西通志》藝文略：《安成記》王孚撰，《初學記》有王烈之《安成記》，疑即孚字。

《江西古志考》卷八：《安成記》劉宋，王孚纂。按：唐宋諸書引《安成記》凡三種，一題作王孚書。一題作王烈之書（或作「王列之」）。一不係撰人。《藝文類聚》只引王孚《安成記》三條，無王列之及佚名氏記；《初學記》采王烈之、佚名《記》，無王孚。《太平御覽》《寰宇記》及《紀勝》卷內三者並引。章宗源《隋志考證》、張國淦《中國古方志考》俱以王烈之《安成記》著錄，考語言及王孚記，未辨同異。光緒《江西通志》則疑烈之即（王）孚字，有說無據。今考諸書所引王孚、王烈之兩《記》佚文，無有相同文字，似為兩書，今分別錄之。又王孚行

年，史傳失載，今輯《大典》卷六八一三引《安福志》曰：「（王孚）有學業志行，見稱州里。宋元嘉初，沈邵為安成相，蒞位未幾而孚卒，邵贈以孝廉，板教曰：前文學主簿王孚，行潔業淳，棄華息競，志行修道，老而彌篤，方授右職，不幸暴亡，可假孝廉，檄薦以特性，緬想邊陵，以遂本懷。」

【按】清王謨《豫章十大文獻略》卷二十三，孝友，「符表」、「區寶」引王孚《安成記》兩條。又《江西考古錄》卷七，物產，金「紫磨金」；稻，「毛亭」、「住同亭」；卷九，神異，「賈萌廟」，引王孚《安成記》四條。蓋俱從他書引得。

安成記

王烈之纂

修纂年不詳　佚

《初學記》卷二，天部，霧乘龜，引王烈之《安成記》一條；卷十七，人部中，孝孝子符表，引王烈之《安成記》一條。

《太平寰宇記》卷一〇九，吉州，廬陵縣落亭石；安福縣安福城、浮墩、新茨山、司馬道子墓；永新縣褒山，引王烈之《安成記》六條。

《輿地紀勝》卷二十八，袁州，風俗形勝宜春醇酎，引王烈之《記》一條。

章宗源《隋書經籍志考證》卷六：《安成記》卷亡，王烈之撰，不著錄。《初學記》天部，縣人謝虜行田路遇神人曰：汝無仙骨；人事部，縣有孝子符表，母子慟殞，葬於四望岡，太守王府君表其墓。《太平寰宇記》江南西道，廬陵縣落亭石；安福縣安福城，並引王烈之《安成

記》；又萍鄉縣羅霄山，澤水所出，天旱祀之即雨，稱王孚《安成記》。

《中國古方志考》：《安成記》王烈之纂。

《江西古志考》卷八：《安成記》王烈之纂。按：《紀勝》引王烈之《記》，曰「宜春醇酎」。據《元和郡縣志》（此用吳宗慈，辛際周校改），晉孝武帝寧康元年，以太后諱春，改宜春為宜陽，隋開皇十一年，復名宜春。又《寰宇記》「司馬道子墓」條引王烈之《記》，言及晉安帝元興年事。若《紀勝》此條照錄王烈之《記》原文，則是書當成於隋於皇十一年之後，王烈之乃隋唐之際人；或此文「宜春」原作「宜陽」，王象之引時改「陽」為「春」，亦未可知，宜另作一種著錄，以俟賢哲考斷。

【按】《初學記》卷二，天部中，霧乘龜引王列之《安成記》一條，《說郛》卷六十一亦有此條，引作王孚《安成記》；又《初學記》卷十七人，人部中，孝（孝子符表）；《御覽》卷四一四，人事部五十五，孝（孝子符表）俱引王烈之《安成記》，此條《北堂書鈔》、王謨《豫章十代文獻略》則引作王孚《安成記》，文字有小異。王謨謂「《初學記》又引王烈之《安成記》，疑即（王）孚之字也」。（光緒《江西通志》亦有此說）按方志纂輯，後志因襲前志之文，往往有之。《初學記》所引王烈之《安成記》，雖與《北堂書鈔》等所引王孚《安成記》文字有略同者，未必就是同一人所撰。王孚卒於劉宋元嘉初，其書當成於此前。而王烈之《安成記》佚文不足以證明其為劉宋以前之書。故宜另作一種著錄。

〔隋〕安成記

　　佚名修纂

隋修本　佚

《初學記》卷七，地部，驪山湯溫泉；卷八，州郡部，江南道茭野、落亭、米砂、羅霄山，引《安成記》五條。

《太平御覽》卷五十二，地部十七，石石室；卷一八三，居住部十一，門郡城門，引《安成記》兩條。

《太平寰宇記》卷一〇八，袁州，宜春縣鐘山；卷一〇九，吉州，安福縣俱為安城王，安城郡，引《安成記》三條。

《輿地紀勝》卷三十一，吉州，官吏殷仲堪，引《安成記》一條。

《江西古志考》卷八：《安成記》佚卷數、撰人。

【按】《太平寰宇記》引佚名《安成記》（「俱為安城王」條）曰「陳文帝封皇弟頊」，其時去王孚卒百三十餘載，此《記》非王孚書甚明。又，此條佚文前有「宋明帝」「齊高帝」「梁武帝」，則此稱「陳文帝」當係原文，是書似成於陳亡之後。又《初學記》「溫泉」條引佚名《安成記》曰「宜陽南鄉出溫泉」。考隋開皇十一年，宜陽復名「宜春」。此《記》成書下限當不超出是年。又，《初學記》卷八引佚名《安成記》佚文四條，亦見《說郛》卷六十一引，題作王孚《安成記》，當是佚名氏因襲王孚文。又，王謨《豫章十大文獻略》卷四十七，別傳郭天民、謝廩，引《安成記》兩條；《江西考古錄》卷三，山阜玉女岡；卷七，物產鐘乳，引《安成記》兩條。不知是否與《初學記》等所引佚名《記》為一書。此數條亦王氏從他書中輯得，且附著於此。

〔嘉泰〕安福縣志

趙善修　王子俊　許景陽等纂趙善，慶元六年任吉州廬陵郡守。　王子俊、許景陽，俱廬陵郡人，貢生。

宋嘉泰年間修本　佚

【按】據清乾隆四十一年《吉安府志》卷十六，名宦志載：宋慶元間太守趙善「命貢士王子俊、許景陽分纂八邑志以附周必大郡志之後」。安福係宋吉州廬陵郡所領八邑之一，其時當纂有邑志，今據以著錄。（參見本書「嘉泰《廬陵縣志》」考說）

安福地理志

佚名修纂

修纂年不詳

明《一統志》卷五十六，吉安府，形勝東揖蒙岡之秀，引《安福地理志》一條。

《中國古方志考》：《安福地理志》佚。

《江西古志考》卷八。

安福志

佚名修纂

修纂年不詳　佚

《永樂大典》卷一七五四，八灰，陂雜陂名；卷二五三六，七皆，齋無倦齋；卷二五三七，七皆，齋克己齋；卷六八三一，十八陽，王王孚；卷七二三六，十八陽，堂三賢堂；卷七二四〇，十八陽，堂清心堂；卷八〇九二，十九庚，城安福縣城、安成

郡舊城、平陽縣故城；卷一三〇七四，一送，洞石廊洞，引《安福志》十條。又，卷二六〇四，七皆，台上升台，卷七五一六，十八陽，倉際留倉，引《安福縣志》兩條。

《江西古志考》卷八：《安福志》佚卷數、撰人。按：光緒《江西通志》僅錄王孚《安成記》一書，此後至明修邑乘，概不見錄，明劉元卿《福乘藏稿自序》引南壙王氏曰：「福故無志，僉雲缺典。」劉氏所見安福縣志，實只及嘉靖張崧《安福叢錄》，大凡著錄家，亦均以嘉靖《叢錄》為明修邑乘之首。今輯《大典》引《安福志》十條，多言宋以前故事，其「清心堂」條曰：「乾道七年陳謨」，知是志修於宋乾道以後。頗疑是明以前舊志，雖撰年失考，然知王氏所謂「福故無志」之不實。又輯《大典》引《安福縣志》兩條，撰年撰人俱無考，暫繫於此。

〔嘉靖〕安福叢錄二十二卷

張崧纂張崧，字秋渠，邑人，著有《三傳性理》《通鑒節要》等書。

明嘉靖三十七年（1558）刻本　佚

《千頃堂書目》卷七：張崧《安福叢錄》二十二卷張崧，字秋渠，邑人。

光緒《江西通志》藝文略：《安福叢錄》二十二卷張崧撰，《安福縣志》字秋渠。

鄒守益序秋渠張子崧以邑志之弗徵也，作《安福叢錄》，稽往乘，搜傳紀，博詢山氓故老，凡為卷二十有二，為目二十有八，首以縣紀疆域，終以雜記遺事，而於庸調、糧畝、水陸、兵防、尤反復三致意焉。噫，其志勤矣。往予與同志劉子肇衮，王生鑄輩議各紀所聞所睹，細大必裒，而相與合證，精擇之以登帙……眾虋之而未果。秋渠子以獨力成之，

其博而無漏，精而無泛，則我不敢知，然周回十有五年，凡數易稿而始就，厥惟艱哉……（嘉靖三十六年）

【按】本志係明嘉靖間邑人張崧私家所修，其書早佚，鄒守益序、王學夔《叢錄題語》兩文猶存。據鄒序，張氏修纂邑志前後歷十五載，數易其稿，洵非易易。又顏欲章序萬曆《福乘藏稿》云：「嘉靖中張文學有《叢錄》之輯，時則三五劉先生實與考訂，雅稱良且信。」全書二十二卷，二十八目，鄒序言之已明。《千頃堂書目》錄作二十卷；康熙十八年縣志卷三，人物，儒行「張崧」亦云：「晚著安福叢錄二十卷。」均與鄒序不合，今從鄒說。本書內容，今已不詳。可知者僅鄒序之所謂「首以縣紀疆域，終以雜記遺事，而於庸調糧畝、水陸兵防，尤反復三致意焉」。本志修成頗得稱譽。顏欲章謂之「雅稱良且信」。然顏氏又謂「顧識者猶憾其稍寬，揆之志體，不無泛愛，而多可覽，未必可傳可慕也」。另據鄒守益稱：曾與邑人劉肇衷、王鑄諸人謀修邑乘，「各紀所聞所睹，細大必裒，而相與合證，精擇之。以登帙」。事在何時，鄒氏未予說明，然此修「未果」。附說於此。

〔萬曆〕福乘藏稿十卷輯遺一卷

劉元卿纂劉元卿，字調甫，號瀘蕭，本邑舉人，著有《大學新編》《還山續草》《明儒學案解》等。

明萬曆三十七年（1609）刻本　佚

光緒《江西通志》藝文略。

劉元卿序始予從夏和卿家得吳太常《安成志》錄本讀之，蓋所謂成

化郡志而分安成為一帙者也，似屬草創，未經梓行。繼讀戊辰郡志，謹嚴得體；又繼讀壬午志，或失則泛，然皆以山川人事為經，而以九邑緯之，不復分安成矣。時欲援是作邑志私考，未之就也。甲申侍壙南王先生預修郡乘，則斟酌兩志之中，而於壬午志稍稍有所刪去。志既成，或謂予曰：志體，郡宜嚴，邑宜廣，福故無志，僉無缺典，曷若盡合三志所羅邑中人物，遂作福乘，不亦休乎！予喜曰：得我心哉。於是取凡地理、建置、食貨、選舉、秩官、人物、雜記、詞翰，整齊其棼，約為十卷，戊辰以下諸志所書名賢一切不遺。舊傳或簡，頗採《叢錄》各書，以潤益之，其《叢錄》暨成化志中原未經三志所收者，不敢僭附，亦不敢放失、別作一編曰輯遺，以俟他日博碩巨公核而增入焉，書成，命曰《福乘藏稿》。間私以就正於邑獻南壙王公，既訂校之，復括舊聞，增置十餘傳，又《叢錄》與成化志所未嘗有者，予並以附於輯遺之後，緘而藏之篋⋯⋯（萬曆二十九年）

【按】本志係邑儒劉元卿私纂。元卿曾「與王南塘、羅公廓兩先生同修郡志」。（此即明萬曆十三年《吉安府志》。見康熙十八年《安福縣志》卷四，人物，理學傳，「劉元卿」。）《藏稿》早佚，劉元卿及顏欲章有序見存後志，所述纂修經過甚詳。據顏序，劉氏此書，「裁成化吳太常郡志暨正德戊辰、嘉靖壬午、萬曆乙酉郡志及《叢錄》若王方塘私記，芟繁綴要、耨稗錄遺，為《福乘藏稿》十卷，輯遺一卷」。本志門類之分，劉序自稱有「地理、建置、食貨、選舉、秩官、人物、雜記、詞翰」諸事。又，「其《叢錄》暨成化志中原未經三志（按指正德戊辰、嘉靖壬午、萬曆乙酉三郡志）所收者，不敢僭附，亦不敢放失，別作一編，曰輯遺」。此外，「復括舊聞，增置十餘傳，又《叢錄》與

成化志所未嘗有者」，並以附於輯遺之後。劉氏自序撰於萬曆辛
丑（二十九年）仲冬，此書稿告成之時，未即付刊。越九年，至
萬曆三十七年己酉，元卿卒，其門人王自宣命工壽梓，刊行於
世。顏欲章稱劉氏《藏稿》：「理辨而不華，體質而不理，其事
核，其文質，不虛美，不溢惡，凡邑之故燦然列眉。」清人施閏
章謂張崧、劉元卿「二君皆以理學名，所謂有道而能文，是非不
謬者也，藏之既久，人無異詞」（康熙丁未縣志施序）。康熙初，
安福知縣焦榮修邑志，即「踵而增之，遂成縣志」。又，劉氏
《藏稿》，至康熙五十一年知縣黃憲修志時尚存，事見黃氏自
序，其後則未聞有人見及。

〔康熙〕安福縣志[1]

　　焦榮修　鄺岳壽等纂焦榮，號荊岩，新野人，進士，康熙四年任
安福知縣。　　鄺岳壽，字五時，清江舉人，安福教諭。

　　清康熙六年（1667）刻本　佚

　　光緒《江西通志》藝文略：《安福縣志》康熙六年知縣焦榮修。

　　施閏章序安福舊無縣志，有之，自今中州焦令君始，然其書固非一
時草創，他所按據者也。明正德間布衣張子崧著《安成叢錄》，鄒文莊嘗
為之序；神宗時劉征君元卿又著《福乘藏稿》，二君皆以理學名，所謂有
道而能文，是非不謬者也，藏之既久，人無異詞，今踵而增之，遂成縣
志，又有邑薦紳王謹山，司諭鄺五時，明經朱紹遠及文學諸子，各任搜
討，義無浮濫，於以著安成山川風物之美，張巨公名卿理學貞孝士女之
盛，使後之聞者希風景軌，於斯為烈，一邑之志而不悖史之義者，其庶幾
乎。余不及寓目卒業，而焦君屬序再四。夫安福昔處物力充創，文獻輻輳

之時，邑令闕然無成書，今乃成之於難為之日，夫豈碌碌簿領之吏所可望歟。（康熙六年）

【按】本志係入清以來安福縣志之最早修本。其書已佚，修纂者邑令焦榮及施閏章有序見存。據焦、施序，知本志大體以明修《安福叢錄》《福乘藏稿》為據，「取前編之已載者而討論修飾之，取後茲之未列者而補輯校訂之」。康熙丁未春設館，延鄧岳壽為裁纂。（見焦序）本志卷帙，門目不詳。其後十餘年，邑令張召南有續修，體例蓋本焦志。

〔康熙〕安福簡明志稿

張召南修張召南，字仲文，朝邑人，進士，康熙十二年任安福知縣。

清康熙十二年（1673）年稿本　佚

【按】張召南序康熙十八年縣志曰：「適虞音鄒君出所藏《簡明志稿》，蓋癸丑歲余奉劉藩憲修省志時偕諸鄉紳所訂正者示余。」據此可知，康熙癸丑（十二年），張氏奉藩憲之命纂輯《簡明志稿》一編。其後五年，張氏重修縣志，即以此稿為底本。《稀見方志提要》謂「（康熙）癸丑召南奉省檄徵縣志，得邑人鄒虞春所藏私纂志稿」云云。將張召南康熙癸丑、戊午（十七年）兩次修志混為一談，又將《志稿》誤為「邑人鄒虞音」私纂，皆與張氏自序相違戾，不可從。（參見康熙十八年「《安福縣志》六卷」考說）

〔康熙〕安福縣志² 六卷

張召南修　劉冀張纂劉翼張，本邑貢生。

清康熙十八年（1679）刻本　存

光緒《江西通志》藝文略：《安福縣志》康熙十二年知縣張召
南修。

張召南序安成原有志，前荊岩焦先生遠稽《叢錄》《福乘》，近采歷
年事實編集成書，詳矣備矣。重刻者何，滇南之變，甲寅、乙卯城池兩
失，歷丙辰、丁巳夏初，王師復吉州，佘單騎回縣，招鄉民之壯者驅土
逆，復城池、撫殘黎、辟荊榛，且軍需旁午，供應紛雜，疲於奔命，食息
弗遑，一切翰墨事不暇問。至戊午，余內移，將解綬，遍詢志版，煨爐久
矣，況也永歎，深惜文獻之淪沒也。適虞音鄒君者出所藏《簡明志稿》，
蓋癸丑歲餘奉劉藩憲修省志時偕諸鄉紳所訂正者示余，余喜曰：「賴有此
也。」復謀之縉紳先生，僉曰善，爰付之梓。（康熙十七年）

【按】本志修纂原委，王召南序已詳言之。知康熙癸丑歲
（十二年）張氏奉藩憲纂修省志之命，纂輯安福縣志，有《簡明
志稿》一編。後因滇南之變，安福失陷，志版盡灰。至戊午（十
七年），張氏將內調，欲重修邑志，遂「從《簡明志稿》，集其
所同，搜於燼餘，採其殘缺，如地理、建置、食貨、秩官、選
舉、人物，別類分門，靡有所遺。獨詞賦詩章，少有傳人，未免
起待後之思也」。（本志周燾序）本志分六卷。卷一，地理、建
置、食貨三志；卷二，秩官、選舉兩志；卷三、四，人物志；卷
五、六，詞翰志。下隸子目五十六。有康熙十八年刻本，此係安
福舊志見存於今的最早本子。又，光緒《通志》著錄本志為張召
南康熙十二年修，不確。

〔康熙〕安福縣志[3] 八卷

黃寬　劉學愉修　王謙言等纂黃寬，號容軒，同安人，歲貢，康熙五十一年署安福知縣。　　劉學諭，號儼齋，華容舉人，康熙五十二年任安福知縣。　　王謙言，號山介，邑人康熙壬子舉人，累官至廣東道監察御史。

清康熙五十二年（1713）刻本　存

光緒《江西通志》藝文略：《安福縣志》康熙中知縣劉學愉、黃寬先後修。

《中國地方志聯合目錄》。

黃寬序爰集諸紳士於明倫堂，期各舉所聞所見，續其闕略，而微文考獻，一遵張布衣《叢錄》、劉征君《福乘藏稿》暨前守焦、張兩先生成書。至發凡起例，分門別類，雖微有異同，實悉仍舊文。編次成帙，捐薄俸付剞劂，五閱月而告竣⋯⋯

【按】康熙五十一年，署縣王寬舉修邑乘，聘王謙言執其事。王仁錫序稱謙言「早作夜息，手不停披，提綱列目，編輯考訂，且以類聚群分，示正名定分之意」。志稿成，即付剞劂，「五閱月而告竣」。本志刊成在康熙五十二年，其時劉學愉任知縣，由劉氏接任後畢斯役。本志纂修，「一遵張布衣《叢錄》、劉征君《福乘藏稿》暨前守焦、張兩先生成書」。其別類分門，與舊志「微有異同，實仍舊文」其書凡例所言如是。

〔乾隆〕安福縣志二十二卷首一卷

高崇基　張繡中修　王基　劉映璧纂高崇基，正藍旗人，舉人，乾隆四十四年任安福知縣。　　張繡中，潼關廳附貢生，乾隆四十七

年任安福知縣。　　王基，金溪舉人，曾任工部屯田司主事。　　劉映璧，南城舉人。

清乾隆四十七年（1782）刻本　存

清同治四年（1866）補版刻本　存

光緒《江西通志》藝文略：《安福縣志》二十二卷康熙四十七年知縣張繡中修。

《中國地方志聯合目錄》。

張繡中序壬寅春，安成令周君有虔州之役，余適承其乏，時金溪王水部、南城劉明經延請在館，與余談志事，以歲月稽遲為憾。蓋倡其議為前令高君，迄今幾三年矣。余急欲成之。顧簿書旁午，未遑也。夏杪自省旋，廣采輿論，諸紳士贊襄其事。凡舊志之冗者刪之；缺者補之，共為門二十二卷……（乾隆四十七年）

【按】乾隆四十五年，知縣高崇基倡修邑志，此後遷延近三載，邑令更換三任，事猶未成。乾隆四十七年夏，知縣張繡中重新開局修纂，「廣采輿論，諸紳士贊襄其事」，當年成書。「此修提綱標目，固以舊志（指康熙五十二年縣志）為本，中有汰其繁，增其簡，考訂其疑誤，務期不濫不遺，毋乖不雅」（本志凡例）。全志共二十二卷，有乾隆四十七年刊本。又有同治四年補版刻本。時任知縣殷禮有序云，所見本志「遺失頗多，約而計之，不下百數十頁」。因「重加披撿，飭胥逐一繕寫較對無訛、剞劂告竣，庶稱完璧」。原刻、補刻兩本今俱存。

〔同治〕安福縣志十八卷首一卷末一卷

姚濬昌修　周立瀛　趙廷愷等纂姚濬昌，安徽桐城人，監生，

同治五年任安福知縣，次年調任，七年復任。　　周立瀛，本邑進士，官至鹽運使銜福建延建邵道。　　趙廷愷，本邑進士，官至刑部主事。

清同治十一年（1872）刻本　存

《中國地方志聯合目錄》：《〔同治〕安福縣志》十八卷首一卷末一卷（清）姚濬昌修周立瀛，趙廷愷等纂（清）同治十一年刻本。

姚濬昌序安福舊志，昉於前縣令焦公榮，本之《叢錄》《福乘》以成其書。迨後劉公學愉續修於康熙癸巳，至乾隆壬寅，張公繡中又重修之，二書雖頗詳明，然其體例間有未盡善者。同治五年，余以菲材承乏茲邑，竊嘗考究，思欲釐正得失，顧兵燹初平，諸待營畫，未暇纂輯。越三年，大府奏修通志，檄所屬類輸之。於是延邑之敦行裕學者商榷凡例而增編焉。其前劉、張志所未當者，悉從更正，博稽旁采，探幽闡隱，逾年而書成。凡為類十，細目九十，最二十卷，將付剞劂，囑余為文以序……（同治十一年）

【按】同治八年，安福知縣姚濬昌奉檄修志，逾年成書。此修多因承舊乘。本志凡例曰：「安福舊志，本《叢錄》《福乘》，而康熙癸巳志、乾隆壬寅張志較近，今因之，雖間有增損，悉合二志參定，未敢臆撰，宗舊傳也。」又曰：「舊志分門繫目，多寡不同，前後次序亦異。今奉綸音於卷首、尊一統也；序、圖仍列簡端，綜群目也。按志分十門，其一天文、次輿地、次營建、次食貨、次學校、次武備、次秩官、次選舉、次人物、次藝文，而以遺事等項為卷末終焉，總計細目九十，匯作二十卷。」本志有同治十一年刊本，存。

▶ 遂川

　　遂川邑乘之修於宋、元者，舊書志家概無著錄。今考得南宋嘉泰間一修；又《永樂大典》引佚名縣志一種，不知是修於明以前，抑或明初。明修本僅知有景泰志一種。其餘茫然無從考稽。清康熙二十二年知縣張揚彩據景泰志續修一編，二十八年署令董聞京又纂志稿十六卷，於前志謬誤多有糾駁。董志稿已佚，其後邑人梁明瑛又私輯《泉江類編》八卷。乾隆三十六年知縣杜一鴻、道光四年知縣文海、同治十二年知縣王肇渭等相繼有纂續，均有刊本行世。清以前舊志皆已遺佚。清康熙董氏志稿亦早佚，梁氏《類編》未見，其餘四種今存。

　　東漢末，吳析廬陵縣地置新興縣。晉太康元年改名遂興，屬廬陵郡。隋省入泰和。五代楊吳時析太和地置龍泉場，南唐中興三年升龍泉縣，宋宣和三年改名泉江；紹興初復名龍泉，屬廬陵郡。元屬吉安路，明、清屬吉安府。民國三年改龍泉為遂川。

〔嘉泰〕龍泉縣志

　　趙善修　王子俊　許景陽等纂趙善，慶元六年任吉州廬陵郡守。　王子俊、許景陽，俱廬陵貢生。

　　宋嘉泰間修本　佚

　　《永樂大典》卷七二四〇，十八陽，堂得心堂；卷七五一四，十八陽，倉大豐倉；卷七五一六，十八陽，倉苗倉；卷八〇九二，十九庚，城龍泉縣城、蔣公城、漢王廟；卷八七八二，十九庚，僧元寂大師，引《龍泉志》七條。

　　《江西古志考》卷八：《龍泉志》佚卷數、撰人。

　　【按】據清乾隆《吉安府志》，名宦志載，宋慶元間郡守趙

善命貢士王子俊、許景陽等「分纂八邑志附周必大郡志之後」。
龍泉係吉州廬陵郡屬八邑之一，亦當修志。又嘉泰間太和縣令趙
汝礜亦奉郡守趙善命修志，成於嘉泰二年，龍泉縣志此修應在是
時。（參見本書「嘉泰《廬陵縣志》」考）其纂修人不詳，姑依
乾隆府志錄和趙善修，王子俊、許景陽等纂。龍泉縣志，明以前
所修本，書志家概無著錄。清康熙癸亥縣志張揚彩序謂本縣「肇
自南唐。越宋、元明歷數百祀……類應有志」，今得本志，可補
本邑宋志之缺典。又《永樂大典》引《龍泉志》七條，撰人無
考，佚文多記宋時人事，最晚為「大豐倉」條「嘉泰元年」。頗
疑此即宋嘉泰縣志，暫係於此。

吉安府龍泉縣志

佚名修纂

修纂年不詳　佚

《永樂大典》卷七五一六，十八陽，倉際留倉；引《吉安府
龍泉志》一條。卷七二四〇，十八陽，堂清心堂，引《龍泉縣志》
一條。

《江西古志考》卷八：《吉安府龍泉縣志》佚卷數、撰人。按：
本志撰年無考，《大典》引作《吉安府龍泉縣志》，「吉安府」三字或從後
追加，未可據此斷為必是明初所修。然是志修成不晚於明建文年，當無疑
議。光緒《江西通志》錄本邑志乘多種，以明景泰五年修本最為先出，今
輯《大典》所引縣志兩種，可補永樂以前舊志之闕。

〔景泰〕龍泉縣志

佚名修纂

明景泰五年（1454）刻本　佚

光緒《江西通志》藝文略：《龍泉縣志》景泰五年修。

【按】清乾隆縣志杜一鴻序、道光縣志文海序等均稱前明「景泰甲戌（五年）」修有縣志，且以是志係邑乘之始修本。杜一鴻序稱「其作於景泰甲戌者，體例弗協而采揖尤疏」。似乾隆時該書尚存，至文海序道光志，則云「說者謂景泰志散佚無存」，蓋文氏已未曾見及。景泰志雖亡佚，然杜一鴻謂康熙癸亥志「即仍景泰之舊而稍有所增」。康熙癸亥志今存，由此可推略景泰志之大概。又，本志修纂人不詳，考有黃中者，郴州人，景泰三年至五年任龍泉知縣，不知本志是否係王氏主修。

〔康熙〕吉安府龍泉縣志十卷

張揚彩修　李士璜纂張揚彩，字明瞻，永年舉人，康熙十八年任龍泉縣令。　李士璜，本邑選貢，曾任廣東布政司理問。

清康熙二十二年（1683）刻本　存

光緒《江西通志》藝文略：《龍泉縣志》康熙二十二年知縣張揚彩修。

《中國地方志聯合目錄》。

張揚彩序龍泉古廬陵屬邑，素稱山高而水清，肇自南唐，越宋元明，歷數百祀，其間人才風俗之秀美，戶口物產之殷盛，類應有志。彩膺帝簡而宰於茲，雖未及覯，然心嚮往之。會奉部文纂修天下郡志，乃輯紳士而諮之，始晰然，年遠代更，興廢不一，兵燹頻仍，而典籍遺亡過半，

幾乎無可徵考。猶幸諸紳士有能記憶其緒餘者，乃是旁稽博采綜其大要，匯而成帙，紳士慶得其竣而屬予為之序（康熙二十二年）

【按】本志係龍泉縣令張揚彩奉檄纂輯，成書於康熙二十二年，原刻本今存。這是清修龍泉縣志最早存本。本志大體仍明景泰志之舊制，稍有增益，「亦重有所誤」（乾隆縣志杜一鴻序語）。是志所載，多憑邑紳士記憶，未詳加考核，謬誤甚多。後人斥之「荒陋而無足徵信，其何所裨於政治」（乾隆縣志歐陽永琦序語）。

〔康熙〕龍泉縣志十六卷

董聞京修　董聞京，吉州別駕，康熙二十八年署龍泉縣知縣。

清康熙二十八年（1689）稿本　佚

乾隆《龍泉縣志》藝文志：《重編志稿》十六卷。

【按】乾隆三十六年縣志杜一鴻序曰：「泉邑志乘遠無可徵，其作於景泰甲戌者，體例弗協而采輯尤疏；續於康熙癸亥者，即仍景泰之舊而稍有所增，亦重有所誤，違言體例耶……往聞吉郡董別駕泉篆時，閱龍泉志荒謬，逐節評改，乃搜類改編，稿垂成，而及瓜去，稿亦遺佚無存。」據此，董聞京攝龍泉縣事時，曾於康熙縣志逐節評駁以糾其謬誤，並搜類改編為志稿一帙。未及刊行而董氏調去，志稿亦遺佚。乾隆縣志藝文志著錄《重編志稿》十六卷，當是董聞京編纂，今以《龍泉縣志稿》著錄。

〔清〕泉江類編八卷

梁明瑛纂　梁明瑛，字渭見，本邑附貢生。

清修本　未見

光緒《江西通志》藝文略：《泉江類編》八卷《龍泉縣志》：字渭見。

【按】同治縣志卷十二，人物載：「梁明瑛，字渭見，南城人，附貢，好學工書，孰尚氣節，尤潛心古學。以邑志殘闕，慨然有志於著述，購求前志，搜采遺聞，網羅數十載，輯《泉江類編》八卷，乾隆庚寅修志多所採取焉。」又據乾隆縣志杜一鴻序稱：署令董聞京於康熙二十八年纂輯志稿後，「於是邑中有士人自為學而家為書，思有以補甲戌、癸亥兩志之闕，而卒未能訂其舛謬」。此蓋指梁氏《類編》之類。梁氏此書係私家撰輯，大致修於康熙二十八年之後，乾隆三十六年之前。故多見采於乾隆志。

〔乾隆〕龍泉縣志二十卷首一卷末一卷

杜一鴻修　周壎纂杜一鴻，字於馨，江蘇江陰人，進士，乾隆三十年任龍泉知縣。　　周壎，字牖如，號韻亭，本邑進士。

清乾隆三十六年（1771）刻本　存

光緒《江西通志》藝文略：《龍泉縣志》乾隆三十六年知縣杜一鴻修。

《中國地方志聯合目錄》。

杜一鴻序泉邑志乘，遠無可徵，其作於景泰甲戌者，體例弗協而采輯尤疏；續於康熙癸亥者，即仍景泰之舊，而稍有所增，亦重有所誤，遑言體例耶？……往閩吉郡董別駕攝泉時，閱龍泉志荒謬，逐節評駁，乃搜類改編，稿垂成，而及瓜代去，稿亦無存，於是邑中有士人自為學而家為

書者思有以補甲戌、癸亥兩志之闕，而卒未能訂其謬……

【按】本志係乾隆間邑令杜一鴻主修。歐陽永琦有序，稱：「江陰杜君之宰龍泉者七年矣，久於其任有所得乎政治之要，於是乎皇然以邑乘為念，而與邑之薦紳習掌故諳義例者，一劃舊志之荒陋以徵信陳常，稿成，而質之餘。余觀其所為圖表志傳悉仿史例，而編纂之閡核，比屬之精嚴，謂是遠時志乘家所未有者乎，而未竟此也。」本志凡例云：「舊志編目分類，多乖體例，遺文名跡，概入刪汰。且自康熙癸亥重修以後，歷今八十餘年，幾於茫無措手。乃考之省郡各志及邑人著述，公家檔冊，以資搜采而勒成書，其詩文各體則采其有關邑事而詞雅馴者，如依類而附刻之。」全志共二十卷，首末各一卷。卷首聖諭，卷末雜記。正文分圖四；表三（沿革表、秩官表、選舉表）；志五（形勝志、建置志、政事志、風俗志、藝文志）；列傳四（名宦傳、鄉賢傳、列女傳、別傳）。此志乾隆三十六年刊竣，原刻本今存。

〔道光〕龍泉縣志十八卷首一卷末一卷

文海修　高世書纂文海，字靜涵，鑲黃旗漢軍，道光元年任龍泉知縣，次年調任，又復任。　高世書，字麟吐，號香穀，本邑進士，曾任河南澠池鹿邑知縣。

清道光四年（1824）刻本　存

光緒《江西通志》藝文略：《龍泉縣志》十八卷道光四年知縣文海修。

《中國地方志聯合目錄》。

文海序甲申春，邑紳匯輯通志底稿，既蕆事，復以邑志為請。余謂

通志例有限制，邑志宜寬而詳，爰商之邑紳及有學行能文之士，搜采庚寅以後應入志者分類編輯，其圖表志傳雜記悉仍舊志綱目，間有義例弗協，位置失宜者必再三斟酌，重加更正，期有合於事詞道法之旨。書成因志數言於簡首……（道光四年）

【按】據本志文海序稱，明景泰間散軼無存，康熙癸亥志「質勝於文」，乾隆庚寅志「文勝於質」，宜加重修。「甲申春，邑紳匯輯通志底稿，既蕆事，復以邑志請。余謂通志例有限制，邑志宜寬而詳，爰商之邑紳及有學行能文之士，搜采庚寅以後應入志者分類編輯，其圖表志傳雜記悉仍舊志綱目，間有義例弗協，位置失宜者，必再三斟酌，重加更正，期有合於事詞道法之旨而已。」本志實為乾隆杜一鴻志之續編，其書十八卷，首末各一卷，首卷聖諭，末卷雜記，正文分圖四、表三、志五、傳四，體制大體依乾隆志之舊，僅少數子目名稱或類別有所更改。本志成於道光四年，今存。

〔同治〕龍泉縣志十八卷首一卷末一卷

王肇渭　黃瑞圖修　郭崇輝等纂 王肇渭，直隸拔貢，同治四年、八年兩度任龍泉知縣。　黃瑞圖，雲南人，進士，同治十年任龍泉知縣。　郭崇輝，號石生，本邑拔貢，曾任餘干縣教諭，國子監典簿。

清同治十二年（1873）刻本　存

民國十八年（1929）重印本　存

《中國地方志聯合目錄》：《〔同治〕龍泉縣志》十八卷首一卷末一卷（清）王肇渭修郭崇輝等纂，清同治十二年刻本。

黃瑞圖序 歲庚午，余宰廉江，監修舊志，事未竣而移權遂水，此邦

人士志稿亦成，就正於余，公餘披覽……夷考其始自明景泰甲戌，迄我朝道光甲申四次修纂，悉徵大備，第運會無數傳不變製作，以歷久增新，迄今五十餘年，人事紛更，寇氛間擾，守殘抱缺，遺憾隱憂。現奉大中丞通飭籌修，前大令率紳分任，或專修，或校對，或採訪事實，或籌畫度支，莫不公正勤明，共襄盛舉，予雖不敏，相與考訂乎異宜，斟酌乎美善，原志綱目未備，今遵省局定章，提綱十，酌分八十八目，較為詳悉，呈稿發刊，閱數月而工竣……（同治十一年）

【按】本志係同治九年邑令王肇謂奉檄修輯；次年黃瑞圖接任，志稿已成。黃氏以為「原志綱目未備」，因「遵省局定章」予以修訂，「提綱十，酌分八十八目」，數月後工竣。全志凡十八卷，首、末各一卷。正文有地理、建置、政事、學校、秩官、選舉、人物、列女、藝文、雜類十分志。本志有同治十二年刻本，又民國十八年重印本，兩種本子俱存。

▶ 萬安

萬安明以前舊志，蕩然無存。今可知者，唯南宋嘉泰間一修。明有七修：明初一本，佚名氏纂，遺文見引於《永樂大典》；宣德一本，纂人亦無考；正統間羅洪彥輯采舊志，重編鋟鋅；其後蕭維楨、吳節據羅志刪繁舉要，雖已付梓，未及宣行。弘治時教諭王汝南、嘉靖時教諭林相相繼續修成書。至萬曆間，邑令張肇林亦增葺舊乘，或云其事未果。入清以來，縣志先後四修，一修於康熙十年，一修於康熙二十八年。自此至道光初，百餘年間未見有修舉，僅嘉慶間知縣朱錫谷「擬修縣志」，其事不詳。至道光四年，知縣魏湘奉檄修葺縣志；又同治十二年，署知縣歐陽駿、知縣

周之鏞重修之。明修縣志無有遺存者，清康熙十年、二十八年及道光、同治四志，今存全帙。

　　據宋胡銓《萬安縣廳壁記》：「萬安古遂興之地，南唐始立鎮，辟地向南，得石符一帙，有漢八分書，云：地界兩地，神秀所蟠，更為都邑，萬民以安，遂白州府，采其字義為萬安焉。」宋熙寧四年改鎮為縣，屬吉州。元屬吉州路，明、清屬吉州府。

〔嘉泰〕萬安縣志

　　趙善修　王子俊　許景陽等纂趙善，慶元六年任吉州廬陵郡守。　　王子俊、許景陽，俱廬陵貢生。

　　宋嘉泰間修本　佚

　　【按】清乾隆四十一年《吉安府志》，名宦志載宋慶元郡守趙善命貢士王子俊、許景陽等「分纂八邑志以附周必大郡志之後」。萬安，係宋吉州廬陵郡所領八邑之一，亦當有邑乘之修。考趙善命修八邑志，在嘉泰年間。本志實際纂編人已不詳，茲姑依乾隆府志錄作趙善修，王子俊、許景陽等纂。宋嘉泰萬安修志之事，官私書目概無著錄，明、清志家絕無言及。今得此志，可補明以前萬安志籍之曠闕。（參見本書「嘉泰《廬陵縣志》」考說）

〔明〕萬安志

　　佚名修纂

　　明初修本　佚

　　《永樂大典》卷二七五四，八灰，陂雜陂名；卷八〇九二，

十九庚，城萬安縣城，魚梁城，遂興縣城，引《萬安志》四條。

《江西古志考》卷八：《萬安志》明，佚卷數、撰人。未見著錄。

【按】明弘治縣志王汝南序云：「前有志，私於己者泯之，正統間，洪彥羅先生重編鋟梓。」據此可知，在明正統羅洪彥修本之前，萬安已有邑志。該志何年何人所修，王序語焉未詳。茲輯《永樂大典》引《萬安志》佚文四條，「遂興縣志」條有「元屬龍泉，今隸萬安」，知本志係明乘，成書於永樂以前。王汝南所謂「私於己者泯之」之「前志」，疑是志即其一。

〔宣德〕萬安縣志

佚名修纂

明宣德間修本　佚

【按】本志未見著錄。清康熙十年縣志史古彪序言之，曰：「萬安縣治創自熙寧，而縣志之成，則自宣德昉也，迨後洪彥羅君旁采成帙，令長吳君清複梓之。」道光四年縣志張崇海序、同治十二年縣志凡例等俱言明宣德有志，係萬安志之始修本。依史古彪序所言，本志修成之後，正統間羅洪彥「旁采成帙」，邑令吳清「複梓之」，則正統志是在本志基礎上之重修本。為弘治志王汝南序所言「洪彥羅先生重編鋟鋅」是也。王序所謂「私於己者泯之」之「前志」，疑本志亦其一。

〔正統〕萬安縣志

吳清修　羅洪彥纂吳清，無錫人，正統十一年任萬安知縣。　羅洪彥，本邑貢士，曾任廣東廉州訓導。著有《史略舉要》《歷代年譜》等。

明正統十一年（1446）刻本　佚

光緒《江西通志》藝文略：《萬安縣志》_{正統十一年知縣吳清}
_{修。}

【按】弘治縣志王汝南序稱「前有志，私於己者泯之。正統
間，洪彥羅先生重編鋟梓，然時異勢殊，不無損益」。又，康熙
十年縣志史彪古序亦曰：「縣志之成，則自宣德昉也。迨後洪彥
羅君旁采成帙，令長吳君清複梓之。」據此，明正統間邑人羅洪
彥曾輯采舊志，重加編纂成帙，知縣吳清付之鋟梓。羅氏所采舊
志，除宣德本外，不知尚有何種本子。本志成書後，蕭維楨、吳
節以為「錯簡無當」，復有刪改。

〔明〕萬安縣志

蕭維楨　吳節纂_{蕭維楨，盧陵人，宣德進士，累官至刑部尚}
_{書。　　吳節，安成人，字與儉，號竹坡，進士，官至大常寺卿兼侍讀學}
_{士，著有《竹坡文集》。}

明刻本　佚

【按】康熙十年縣志史古彪序云：正統羅洪彥志，「以錯簡
無當，尚書蕭公維楨、太常吳公節刪繁舉要，鏤板貯於郡庫，而
未及宣行，然其中不無傳疑者」。據此，蕭維楨，吳節曾於正統
志「刪繁舉要」另成一帙，本志約成於景泰至成化間，有刻板而
未及宣行，故清時志家已鮮有提及者，更未見公私書目著錄。

〔弘治〕萬安縣志

郭英修　王汝南纂_{郭英，弘治四年任萬安知縣。　　王汝南，茲}

溪人，弘治九年任萬安縣教諭。

　　明弘治十年（1497）刻本　佚

　　光緒《江西通志》藝文略。

　　王汝南序前有志，私於己者泯之。正統間羅洪彥先生重編鋟梓。然時異勢殊，不無損益。適藩垣重臣纂修省志，命郡縣纘為之輯。知縣郭英、縣丞濮奎屬汝南董其事，率賢達諸生朝夕討論，摘名求實，事多訛舛。如壇土遺所以祀神也，左削而右侵；學校所以諸材也，昔廣而今隘；制度頗有變更，今之人似非古之人，今之志有非古之志矣。故復加考訂。神壇、儒學之詳其制；公廨、官房之循其規、水利、陂壙之明其所；具載沿革，明制度也；歷紀山川，宗勝概也；敘人物必錄其忠孝，貴有德也；敘節義必據其旌表，求實行也；讖祀非勅賜不載，去淫祠也；文章非義理不錄，尚實學也；一禽一卉一黍一禾率無遺棄，重賦貢也。去其繁而存其簡，削其偽而紀其真，俾後之覽者知其所景慕，居官者思舊志之當復，為士者知義之當敦，為民者知法制之當守，身體而力行，則德厚而人淳，挽今而復古矣，故不讓而書。（弘治十年）

　　【按】弘治間，藩憲修纂省志，命郡縣各輯志乘，萬安知縣郭英聘教諭王汝南為縣志主纂。本志已佚，王汝南序文尚存。其書內容，王序略言之，至於卷帙、類目，則不得而知。又王序撰於弘治十年，志書當成於是年。又據清康熙二十八年縣志黃圖昌序云：「偕邑中諸士合弘治丁巳古志暨本朝亥辛舊志參疑補略」，則本志於康熙間尚存，其亡於何時，已難考詳。

〔嘉靖〕萬安縣志

　　盧肇修　林相纂盧肇，嘉靖十五年任萬安知縣。　　林相，號鐵

齋，海鹽舉人，嘉靖十二年任萬安縣教諭。

　　明嘉靖十五年（1535）刻本　佚

　　光緒《江西通志》藝文略。

　　林相序仍其志書觀之，羅洪彥先生創之於前，王汝南先生修之於後，其用心勞矣。要之各有所善。迄今四十餘年，為補缺典，乃令諸生廖楨纂集舊聞，以備參考，相應而正之。先生立其綱，理其目，其綱有六，一曰地輿，二曰職官，三曰政典，四曰選舉，五曰人物，六曰雜志……事實悉因前志，繁文盡皆刪削，復有小按，附以己意，非敢遂以為是也，取通邑諸賢校正以盡其所長，仍就正於鄉士大夫而鋟諸梓……（嘉靖十五年）

　　【按】據本志陳典序稱：「萬安志不修者四十餘年，其間事蹟幾乎湮沒，寅伯鐵齋先生蒞位有憂之，經營三載以修志。」考林相於嘉靖十二年任縣教諭，即思修志，經營三載，至十五年修成。又據同治縣志卷八，職官志，縣令載：「盧肇，嘉靖十五年任，修縣志。」由此推之，此志當是林氏編纂在先，至盧氏任知縣時乃以官府名義修之。故後志序跋往往只言嘉靖林相修志，不及盧肇也。又，林相自序稱所修「事實悉因前志，繁文盡皆刪削」。此「前志」，即正統羅洪彥、弘治王汝南志等。本志分六門，輿地、職官、政典、選舉、人物、雜志，各有按語，林氏序已言之。

〔萬曆〕萬安縣志

　　張肇林修纂　張肇林，上海進士，萬曆四十年任萬安知縣。

　　明萬曆四十年（1612）修本　佚

同治《萬安縣志》經籍志：《萬安縣志》知縣張肇林輯。

【按】清康熙十年縣志史彪古序略言萬安舊乘源流，云：「萬安縣治創自熙寧，而縣志之成，則自宣德昉也。迨後洪彥羅君旁采成帙，令長吳清複梓之，以錯簡無當，尚書蕭公維楨、太常吳公節刪繁舉要，鏤板貯於郡庫，未及宣行。然其中不無傳疑者。歷弘治之丁巳迄嘉靖之丙申，代有修舉，要皆殘缺失次，無裨經雅。至後肇林張君欲增葺舊志，徵檄再下而不果，此事遂缺如焉。」據此可知，萬曆間邑令張肇林有修志之舉。依史序所云，張肇林此舉事不果。不知是志未纂成，抑稿成未刊。該書同治縣志卷十六，經籍志有著錄，茲據以錄之。

〔康熙〕吉安府萬安縣志十二卷

胡樞修　周冕　郎星纂胡樞，字邑藩，嘉興人，進士，康熙二年任萬安知縣。　　周冕，南昌人，歲貢，順治八年任萬安縣訓導。　　郎星，字友月，縣訓導。

清康熙十年（1671）刻本　存

光緒《江西通志》藝文略：《萬安縣志》康熙十年知縣胡樞修。

《中國地方志聯合目錄》。

史彪古序萬安縣治創自熙寧，而縣志之成，則自宣德昉也。迨後洪彥羅君旁采成帙，令長吳清複梓之。以錯簡無當，尚書蕭公維楨，太常吳公節刪繁舉要，鏤板貯於郡庫，未及宣行。然其中不無傳疑者。歷宏治之丁巳迄嘉靖這丙申，代人修舉，要皆殘缺失次，無俾雅經。然後肇林張君欲增葺舊志，徵檄再下而不果。此事遂缺如焉。今得胡侯揚以舊文載以新典，庶幾乎八體之能，六善之備矣……（康熙十年）

【按】清修萬安縣志，以胡樞本為先出，經始於康熙九年秋，翌年夏成書。全書十二卷，分建置、食貨、學校、秩官、選舉、人物、雜志、藝文諸志。史彪古稱之「以舊文載以新典」，「是其志之所載，訓而有則，嚴而不私，粹然一軌於正」。有康熙十年刻本，此係今存最早之萬安舊志。

〔康熙〕萬安縣志十二卷首一卷

黃圖昌修　劉應舉纂_{黃圖昌，字淑岱，大名府人，進士，康熙二十五年任萬安知縣。　劉應舉，字尤者，邑人，順治十四年舉人，曾任知縣。}

清康熙二十八年（1689）刻本　存

光緒《江西通志》藝文略：《萬安縣志》十二卷_{康熙二十八年知縣黃圖昌修。}

《中國地方志聯合目錄》。

黃圖昌序_{乃不自揆，偕邑中諸士，合弘治丁巳古志暨本朝辛亥舊本，參疑補略，筆者筆，削者削，凡皆出於講仁慕義興利除弊。退食之暇，下惟懸燭、兢兢三歲而帙始成……編為十有二卷，亦曰治道人心之資其在斯乎！（康熙二十八年）}

【按】康熙二十六年，知縣黃圖昌舉修邑志，黃氏序稱其「退食之暇，下帷懸燭、兢兢三歲而帙始成」。此修乃「合弘治丁巳古志暨辛亥舊本，參疑補略」。其體例多承康熙辛亥胡志，凡十二卷，釐為十二門。如黃序所云：「辨疆域，表山川，重地利也；詳建置、定賦役，著良規也；崇學校，以正人心；彰循良，以立民極；隆選舉，以鼓人才……他如水利風俗淫祠物產諸

類，存者存之，去者去之。」有康熙二十八年刻本，存。

〔道光〕萬安縣志十二卷

魏絪　張兼山修　張映宿纂魏絪，號芸軒，長沙人，進士，嘉慶二十五年任萬安知縣。　　張兼山，河南人，進士，道光間署萬安知縣。　　張映宿，號鬥南，邑人，副舉，曾任東鄉縣教諭。

清道光四年（1824）刻本　存

光緒《江西通志》藝文略：《萬安縣志》道光四年知縣魏絪修。

《中國地方志聯合目錄》。

張兼山序道光二年，上憲倡修省志，檄各屬輯修匯繳。魏君芸軒實令斯邑，因取康熙間胡君邑藩、黃君淑岱所修之舊本，與邑紳士悉心較輯，訂訛補漏，增其後來，逾年而稿脫，魏君已為之弁語而鋟諸版矣……（道光三年）

【按】道光二年，邑令魏絪奉憲檄修志，自康熙十八年黃圖昌志至此，歷百三十五年，邑志未修。魏氏此修實本康熙黃志，參胡志，刪繁補闕，續其後事以成。全志十二卷，首一卷。卷首序、凡例、縣圖，正文分方輿、建置、食貨、學校、人物、方外、塋墓、藝文八志及秩官、選舉二表、子目七十。魏氏有自序，撰於道光四年。據本志張兼山序曰，其攝邑篆時，「魏君已為弁語而鋟諸板矣」。則本志於道光四年刻竣。張兼山似未參予修纂。而同治志，職官志記載張氏「同纂縣志」，原修姓氏「總修知縣」亦有張兼山。今姑仍之。另據同治縣志，職官志，「縣令」載：「朱錫谷，侯官進士，嘉慶十一年任，擬修縣志。」則在魏湘任邑令前，朱氏則有舉修。此事未見其他文獻記載，且朱

氏「擬修縣志」，似未成事，今不著錄，謹附說於此。

〔同治〕萬安縣志二十卷首一卷末一卷

歐陽駿　周之鏞修歐陽駿，湖南寧遠舉人，同治八年署萬安知縣。　周之鏞，浙江嵊縣人，監生，同治九年任萬安知縣。

清同治十二年（1873）刻本　存

清光緒三年（1877）重校本　存

《中國地方聯合目錄》：《〔同治〕萬安縣志》二十卷首一卷末一卷（清）歐陽駿修，周之鏞纂。清同治十二年刻本清光緒三年重校本。

周之鏞序同治己巳秋，上憲倡修省志，檄各為纂輯以進。歐陽君駿攝篆，是邑協諸紳設局匯修，已經數月，未竣事而解任去矣。庚午冬，余奉簡命來守此邦，懼貽隕越，負疚前賢，於是采風謠、審民俗……歷時數月，粗成梗概……簿書餘暇，參互考證，與諸紳詳加纂校，繁者刪之，訛者訂之，略者詳之，遺者補者之，又閱三載而始告成……（同治十二年）

【按】同治八年秋，署知縣歐陽駿奉上憲命纂輯縣志，次年解任去，志尚未修成。周之鏞接任知縣，繼為修纂，又閱二載而告成。周氏有序述修志始末。據本志凡例：「新志以魏志（即道光魏湘志）為稿本，參以胡、黃二志（即康熙十年胡樞志，康熙二十八年黃圖昌志），康熙以後，乾隆丙申以前，則據盧太守志，惟體例條目略有更張，今附載各門，詩篇均摘歸文翰。」又，「魏志定式為志八、表二，今斟酌義例，分門一十有二，各綴小序，聯絡子目」。本書十二分志為：方輿、建置、食貨、學校、祠祀、職官、選舉、人物、列女、經籍、文翰、雜志，子目

九十三。卷末錄舊序。有同治十三年刊本，光緒三年重校本。又
江西省圖書館鉛印本（1960年），諸本俱存。

▶ 永新

《太平寰宇記》引《（永新）縣圖》一書，係現今所知永新邑乘之最
早一種。宋修本，僅得淳熙柴必勝所修《圖經》及嘉泰縣志兩種。元修本
放失無考。《永樂大典》引《永新志》佚文數條，撰人、撰年不明，疑為
明以前舊志。明宣德間曾修縣志，修纂者無考；成化間曹濂修《圖經》，
萬曆間邑人尹台又纂修縣志，該志人稱「耄史」，素負信史之譽。清修縣
志，先有康熙王運楨志，乃據萬曆尹志損益成編，識者譏之簡陋；繼有乾
隆王瀚志，以濫冒冗穢被斥為「穢史」。其後程尚贇撰《新志正訛錄》以
糾其謬。乾隆四十年邑人譚尚書纂《禾川書》二十卷，係私家修本。道光
間又重修縣志，尹襟三主筆，稿成未刊。同治間尹繼隆撰《禾川書舊志糾
謬》三卷，又纂輯縣志十卷，亦私家修志。志稿經學使李文田鑒定付梓。
其時，知縣蕭玉春亦奉檄修志，成二十六卷。本邑舊志今存者，有明萬曆
志、清康熙王志、乾隆尚氏《禾川書》、同治尹繼隆志、蕭玉春志五種。

東漢末始置永新縣，隸廬陵郡。吳寶鼎二年改隸安成郡。隋開皇中省
永新入太和。唐武德五年折太和地置南平州，復置永新縣，隸之；八年，
州廢，又省永新入太和。顯慶二年，復永新縣。宋屬吉州。元元貞初升永
新州，明復為縣，屬吉安府，清仍之。

（永新）縣圖
佚名修纂

修纂年不詳　佚

《太平寰宇記》卷一〇九，吉州，永新縣姚公石室，引《縣圖》一條。

《中國古方志考》：《（永新）縣圖》佚。

《江西古志考》卷八：《（永新）縣圖》佚卷數、撰人。按：《縣圖》佚文曰：「故開元宰相姚崇布衣之時曾至其處。」姚崇卒於唐開元九年，疑此《縣圖》為唐人所撰，修於開元之後。

〔淳熙〕永新縣圖經

柴必勝修柴必勝，錢塘人，由左司直即差知縣事，淳熙二十五年任永新知縣。

宋淳熙間修本　佚

【按】本志未見著錄。清乾隆譚尚書《禾川書》凡例曰：「禾川風土人文，宋令柴必勝、明博學曹君謙所著《圖經》，俱不傳。」同治十三年縣志卷十，職官，名宦載：「柴必勝，錢塘人，由司直即差知縣事，修學校及《縣圖經》，文學政績著聞一時。」柴氏任永新知縣在淳熙二十五年，《圖經》修於此年稍後。

〔嘉泰〕永新縣志

趙善修　王子俊　許景陽等纂趙善，慶元六年任吉州廬陵郡守。　　王子俊、許景陽，俱廬陵貢生。

宋嘉泰間修本　佚

【按】清乾隆四十一年《吉安府志》名宦志載宋慶元郡守趙善命貢士王子俊、許景陽等「分纂八邑志以附周必大郡志之

後」。永新縣係宋吉州廬陵郡屬邑，亦當修有邑乘。今考趙氏命修八邑志，在嘉泰年間。本志實際纂輯者不詳，姑依乾隆府志錄作趙善修，王子俊、許景陽等纂。本志未見官私著錄，明、清志家更無人言及，蓋久佚不傳。

永新志

佚名修纂

修纂年不詳　佚

《永樂大典》卷七二四〇，十八陽，堂清心堂，如心堂；卷七五一六，十八陽，倉際留倉；卷八〇九二，十九庚，城永新縣城，南平州故城，廣興且故城；卷一三〇七四，一送，洞石廊洞，引《永新志》七條。又卷二六〇三，七皆，台仙台，引《吉安府永新縣志》一條。

《江西古志考》卷八：《永豐志》佚卷數、撰人。未見著錄。

【按】《永樂大典》引《永豐志》七條，該志撰人、撰年俱已失考，其修纂時間下限，必不超出明永樂初，當無疑義。佚文多記唐宋時事，或係明以前故乘，亦不可知。茲據《大典》所引著錄。又輯《大典》引《吉安府永新志》一條，此書亦不知何時纂輯。頗疑志題中「吉安府」三字係《大典》引時所加，姑繫於此。

〔宣德〕永新縣志

佚名修纂

明宣德間修本　佚

【按】本志未見著錄。據清康熙二十二年縣志凡例:「宣德年間舊志今已無存。」知明宣德年間曾修邑志。該志修纂情況及卷帙篇目俱不詳。

〔成化〕永新圖經

曹謙纂曹謙,姑蘇人,成化間為教諭。

明成化間刻本　佚

【按】康熙二十二年縣志,卷四,人物:「曹謙,姑蘇人,成化間為教諭,通經史,能詩文,嘗編邑志,頗存故實,監司命鋟鋅以傳。」又《禾川書》凡例稱:「宋令柴必勝,明博學曹君謙所著《圖經》,俱不傳。」據此可知,明成化間有《圖經》一種,係縣教諭曹謙所修,今據以著錄。

〔萬曆〕永新縣志八卷首一卷

龔錫爵修　尹台纂龔錫爵,浙江嘉定人,進士,萬曆二年任永新知縣。　尹台,字崇基,號洞山,本邑進士,官至南禮部尚書。

明萬曆六年(1578)刻本　存

清光緒十年(1884)刻本　存

《千頃堂書目》卷七:尹台《永新志》。

光緒《江西通志》藝文略。

《中國地方志聯合目錄》。

龔錫爵序大宗伯洞山尹先生,鄉之宿耄,今代良史也,斯文在,是覯合有符變通之會,殆天啟之矣。顧誠得先生以重斯典。余小子即無能為役,敬願畢力以從,己為之介紹,以請先生,運契斯衷,忻然載筆。遂乃

捃摭子史傳記，博訪山氓野老，探求故實，證以舊乘。采詢既同，錯綜隱括上下千數百年，搜墜綴逸，摭幽闡微，盡釐蕪穢之言，特出冥超之識，化裁品鑒，鈞石權衡，勒成一家……志凡八卷，為目十有二，三閱歲始成……（萬曆六年）

【按】本志係明萬曆初知縣龔錫爵修，尹台主纂。於萬曆四年丙子秋設局纂輯，兩年後成書。龔氏有序，稱本志之修，「乃捃摭子史傳記、博訪山氓野老，探求故實，證以舊乘，采詢既同，錯綜概括上下千數百年，搜墜縱逸，摭幽闡微，盡釐蕪穢之言，特出冥超之識，化裁品鑒，鈞石權衡，勒成一家」。全書八卷，首一卷，正文分建置、疆域、官師、選舉、戶賦、物俗、祠祀、宦績、人物、雜志、藝文諸門。此志世稱「耄史」，素負信史之譽。後世邑乘不僅多取資本志，更以之為修纂准的。本志今存有萬曆六年刊本，是永新舊志見存最早本子。又有光緒十年邑民尹氏重刊本，亦存。

〔康熙〕永新縣志十卷

王運禎修　劉爵生等纂 王運禎，正白旗蔭生，康熙二十年任永新知縣。　劉爵生，邑人。

清康熙二十二年（1683）刻本　存

光緒《江西通志》藝文略：《永新縣志》康熙二十二年知縣王運禎修。

王運禎序 考之邑志，自故有萬曆六季尚書尹公台搜輯，迄今百有餘載矣。我朝定鼎以來，繼無重修，不第版籍毀燼，即舊章具在，亦不足為當代之規模。禎於是遍詢蒩，僅得殘編蠹帙，乃諏於癸亥仲秋之吉，延集

名彥公為訂輯，計卷有十，目十有一，雖曰率由舊章，然昔之冗者今得為之簡矣，昔之闕者今得為之增矣，更采時風以及三事六府之要、廣為評推，詢無遺力倩工剞劂，繼晷焚膏，是志告成也……（康熙二十二年）

【按】此係清修第一部永新縣志。據本志凡例：「宣德年間舊志今已無存，即有前明邑令龔錫爵與宗伯尹公萬曆間所纂修八卷，遍訪民間殘本，彙集成編，今悉依入志，庶幾舊事可傳信也。」知本志所載明萬曆以前部分，本尹台《永新縣志》，如王運禎序所謂「率由舊章」也，繼以增續後事。全書十卷，分十一門七十目。此志於萬曆志有刪削增益，由於去取無當，多遭後人譏抨，道光時邑人尹繼隆謂：「康熙王志照『耄史』間有刪削，不無簡陋之譏；其增益門目，即已潛開弊竇，至乾隆王志濫冒冗穢，致啟爭訟。」

〔乾隆〕永新縣志十卷

王瀚修　陳善言纂　王瀚，蒼梧人，進士，乾隆六年任永新知縣。　陳善言，本邑貢生，曾任廣豐訓導。

清乾隆十一年（1746）刻本　存

光緒《江西通志》藝文略：《永新縣志》乾隆十一年知縣王瀚修。

《中國地方志聯合目錄》。

王瀚序顧邑乘修於康熙癸亥，率沿故明遺冊，其間失紀殊多……乃據公詞申各上憲，幸得允行，乃延博雅，就義學開局，於是邑人以事來請續志者七百有奇，補志者五百有奇，與其事者先誓於神，然後分曹纂輯，逾期而成。是役也，始吾不敢以苛求之，懼搜羅之未遍也；繼且不敢以恕

取之，懼責實之匪易也。參之新舊志以為之本，考之省府志以為之證，征之盧泰安寧諸鄰之書以為之輔，酌之世族譜牒、故家藏書、鴻儒寶秘以為之訂訛補遺……（乾隆十一年）

【按】本志係乾隆十一年邑令王瀚所修。據王氏自序稱，康熙王運禎志「率沿故明遺冊，其間失紀殊多」，遂請於上憲，重修邑志，獲准，逾年志成。王氏又謂所修「參之舊志以為之本，考之省府志以為之證，征之盧泰安寧諸鄰之書以為之輔，酌之世族譜牒、故家藏書鴻儒寶秘以為之訂訛補遺，雖如是，敢自謂信史乎，無可沽名無庸謝之責」。本志成，即被斥為「穢史」，致啟爭訟。時程尚贄攝篆，因撰《新志正訛錄》。參見本書程氏《正訛錄》考說。

〔乾隆〕禾川新志正訛錄

程尚贄修程尚贄，字比涯，桐川人，附貢，乾隆十一年由南昌府通判署永新知縣。

乾隆十一年（1746）刻本　未見

程尚贄序今秋委署禾川，聞邑有修志之舉，竊幸先得我心。抵任後移取翻閱，體裁未善，訛舛甚多。即將首二卷黏簽移改，及購舊志較對，遺軼濫觴，不勝指數，竊疑此中似有詐偽，預伏侵佔之根。旋據士民具呈，因地批內，略一摘示，而續稟者紛紜，無非為冒認宗支、妄爭山主諸事，彼此互訐不休，積習相沿，陷溺日甚，所關風俗民心者不少。不得已，若曰嚴辭，聊作狂瀾之障，敢謂杜漸防微，或因此而挾詐者不得售其欺，忿爭者有以平其訟，庶無負臨民之責耳。乃公呈復請詳……而公呈恐後患無已，因令將各批匯抄，以備他日考核，復繕寫謬誤，呈請付之棗

梨……贊所以不避嫌怨，俯見縷指陳者、冀以杜詐偽而息紛爭，若傳抄失實，或懷私者增刪更易其間，致有訛舛，不幾與新志同類並譏耶？爰允所請付之梓人。（乾隆十一年）

【按】乾隆十年，前宰王瀚主修新志甫成，即以挾私詐偽，濫冒冗穢引發爭訟。邑人譚尚書謂，其時「物議沸騰，會桐川程公祖為攝縣事，予與內兄左仿思先生率邑之縉紳具揭，請毀」（譚尚書《禾川書》自序）。程尚贊遂將士民具呈，「各批匯抄，以備他日考核，復繕寫謬誤，呈請付之棗梨」，「冀以杜詐偽而息爭訟」。此事程氏有序言之甚詳。此書，據譚尚書稱為「《禾川新志正訛錄》」。時人譽為乾隆王志之「秦鏡」。是書今未獲見，存亡不可知。

〔乾隆〕禾川書二十卷

譚尚書纂譚尚書，字述唐，號璧堂，本邑貢生，曾任新淦縣學訓導，著有《春草堂集》等。

清乾隆四十年（1775）稿本　存

清同治十一年（1871）刻本　存

清宣統三年（1911）重刻本　存

光緒《江西通志》藝文略：《禾川書》二十卷乾隆十二年譚尚書撰，尚書見正史類，永新縣志，字述唐。謹按：王瀚縣志成後，署知縣程尚贊有《縣志正訛錄》，尚書復別撰此書，以訂其訛，其凡例自云考據史鑑，搜羅群籍，徵引必注出處。然如地理沿革表稱隋開皇元年改廬陵為吉州，並謂隋代無並永新入太和之事，又以梁之南平郡即為唐初南平州，頗與史書抵牾，則不知所謂搜羅考據者何在也。

《中國地方志聯合目錄》：《〔乾隆〕禾川書》二十卷（清）譚尚書纂，清乾隆四十年纂，宣統三年刻本。

譚尚書後記丙寅冬，蒼梧王侯修邑乘甫出，物議沸騰。會桐川程公祖來攝縣事，予與內兄左仿思先生率邑之縉紳士具揭，請毀，刊有《禾川新志正訛錄》，時予摘發新志庇謬，因略覽舊志，舛訛附會頗不少，次年取諸書遂類考核，正訛補闕，名曰《禾川書》。仿思先生見之，深許可，慫慂付梓，探囊羞澀，藏之笈中數十年矣。今歲復取舊稿，細加酌正，有應載者，自乾隆十三年續至四十年，汰除四卷，共得二十卷……（乾隆四十年。）

蕭玉春序今年春，余補授斯篆，甫下車，適有修志之舉，在事諸君子網羅舊編，以資纂輯，其載在藝文，尤稱典贍者，自劉杲齋之《人物錄》、尹耄史之萬曆志外，惟以《禾川書》為最。《禾川書》者，邑西澧田譚述唐先生所著也。先生博學宏才，為邑名宿。顧躓於棘闈，僅以明經司鐸老士林，惜之。而先生恬然氈席，以鉛槧自娛，深慨乾隆丙寅志與穢史同譏，爰取史鑒諸書及本邑先正名集有關邑乘者，莫不旁搜博采折衷焉以求其是，蓋鍵戶吮毫，幾經爐錘，凡為書二十卷，分門二十三，其體例精以嚴，其考據詳而審，其議論弘以通，信乎補闕正訛，有功於邑乘不小矣。其裔孫等懼遺編久而散佚，謀付梓以永其傳，亦是後起者之善繼善述也，其於剞劂既竟，因為綴言簡端如此。（同治十一年）

【按】是志係乾隆間邑儒譚尚書自纂。乾隆十一年，王瀚所修新志成，旋遭物議，爭訟盈庭。程尚賓時攝縣事，譚尚書與其內兄左氏率邑紳士具揭，請毀。程氏遂有《禾川新志正訛錄》。譚尚書摘發新志庇謬之時，因覽舊乘，亦見舛訛不少，遂搜羅群籍，考據史鑒，正訛補闕，纂為《禾川書》二十四卷。以無資錄

梓，藏於笈數十年。至乾隆四十年，復取舊稿加以增改，刪為二十卷，又續補乾隆十二至四十年之事，乃成定本，仍未刊行。其事見譚氏書後記。同治十一年，譚氏裔孫等「懼遺編久而散佚，謀付梓以永其傳」。時邑令蕭玉春有序記此事。又《中國地方志聯合目錄》先錄「〔乾隆〕禾川書二十卷」，題為清「譚尚書纂，清乾隆四十年纂，宣統三年刻本」；復錄「〔同治〕禾川書二十卷」，題為清「譚述唐纂，清同治十一年刻本」。今按「述唐」，係譚尚書之字，譚氏《禾川書》二十卷，先有同治十一年刻本，後又有宣統三年重刻本，《聯合目錄》將一書誤錄為二種。又，本書凡例自稱：「凡援引必注出處，使閱者知所從來，得以定其是而講去其非，官賢、人物、列女、工伎、傳文，其據『耄史』、王志及郡省志增損成篇者，不復注，或別有採擇，則另注於後，若其一概稱名，仿史體也。至於乾隆丙寅志，附會無稽，罄竹難書，茲略及一二，餘皆附之自鄶。」譚氏此書，後人有評議曰：「《禾川書》雖一家言，而搜羅備極苦心，尚多可采」（同治縣志凡例）。此係平心之論，至若書中若干舛誤如光緒《通志》所指摘者，究屬難免，未可苛求。

〔道光〕永新縣志

徐作偕修　尹襟三纂 徐作偕，陝西舉人，道光四年任永新縣知縣。　尹襟三，本邑舉人。

清道光六年（1826）稿本　佚

【按】據清同治十一年尹繼隆修《永新縣志》凡例稱：「前道光壬午，曾事復修（縣志），先孝謙襟三先生主纂，共事者意

識各殊。甲申先君棄世，至丙戌稿成，亦未刊行。迄今近五十年，又經寇亂，稿本亦殘缺。」又同治尹志自序又稱：「憶道光甲申冬，先孝謙襟三先生易簀時囑隆曰：我邑舊志，素稱穢史，往壬午歲曾事續修，余欲將謬誤冒濫處刪訂，奈共事者才識不廣，私意不化，未獲如願。」知道光二年壬午，尹襟三等續纂縣志，與事者意見不合，未符襟三刪訂舊志謬濫之願。此志於道光六年丙戌稿成，未刊行。至同治間，尹繼隆所見稿本已殘缺。今殘稿已不復得見。

〔同治〕禾川書舊志糾謬三卷

尹繼隆纂尹繼隆，字甘泉，本邑附貢生。

清光緒五年（1879）刻本　存

【按】本書系邑人尹繼隆纂，纂寫經歷，尹氏《永新縣志稿》自序及《上李學使書》言之甚詳。（參見本書尹繼隆《永新縣志稿》考說）尹序自稱：「伏處敝廬，先仿《蕭山志刊誤》之例，成《禾川書舊志糾謬》三卷，非敢以博洽擷拾炫長也，蓋欲藉以考核掌故文獻云爾。」又，其《上李學使書》亦云：「仿吳縝《新唐書五代史糾謬》、毛西河《蕭山縣志刊誤》之例，家居獨修。去歲（按指同治十年）六月已成書矣。」尹氏《糾謬》成後，復獨纂縣志稿一部。兩書俱有光緒五年刊本，存。

〔同治〕永新縣志[1] 十卷

尹繼隆纂

清光緒五年（1879）刻本　存

《中國地方志聯合目錄》：《〔同治〕永新縣志稿》十卷（清）

尹繼隆纂修清　　同治十年修光緒五年刻本

尹繼隆序作志者不知所戒，妄自秉筆，謬誤叢生，而誤有刊不勝刊者，無若永新乾隆王志之甚者矣。憶道光甲申冬，先孝謙襟三先生易簀時囑隆曰：我邑舊志，素稱穢史，往壬午歲，曾事續修，余欲將謬誤冒濫處刪訂，奈共事者才識不廣，私意不化，未獲如願，大凡公修之書，概不得盡善者，由此也。汝後日能繼先宗伯公志成一信史，則幸矣。隆識之不敢忘。前年庚午春，中丞劉公奏請續修通志，檄所屬各修郡縣志。我邑侯諶公篠門聘隆濫竽總纂之任，有娼嫉者焉蔞菲貝錦，謠諑蛾眉……隆引身而退，伏處敝廬，先仿《蕭山志刊誤》之例，成《禾川書舊志糾謬》三卷，非敢以博洽摭拾炫長也，蓋欲藉以考核掌故文獻云爾。《糾謬》成，復仿康對山、韓五泉諸公之意，獨纂一志，其門目參三舊志損益焉，其竊取之義，備詳凡例……凡百日而書成，私幸先君遺命堪告……前之謗毀者啗以三百金購其稿，隆笑而卻之，豈驕且吝乎，恐復蹈道光壬午之故轍也。辛末秋，邑紳廿餘合纂一志，隆私念一人之學識應不敵眾人之博且廣，敝帚自珍，究自信未能也。今年七夕前三日，呈稿學使若農李公丐鑒定，乃盛沐獎借，許以史才，然歟？否歟？隆竊自喜曰，昔有求全之毀，今乃有不虞之譽，亦不幸中之幸也，用是鮮次編葺，付之手民……（同治十一年）

【按】本志係邑人尹繼隆私家纂輯。道光年間，繼隆先人襟三先生曾主纂縣志，與事者意見不合，稿雖成而未刊，襟三遂遺命其子纂為一信史。同治九年，邑令諶氏奉省檄修志，聘繼隆主其事，有邑人上控諶氏而牽扯及繼隆，繼隆自行引退，「伏處敝廬，先仿《蕭山志刊誤》之例，成《禾川書舊志糾謬》三卷」，「復仿康對山，韓五泉諸公之意，獨纂一志，其門目參三舊志損

益焉」。志稿成後，有人欲以三百金收購，尹氏拒之。新任知縣
陳某又逼尹將志稿上繳。繼隆遂上書學使李文田陳情並乞鑒定。
李學使即予批復，稱尹志「不但網羅賅博，鉤稽精密，抑深明史
例，去取得失洞合古人」，評價甚高。尹繼隆序文撰於同治十一
年壬申重九日，當是此志定稿之日。全書十卷，分宸翰、建置、
疆域、職官、選舉、人物、藝文七門，五十三子目。

〔同治〕永新縣志[2] 二十六卷首一卷

　　陳恩浩　蕭玉春修　李煒　段夢龍纂陳恩浩，字養齋，浙江會
稽舉人，同治十年署永新知縣。　　蕭玉春，藍山人，進士，同治十一年
任永新知縣。　　李煒，本邑舉人，曾任湖南永定縣知縣。　　段夢龍，
本邑舉人，選用教諭。

　　清同治十三年刻本　存

　　《中國地方志聯合目錄》：《〔同治〕永新縣志》二十六卷首
一卷（清）蕭玉春，陳思浩修，李煒、段夢龍纂。清同治十三年刻本。

　　蕭玉春序我劉大中丞以中興勳臣來撫江右，武功既藏，文教聿興，
乃於同治九年間詢謀寮紳，倡修省志，復檄諸郡縣各修其一方之志，以備
采輯。於時篆永新者為楚北湛君筱門，甫邀邑紳會議，旋值瓜代，署任陳
君養齋繼之開局採訪，未及脫稿，又以期滿卸篆去，壬申三月春，予奉檄
來蒞斯土，下車即進局紳，敦以志事，諸君子欣然，每脫一稿，時袖以相
商，春不敏，亦間以管見所及，互相參訂，至夏五月衰然成帙，既分繕送
省郡二局，又集費鳩工以付剞劂，越二年甲戌刊梓告竣。

　　【按】同治九年，知縣諶筱門奉檄倡修邑志，聘尹繼隆主
筆。諶氏隨即被邑人指控，尹亦自行引退，志局中輟。次年，陳

恩浩攝篆，開局採訪，另聘李煒、段夢龍等纂輯。未及脫稿，陳卸篆去。同治十一年春三月，蕭玉春來知縣事，接修邑志，五月竣稿，繕寫二部分送省、郡二局，又鳩工以刊刻，越二年刊竣。此事見蕭氏自序。此修體例「恪遵省局之所頒定以為圭臬，其紀載則考據史傳及本邑先正名集以為抵本」（蕭序）。補舊志之缺，正其謬。未經考證者，率仍其舊。於近代人事，「詳搜博訪」以續其編。全志二十六卷首一卷。卷首綸音、繪圖；卷一至卷四地理志；卷五至卷七建置志；卷八食貨志；卷九、十職官志；卷十一、十二選舉志、卷十三、十四學校志；卷十五武備志；卷十六至二十人物志；卷二十一至二十五藝文志；卷二十六雜類志，凡十分志，子目七十。有同治十三年刊本，存。

▶ 寧岡

　　寧岡舊志，有文獻可考之最早修本，為明弘治志。嘉靖八年、嘉靖末均有纂續。前者見光緒《通志》著錄，後者見萬曆志單序。然嘉靖間縣志或兩修，抑或一事訛為二，尚難確知。又萬曆三十七年有單有學修本。入清以來，縣志凡四修：有康熙二十三年本、乾隆十五年本、道光二年本、同治十三年本。民國八年修有志稿一部，未印行。明志皆亡，清修四本及民國志稿今存。

　　元順治初，析永新縣勝業鄉等地置永寧縣，屬吉安路，明屬吉安府，清仍之。民國三年，避與四川永寧道同名，改永寧縣為寧岡縣。

〔弘治〕永寧縣志七卷

馬鉦修馬鉦，奉化舉人，弘治三年任永寧知縣。

明弘治間修本　佚

【按】明弘治間知縣馬鉦曾修縣志，此係本縣舊志最早一本。有明抄本，原藏寧波天一閣。天一閣1808年《舊目》有著錄，係「明烏絲闌抄本」。今已不傳。光緒《江西通志》及其他公私書目俱未見著錄。（參見《天一閣藏明代地方志考錄》)》

〔嘉靖〕永寧縣志[1]

謝元光修謝元光，爵里不詳，嘉靖間任永寧縣知縣。

明嘉靖八年（1529）刻本　佚

光緒《江西通志》藝文略：《永寧縣志》嘉靖八年知縣謝元光修。

【按】同治縣志凡例曰：「寧邑縣志始修於前明嘉靖己丑（八年）。」光緒《通志》著錄嘉靖八年《永寧縣志》為知縣謝元光所修。今按謝元光任職年月無考，乾隆、同治縣志所序永寧縣明嘉靖間知縣，俱不書任職時間，而將謝元光列置嘉靖間知縣最末一位，所據不明。又據明萬曆縣志單有學序，嘉靖末永寧縣曾修志，或同治縣志凡例所言「嘉靖己丑」係「乙丑」（四十四年）之訛，光緒《通志》承誤將謝元光志錄作嘉靖八年，亦未可知也。今仍據光緒《通志》著錄，特志疑於此。

〔嘉靖〕永寧縣志[2]

佚名修纂

明嘉靖間修本　佚

【按】萬曆三十七縣志單有學序云：「計舊志修後，迄今歷有四紀，人政屢更，記載未及，則所謂前湮沒而後有待者，此正其時矣。」據此可知，在單氏修志之前「四紀」（即四十八年），曾修纂永寧縣志。是志之修，當在嘉靖四十一年前後。該志修纂人不詳，自單序之後，鮮有人言及，官私書目亦未見著錄，蓋早佚無傳。（參見「嘉靖謝元光《永寧縣志》」考說）

〔萬曆〕永寧縣志六卷

單有學修單有學，蕭山舉人，萬曆三十四年任永寧知縣。

明萬曆三十七年（1609）刻本　佚

《千頃堂書目》卷七：單有學《永寧縣志》六卷。

光緒《江西通志》藝文略：《永寧縣志》萬曆三十七年知到陳欲達修。

單有學序夫寧之為邑，析置未遠，舊不列於職方……計舊志修後，迄今歷有四紀，人政屢更，記載未及，則所謂前湮沒而後有待者，此正其時矣。丙午歲，有學來蒞茲邑，即有志於纂修，而睹時政有急於此者，未遑也。越三年，滿考，邑之故實頗聞一二，又適值公務餘閒，得以究心是典，於是本之以舊志，參之以見聞，事以類敘必尚核而闕疑，意以詞傳，務芟繁而就簡，要於體裁克正，情景逼真，庶一展而山川如身歷……是籍也，為志者八，志有論；為目者四十有二。目有引。內惟人物一志參考未真，檄假諸生綴次，余皆忘其固陋，手自編輯，非敢以創修之責自任，享敝帚以千金……（萬曆三十七年己酉）

【按】本志修成於萬曆己酉（三十七年），主修邑令單有學

有序記其事。據單序，知單氏知永寧縣事三年，即萬曆三十六年，纂修邑乘。是志以「舊志」為本，參以見聞。全書內分八志，四十二目，各志有論，子目有引。除人物志外，其他分志皆單氏「手自編輯」。單序撰於萬曆己酉，此其志成之時。本書不存，亡佚時間未詳。據康熙縣志袁有龍序云：「夫寧之舊志，修於明萬曆，至國初甲寅、乙卯、丙戌數年間，兵燹連綿，罄洗無遺，志書之存，僅有一二籍。」由是可知，前明故乘，至清初大都散佚，萬曆單志當在袁氏所謂「志書之存，僅有一二籍」之內。但自此而後，無人言見過本志矣。又，光緒《江西通志》藝文略著錄本志為「萬曆三十七知縣陳欲達修」，誤。陳氏知永寧縣在清康熙十九年。

〔康熙〕永寧縣志二卷

陳欲達修　袁有龍纂陳欲達，字父師，江南鹽城貢士，康熙十九年任永寧知縣。　　袁有龍，字衢公，本邑舉人，敕授文林郎，曾為山東諸城知縣攝青州事。

清康熙二十二年（1683）刻本　存

《中國地方志聯合目錄》：《〔康熙〕永寧縣志》二卷（清）陳欲達修　袁有龍纂。清康熙二十二年刻本。

袁有龍序邑侯陳父師治寧四年，憂勤撫字，起瘡痍而附衽席，業已上治行於天子之廷矣。然邑之大利大弊畫一永垂者，猶有數事，而縣志之修，其重且大。夫寧之舊志，修於故明萬曆，至今七十餘歲。其間始亂於明末，繼擾於國初，暨甲寅、乙卯間，兵燹連綿，罄洗無遺矣，志書之存，僅有一二籍。非纂而續之付諸棗梨，勢必僅存者日以殘缺廢逸，非惟

平民目不睹縣志為何物，宰治者欲觀往察來，溯一邑之源流，茫焉無徵……於是購集殘編，旁詢故老，分例續補，染毫灑墨悉出文學諸君子，訂正於庠師，鑒定於邑侯……余小子才疏學淺，折衷寡當，奚敢妄附諸賢先生之後，然有父師之命，何容辭焉，爰書而志之。（康熙二十二年）

【按】康熙二十二年，邑令陳欲達纂輯縣志。前明舊乘，至清初迭遭兵燹，馨洗殆盡。陳氏先購集舊志殘篇，旁詢故老，纂而續之。本志乃接萬曆單志，「分例續補」。全書二卷，分輿地、建置、貢賦、祠祀、官師、選舉、人物、藝文八門，四十四目。門目雖備，然記事疏略。有康熙二十二年刻本。原刻本雖存，內有缺損。

〔乾隆〕永寧縣志八卷

賴能發修賴能發，福建上杭進士，乾隆十五年任永寧知縣。

清乾隆十五年（1750）刻本　存

光緒《江西通志》藝文略：《永寧縣志》乾隆十五年知縣賴能發修。

《中國地方志聯合目錄》。

賴能發《重修縣志記略》永寧縣志，前令修之，於今近七十年矣。雖山川不改而井裡或易，其名創置或新其規，以至官師遞邅，科目踵起，未可執古例今者。且舊板歷久不無殘損脫略，余承乏茲土，欲續刻而未敢擅也。適奉憲有各邑補纂之命，爰集邑士僉謀采核，仗義有人募工全部翻鋟，事悉由舊，不敢臆為增減。閒有舊志已載，或現有事蹟為前修脫略者，據事直補，矢公矢慎，用備一邑之典故，昭一代之實紀耳。爰筆記之用書簡端。（乾隆十五年）

【按】康熙二十二年陳志傳至乾隆間知縣賴能發時已歷七十餘年，「舊板歷久，不無殘損脫略」。時上憲命各屬續修志乘，賴氏應命行事。賴氏有序云：「爰集邑士僉謀采核，仗義有人募工全部翻鏤，事悉由舊，不敢臆為增減，聞有舊志已載，或現有事蹟為前修脫略者，據事直補，矢公矢慎，用備一邑之典故，昭一代之實紀耳。」由是可知，本志基本沿用康熙陳志而續補之，凡八門，五十二目。門類之分，因襲前志，子目有所更易。內容較陳志加詳，如人物、藝文二志篇幅更富。其於陳志訛誤處，亦有辨訂。本志有乾隆十五年刊本，存。

〔道光〕永寧縣志八卷首一卷

　　孫承祖修　黃節纂孫承祖，號乂庵，浙江錢塘人，監生，道光元年任永寧知縣。　　黃節，字耐圃，廣昌舉人，永寧縣教諭。

　　清道光二年（1822）刻本　存

　　光緒《江西通志》藝文略：《永寧縣志》八卷道光二年知縣孫承祖修。

　　孫承祖序辛巳秋，余承乏茲土，有志續修未果。茲逢上憲議修全省通志。頒發格式，飭所屬州縣酌派地方大小捐資，一為本邑自修公費，一為解省匯纂通志。寧邑地雖僻壤，亦輶軒采俗所弗外，則先河後海。邑志即通志采選之先資也。幸此地風土淳樸，事簡民輯，公務幸有餘間，得以究心力主其局，因捐俸倡修，慎司出納，而學博黃君耐圃協修以分厥任，酌定條規，本諸舊章，參以見聞，並令邑中紳耆士庶徵獻考文，則是廣為搜采，送局核定，俾無遺無濫，事皆徵實，體歸簡要，而都人士更欣然樂輸以贊助之，踴躍急公，不數月而成帙……（道光二年）

【按】道光元年，孫承祖知永寧縣事。邑志修於乾隆庚午者，「閱今七十餘載，斷簡殘篇，考冊則有郭公夏五之缺，按字則有魯魚亥豕之訛」（黃節《重修縣志紀略》）。孫氏欲續修未果。適上憲檄所屬州縣纂輯志乘以供通志採擇，孫承祖因設局修纂，道光二年修本。本志體例「本諸舊章」，大抵沿襲乾隆庚午志，為八卷，首一卷。卷首為序、凡例、舊序、輿圖、正文分輿地、建置、貢賦、祠祀、官師、選舉、人物、藝文八志，各為一卷，子目五十三。有道光二年刻本，存。

〔同治〕永寧縣志十卷首一卷

楊輔宜　蔡體乾　程炳星修　蕭應乾等纂楊輔宜，浙江鹿溪人，監生，同治七年任永寧知縣。　蔡體乾，號勉之，浙江監生，同治九年任永寧知縣。　程炳星，號少垣，安徽太湖進士，同治十一年署永寧知縣。　蕭應乾，字瑞征，號占五，本邑舉人。

清同治十三年（1874）刻本　存

《中國地方志聯合目錄》：《〔同治〕永寧縣志》十卷首一卷（清）楊輔宜修，蕭應乾纂。清同治十三年刻本。

程炳星序戊辰之秋，予署篆於此。越明年，政通人和。適奉上憲有重修縣志之命，乃商之余廣文朗齋，遴選紳董三十六人，俾之採訪而纂修之。予則不時至局，稽考其成，今繕稿將畢，諸紳請序於予……（同治十三年）

【按】同治九年，上憲令重修縣志，永寧知縣楊輔宜設局倡修。不久，楊氏調去，蔡體乾接任知縣，「繼楊令後先補纂，皆未蕆以行」。程炳星繼任知縣，續纂之，至同治十二年志稿修

成，「顧以經費無措輒複遷延」，程氏亦行將解任。邑紳龍某出資承刊，同治十三年刊竣。其時溫晏接任永寧縣令，記事至是年止。本志凡例稱：「續修新志謹遵同治九年上憲所頒修志章程格式，別類分條，先後次第纂入，以遵成式，以昭畫一。」民國二十六年縣志卷一，前紀四稱：「楊輔宜以同治一年，蔡體乾以九年、程炳生以十一年，晏溫以十三年來修縣志……今惟此本僅存，蕪陋特甚。」

〔民國〕寧岡縣志六卷後志四卷

鄧南驤　丁國屏修　鄒代藩　陳家駿纂鄧南驤，新化人，民國七年任寧岡縣令。　　丁國屏，字翰華，江西宜黃人，民國二十三年任寧岡縣令。　　鄒代藩，字價人，新化人。　　陳家駿，邑人，曾任虔南縣令。

民國二十六年（1937）鉛印本　存

《中國地方志聯合目錄》：《寧岡縣志》六卷《後志》四卷鄧南驤修，鄒代藩纂，丁國屏續修，陳家駿續纂。民國二十六年鉛印本。

丁國屏序爰覓得民國八年七修縣志未印行之殘稿，亟欲刊行，以廣流傳，俾覽之者之有所感焉。乃於二十五年八月間聘請邑之前輩陳家駿諸先生為總纂，整理前稿，並補志八年以後之事蹟，以竟前人未竟之功……閱五月志成，以原稿為前志，而略加刪潤，後稿則仍其體例，為後志，其敘述之簡要，文字之高古，益見其後先輝映也……（民國二十六年）

【按】本志始修於民國八年，縣令鄧南驤聘其鄉人鄒代藩主纂，稿逋脫，未能付梓。民國十五年將志稿校勘發刊，事又未果。其後輿地、圖說篇章散佚。至民國二十五年八月，縣令丁國

屏覓得未印行之殘稿，聘邑人陳家駿等整理並加補續，按原稿後續至民國二十五年事。書分前後兩志，「以原稿為前志，而略加刪潤，後稿則仍其體例為後志」。閱五月而稿成。全志六卷，卷一紀（分前紀一至五，今紀，記後）；卷二圖；卷三表（分選舉表、職任表、先民表、孝友表、義烈表、學藝表、耆壽表、列士表，後記）；卷四述上（分財政述、民治述、警政述、典禮述、教育述、農商述、司法述，後記），述下（分功行述、論撰述、女行述，後記，後序）；卷五文徵（分內編、外編上、下）；卷六考異、拾遺（分考異一、二，拾遺，序）。有民國二十六年鉛印本，存。

▶ 新幹

新幹舊志，宋修本僅知有嘉泰、淳祐兩志。元志已無跡可尋。《永樂大典》引佚名《新淦縣志》一條，不知為明以前、抑或明初所修。明志之可考者，有隆慶蔡常毓、夏大勳修本；崇禎八年劉以仁志稿、崇禎十五年陳以運修本三種。清朝縣志先後四修，即康熙十二年董謙吉志，康熙五十四年王毓德續之；又道光五年宋庚修本，同治九年王肇賜修本。民國三十六年，又修有縣志，稿成未刊印。舊志今存者，有康熙五十四年志、道光五年志、同治九年志三種。

新淦縣，秦置，屬九江郡。漢屬豫章郡；王莽時改名偶亭；東漢復舊名，仍屬豫章郡。陳永定中，改屬巴山郡。隋廢巴山郡，新淦縣隸吉州。唐仍之。五代後梁及南唐兩置新淦都制置使，尋廢，新淦還隸吉州。宋淳化三年自吉來隸臨江軍。元屬臨江路，元貞初升新淦州。明復為縣，隸臨

江府，清仍之。

〔嘉泰〕新淦縣志

趙善修　王子俊　許景陽纂趙善，慶元六年（1200）任吉州盧陵郡守。　　王子俊，許景陽，俱盧陵，貢生。

宋嘉泰間修本　佚

《輿地紀勝》卷三十四，臨江軍，古跡劉仙觀，引《縣志》一條。

光緒《江西通志》藝文略：《嘉泰新淦志》謹按：張鏊新淦志序云：是志毀於兵火，明隆慶知縣夏大勳得抄本。

《中國古方志考》。

《江西古志考》卷八。

【按】明隆慶《新淦縣志》張鏊序云：「邑志未備，乃倡于蔡君，嗣以夏君，一日得抄自嘉泰者而讀之，始知無續筆四百季矣。」據此，宋嘉泰間新淦曾修邑志。本縣舊乘之可考者，莫有先於是書。或謂宋嘉泰新淦志原係鈔本，未曾刊行（見康熙十二年縣志凡例），恐係誤解張鏊所謂「得手抄自嘉泰者」一語，未可據信。據清乾隆四十一年府志，名宦載郡守趙善曾命貢士王子俊、許景陽等「分纂八邑志以附周必大郡志之後」。考趙氏檄徵八邑志乘，正在嘉泰年間，新淦係吉州盧陵郡所領八邑之一。乾隆府志所載，與張鏊隆慶縣志序相合，可證所言不虛。本志實際編纂者未詳，茲謹據乾隆府志隸作趙善修，王子俊、許景陽等纂。又，《輿地紀勝》引《（新淦）縣志》一條，張國淦氏斷為宋嘉泰志，可從。本志至隆慶間有手抄本，知縣夏大勳修志時得

之。此後，便未知有人見過否。

〔淳祐〕新淦志

高斯從修_{高斯從，四川邛州蒲江人，淳祐間知新淦縣事。}

宋淳祐七年（1247）刻本　佚

光緒《江西通志》藝文略：《淳祐新淦志》_{七年知縣高斯從修。}

《中國古方志考》。

《江西古志考》卷八。

【按】清乾隆五十四年縣志，名宦載：高斯從，四川邛州蒲江人，魏了翁兄，高稼之子，高斯得同懷兄弟，蓋本姓高，出繼魏氏。治邑一年，政行民服，百廢俱興。邑志毀於兵火，斯從採訪重修，邑人曾宏正序之。又，明隆慶縣志張鏊序謂：「一日得手抄自宋嘉泰者，始知無續筆四百季矣。」似已不知淳祐間有高斯從本，蓋高志久佚不傳。

新淦縣志

佚名修纂

修纂年不詳　佚

《永樂大典》卷七五○七，十八陽，倉_{常平倉}，引《新淦縣志》一條。

【按】本志未見著錄。茲輯《永樂大典》引《新淦縣志》一條，殘言片語，難以考知其所從出，或係明初修本，或係宋元舊乘，均不可知，今錄至此，以俟高明識焉。

〔隆慶〕新淦縣志十二卷

蔡常毓　夏大勳修　曾樂纂蔡常毓，廣東東莞人，嘉靖四十二年任新淦知縣。　夏大勳，字謙甫，號印峰，廣東饒平縣人，嘉靖四十四年任新淦知縣。　曾樂，字思韶，本邑舉人，累官至工部員外郎。

明隆慶元年（1567）刻本　佚

張鼇序國家大一統之義而為志，志以翼史也……然邑志未備也，乃倡於蔡君，嗣以夏君，一日得手抄自宋嘉泰者而讀之，始知無續筆四百季矣。曰：令責也。居又二年，政成，會歲穰民和，乃稽載籍，乃搜輯山谷者舊故家之藏，乃賓縉紳先生及博士弟子員虛心訂焉，越明年丁卯志成，凡卷若干，夏君遣諸生來，屬余敘之。余觀之，大而備矣，質而贍，約而弗遺……（隆慶元年丁卯）

楊標序隆慶元年秋，淦志成，孰成之，邑大夫印峰夏侯。侯令邑，始至，喟然曰：淦名邑也，建置沿革，田賦民風，漫無可稽，鄉先哲若陳練之忠節，曾之著述，金之相業，吳之鯁介，昭灼寰宇，文獻不足，伊誰責耶？乃請鄉大夫立齊曾君、雷山劉君纂修之，集諸生章益、李春芳、饒思鄒、吳雄於金川書院，博稽一統、省郡志暨諸狀牒奏移，殫精竭思，臚列分類，為卷凡十二，為目之十有一，窮源委有敘，辨是非有論，楊公德有贊。志成，謂予職掌四方志，屬序之。作而歎曰：斯志也，所裨豈小補哉？人才之彪炳，山川之流光也；山川之靈秀，有司之潤沃也。淦輿地、營建、食貨、風俗、職官、選舉、藝文、雜志、井井秩秩，為列霞標。（隆慶元年）

【按】本志係明修淦志可考之最早修本，自洪武至此以前之二百餘年間，邑乘漫無可稽，本志已佚，唯存張鼇、楊標序文兩篇。由張序可知，該志乃經先後兩任邑令蔡常毓、夏大勳手纂

修，成書於隆慶元年。又據楊序，是志凡十二卷，分輿地、營建、食貨、風俗、職官、選舉、藝文、雜志八門，子目六十有一。又據清康熙十二年癸丑縣志董謙吉序稱：「余甫任時禮集紳士，諮諏遺帙，僉曰灰燼無存。」蓋本志版籍亡於明清易代之際。

〔崇禎〕新淦縣志[1] 十二卷

劉以仁修 張壽祺等纂劉以仁，崇禎七年任新淦知縣。 張壽祺，邑人，天啟五年進士，曾任南道御史。

明崇禎八年（1635）稿本 佚

光緒《江西通志》藝文略：《新淦縣志》十二卷崇禎八年知縣劉以仁修。

胡應詔序淦緣秦設，係源最遐，其山川之奧、文化之蔚自昔班班卓犖，然未有志也，志則自宋嘉秦始，歷隆慶丁卯，夏印峰嗣而新之，垂茲幾七十祀，風土、人物、官方、職守、沿革興替，益久曠而有待。西奧劉公以仁，來官茲土，期年政通人和，百廢振起，乃披志歎曰：落落遺編，近罔紀錄，弗葺弗備，弗備弗傳，今之疚也。須以問之剞劂氏。會流寇告警，桑土孔棘。越明年，人民安穩，文教誕敷，乃謀諸學博黃君文夅，林君椿，馮君錡，集諸生呂應宮，肖引鷺、黃元美、饒應稻開局於學之文昌樓……為卷凡十有二，為目凡九十有奇，飭舊所未有而加詳焉……（崇禎八年）

【按】崇禎七年，知縣劉以仁舉修邑志，此乃繼隆慶之續修，所謂「飭舊所未有而加詳焉」。「為卷凡十有二，為目凡九十有奇」。胡應詔有序言修纂之事。據乾隆十二年縣志凡例，「至

崇禎甲戌，西奧劉侯捐俸續葺，其總裁則鄉紳張壽祺、黃訥、郭裕、盧汝鵑、龔善遠，胡應詔及庠彥呂應宮、肖引鸞、黃元美，共事編儺」。本志胡應詔序撰於崇禎八年，是志稿纂成立時。又康熙十二年縣志李煥鬥序云：「越崇禎甲戌，西奧劉侯以仁又續葺之，垂成，值侯升任，未能剖厥。」志稿存於邑人呂應宮家。至崇禎十五年，知縣陳以運即本此稿重纂一志。

〔崇禎〕新淦縣志[2] 十二卷

陳以運修　呂應宮等纂 陳以運，字時可，貴池舉人，崇禎十四年任新淦知縣。　呂應宮，本邑舉人。

明崇禎十五年（1642）刻本　佚

光緒《江西通志》藝文略：《新淦縣志》 崇禎十五年知縣陳以運修。

陳以運序 余待罪金川，自抱牒來，亟搜邑志不可得，為淦中一大缺事。後從呂孝謙得草本讀之，亦闕焉弗詳……孝廉呂君，故深心嗜古者，余以簿領之暇，時過而相訂，爰進二三諸生，開局覃葺，踵事增華，不累月而志告成……於時參定校儺者，孝廉呂君應宮偕君庠肖引鸞，黃夢麟、陳調鼎、程希孟諸生共裹厥典，因並書之。（崇禎十五年）

【按】本志之修，距乙亥劉志稿成僅隔七載。陳氏以前志「闕焉弗詳」，遂加補苴，「踵事增華」。參與纂修者如呂應宮、肖引鸞諸生，亦曾參纂過乙亥縣志。因乙亥志與本志俱亡，無從較其同異。據後志載，陳以運此修，凡十二卷，分紀建、紀疆、紀勝、紀賦、紀役、紀職、紀士、紀獻、紀文、紀事、外紀十一門，子目九十。又，本志與隆慶志蓋同亡於清初，至清康熙十二

年修志時，董謙吉已稱「灰燼無存」。

〔康熙〕新淦縣志¹ 十五卷

董謙吉修　曾三接等纂董謙吉，洛陽人，康熙八年任新淦知縣。　曾三接，樂安人，貢生，任崇文講學式訓。

清康熙十二年（1673）刻本　存

光緒《江西通志》藝文略：《新淦縣志》康熙十二年知縣董謙吉修。

《中國地方志聯合目錄》：《新淦縣志》十五卷董謙吉修，李煥鬥纂，王毓德續修，周卿續纂。清康熙十二年刻本，五十四年增刻本。

李煥鬥序淦志自明隆慶丁卯邑侯夏君大勳得宋嘉泰草本，纂而新之，志始備。越崇禎甲戌，西粵劉侯以仁又續葺之，垂成，值侯升任，未就剞劂。壬午，貴池陳侯以運竟緒焉。今三十餘年矣，兵燹來，遺帙無存，為淦缺事……丁未冬，天中董侯來牧淦，甫下車，急欲舉邑志而繕修之，時以土瘠賦多，從事征輸補苴，旁午未暇，侯乃推心民腹，銳意興除。居六年，次第就理，政通民和，會聖天子右文重道，興賢育才，康熙壬子之秋，詔諭天下郡縣纂修通志，侯承部檄，躍然心喜，乃謀諸學博曾三接，集明經肖君引鸞、楊君學騫、文學程希孟、胡麟兆、段官、孫之鳳、孫廷珍等，開局文昌閣，廣稽載籍，搜羅故典，錯綜劑量、考核真偽，務期征信闕疑，寧嚴毋濫，至於編目倫次，略仍勝國之舊，而詳贍過之，益廣前此之未備，煌乎成一代巨章，是役也，操觚於壬子十二月，告竣於癸丑夏五月……（康熙十二年）

【按】康熙十一年壬子秋，清廷詔諭天下郡縣修志，新淦縣令董謙吉奉命舉修，開局文昌館，學博曾三接、明經肖引鸞等予

其役。「操觚於壬子十二月，告竣於癸丑夏五月。」李煥鬥有序
述修纂始末。據李序，此志「編目倫次，略仍勝國之舊，而詳贍
過之」，知其體例沿用前明舊乘，「廣稽載籍，搜羅典故，錯綜
劑量，考核真偽，務期徵信闕疑，寧嚴毋濫」。有康熙十二年刻
本，存。

〔康熙〕新淦縣志[2] 十五卷

王毓德修　江砥等纂王毓德，奉天人，康熙四十七年任新淦知
縣。　江砥，廣信人，縣教諭。

清康熙五十四年（1715）刻本　存

光緒《江西通志》藝文略：《新淦縣志》康熙五十四年知縣王
毓德修。

王毓德序康熙戊子夏，筮仕金川，始受事，即取邑志翻繹之。志固
前令天中董君康熙癸丑所重修者，條分縷析，至為詳備。今秋公暇，念斯
志之成，迨今垂四十三年……因就舊目而增載之……

【按】本志係知縣王毓德主修，縣訓導江砥主纂事，書成於
康熙五十四年。王氏有序云：「志固前令天中董君康熙癸丑所重
修者，條分縷析，至為詳備。今秋公暇，念斯志之成，迨今垂四
十三年，其間官師之代更，科目之登進，與夫城郭、公廨、祠
廟、橋樑之繕治，顧闕焉弗紀，將來聞見浸遠，恐無以詔來許。
因就舊目而增載之。」由此可知，本志乃康熙董志之續修本，其
義例科目仍前志之舊，續載董志之後四十餘年之邑事。光緒《通
志》另作一志著錄，《中國地方志聯合目錄》將此書與董志並作
一種，著錄為「王毓德續修」。今從光緒《通志》另行著錄。本

志有康熙五十四年刻本，存。

〔道光〕新淦縣志三十二卷首一卷

宋庚修　陳化纂宋庚，溧陽人，進士，道光二年任新淦知縣。　　陳化，邑人，拔貢。

清道光五年（1825）刻本　存

光緒《江西通志》藝文略：《新淦縣志》道光三年知縣宋庚修。《中國地方志聯合目錄》。

宋庚序淦之有志，自宋嘉泰始，迄國朝康熙癸丑凡五修，皆以兵燹散失，存者，王公毓德六修於康熙乙未，今又有百餘年矣。傳聞畢辭，故老衰謝，遲之又久，廢墜滋甚，守土者之尤也。今上御極之三年，滇南程月川先生來撫江右，倡修省志，檄取郡縣志，頒條例三十有二，命所屬如式纂輯……設局金川書院，以道光三年四月興修，四年九月志垂成矣。時餘倅滿北上，緣事中輟，不果成。五年三月京旋，乃集諸同人續成之，為卷三十有二，為冊二十有四，較乙未王志增數倍焉……（道光五年）

【按】道光三年，上憲倡修省志，檄取各郡縣志以備採擇。新淦縣令宋庚因設局纂輯縣志，於道光三年四月始修，次年九月志稿垂成。又因故遷延至五年三月續成之。宋氏有序記此役始末。本志之修，遵省頒條例。凡三十二卷，首一卷。正文設為三十二門，子目八十三，篇幅廣於康熙王志。自康熙五十四年至道光初百餘年邑事，賴此以傳。本志有道光五年刻本，存。

〔同治〕新淦縣志十卷首一卷

王肇賜修　陳錫麟纂王肇賜，山東費縣人，附貢生，同治四年任

新淦知縣。　　陳錫麟，本邑進士，曾任湖南桂陽直隸州知州。

　　清同治十二年（1873）活字本　存

　　《中國地方志聯合目錄》：《〔同治〕新淦縣志》十卷首一卷
（清）王肇賜修　　陳錫麟纂清同治十二年（1873）活字本

　　王肇賜序道光乙酉，平陵宋公尹是邑，毅然舉百餘年廢典而一新
之，蓋採訪蒐備矣。今幾五十年，闕焉未舉……適奉憲檄重修省志，鬖髮
條例，俾各州縣如式彙進。爰稽於眾，為重修計……邑進士陳君，家君同
譜友也，年高而德劭，經術湛深，足資考據。至採訪校勘等務，分理亦均
得其人，數者備，而修志之道思過半矣。議成設局，諸同志精心研究，斟
酌盡善，未幾工竣……

　　【按】同治九年，新淦邑令王肇賜奉命修志，以備省志采輯
之需。此修遵依省頒條例行事。全志凡十卷，首一卷。正文分地
理、建置、學校、武備、職官、選舉、人物、藝文、雜類十志，
五十二子目，有同治十二年活字本，存。

〔民國〕新淦縣志

　　佚名修纂

　　民國三十六年（1947）稿本　佚

　　【按】據新修《新幹縣志》記載，民國三十六年纂有「縣志
稿本，因戰事而散失」。查新志《民國時期縣長名錄》：張芳葆，
江西宜豐人，民國三十二年四月任；黃戀，江西新建人，民國三
十六年十二月任。茲志當張、黃任內所修，其餘概莫能詳。

▶ 峽江

峽江縣志始創於明嘉靖三十八年之知縣何堅，至崇禎三年續修之。清時縣志先後四修；即康熙八年佟有才志，乾隆三十三年張九鉞志，道光三年兆元志，同治十年暴大儒志。又民國三十六年，施廣德主修縣志十六卷，稿成，未能刊行。明修縣志已亡，清修四種及民國志稿，今存。

隋開皇十年，以新淦縣峽江為鎮，隸吉州。唐及宋元仍之。明置峽江鎮巡檢司；嘉靖五年置峽江縣，析新淦六鄉益之，屬臨江府。清仍明。

〔嘉靖〕峽江縣志九卷

何堅修何堅，字石庵，南直隸江都人，由舉人通判臨江府，嘉靖三十五年署峽江縣事。

明嘉靖三十八年（1559）刻本　未見

光緒《江西通志》藝文略。

何堅序峽江昔為淦巨鎮，地瘠民疲，多積逋，號曰難治。嘉靖丙戌，郡守錢公琦始議立縣，丙辰、丁巳間，予嘗兩署茲邑，每有舉革，輒苦無考據。欲作志，不果。戊午秋，檄督京運，暇取郡志、省志觀之，乃考訂序例，集諸生編閱之，纇為巨帙，予特次第之爾，非有所作也，為圖九，志六，編年一，傳二，紀略一，小序十，末有論有贊，統十篇，釐為九卷。

【按】明嘉靖五年析新淦地置峽江縣。至嘉靖三十七年，署縣事何堅修邑乘，此志係峽江第一部縣志。其書今未得見，有何堅及聶豹、羅洪先、鄒守益、錢德洪、張緒、邊毅諸家序文見存。本志凡九卷。分類情況，何堅序略有說明。又據聶豹序：「峽江分縣未久，其無志宜也，有之，自署篆何君始……（何堅）

於是屬諸生即臨、淦志而匯分之，以成一邑之書，其事其文則皆臨、淦之舊，而其義之見諸論贊者，則何自取之。」由是可知，本志乃襲用臨江府志、新淦縣志之文，匯輯成編。各篇末論贊則是何氏所撰。又，本志鄒守益序云：「嘉靖己未秋，緒山錢子訪清都觀，予趨赴之，而何子別駕臨江以公事相顧，道故舊甚歡，手出一編，乃峽江縣新志」，又清康熙八年佟國才志序稱有「嘉靖己未之志」，則本志於嘉靖三十八年己未修成付梓。

〔崇禎〕峽江縣志

佚名修纂

明崇禎三年（1630）修本　佚

【按】本志僅見清康熙八年縣志佟國才序言及。佟序云：「父老有言嘉靖己未之志，荒略若滅，崇正庚午之修，疑信且半。」知嘉靖己未何堅志之後，至崇禎三年庚午復有邑志修纂。此志未見著錄，佟國才之後，亦未見有人論及。然是書康熙八年佟氏修志時尚存，似無疑義。其卷帙、內容及修纂之人，今已不詳。

〔康熙〕峽江縣志九卷

佟國才修　邊繼登　謝錫蕃等纂佟國才，奉天遼陽人，以世蔭知縣事。　邊繼登，字仲先，號隱桂竹人，邑人，明季選貢，甲申後隱居教授。　謝錫藩，本邑貢生，曾任萬載縣訓導。

清康熙八年（1669）刻本　存

光緒《江西通志》藝文略：《峽江縣志》十二卷康熙三年知縣佟國才修。

《中國地方志聯合目錄》。

佟國才序國朝二十餘年矣，由今歷年溯嘉靖五年，由嘉靖五年溯洪武隸淦之初年，衰盛損益，昔今異致，顧煙銷且盡，纂修俟諸河清。即欲協宜鮮失奚由乎，父老有言，嘉靖己未之志，荒略若滅，崇正康午之修，疑信且半，今有起而訂以正者乎。無論正焉否也，而紀所已備，增所未有，覽山川知人物之靈；披土田見風俗之宜，非是志也，蔵以為功。佘吏治鞅掌既快繕寫以應使命。今茲公餘，因進剞劂，授之以梓，古事猶在，成憲是程，將同文化，成自郡國，而天下宜民善欲美哉，一邑基之。余也不佞，借用傳述於來茲矣，遂不辭而引其端。（康熙三年）

【按】本志係入清以來最早修成之峽江縣志，為康熙三年知縣佟國才主修，其書今存。此前，峽志有明嘉靖己未何堅修本，又能崇禎庚午修本，何志「荒略若滅」，崇禎志又「疑信且半」，佟氏有意「起而訂以正者」，「紀所已備、增所未有」，因成此志，凡九卷。有康熙八年刻本。

〔乾隆〕峽江志十四卷首一卷

張九鉞　喬大椿修　王金英等纂張九鉞，字度西，號紫峴，湖南湘潭舉人，乾隆三十年任峽江知縣，三十二年調署南昌。　喬大椿，字損山，號仙圃，江蘇寶應舉人，乾隆三十二年署峽江縣事。　王金英，字菊壯，江寧舉人。

清乾隆三十三年（1768）刻本　存

光緒《江西通志》藝文略：《峽江縣志》十四卷乾隆三十二年知縣張九鉞修。

《中國地方志聯合目錄》。

喬大椿序峽江新志十四卷，邑令湘潭張紫峴九鉞編次，未脫稿，以攝南昌去。椿奉檄來代理，紫峴手是編見屬，椿乃續為釐訂，凡五閱月書成……紫峴之為是書也，以舊志百年未續，且辭多蕪略，文獻不章，爰集邑中老宿及子衿之通敏者，相與網羅放失，而屬其同年金陵王澹人、金英條分類系、裒成巨軸。椿受而讀之，其取材弘博，搜采略備，無能有所增加，第於體例時一更正，而去其辭之繁且複者。蓋始事者職詳，而繼事者職要，雖因人成事，亦不敢不謹也……

【按】本志之修，始於邑令張九鉞。乾隆三十二年張氏調南昌，書尚未脫稿，繼有喬大椿署縣事，於張氏志稿續加修訂。喬氏續修，僅於張氏原稿體例有所調整，文字有所刪省。閱五月而書成。全志十四卷首一卷。卷首錄序，纂修職名、例言、圖繪。卷一疆域志，卷二建置志，卷三賦役志，卷四學校志，卷五官師志，卷六選舉志，卷七至九人物志，卷十一至十四藝文志。有乾隆三十三年刻本，今存。

〔道光〕峽江縣志十四卷首一卷

兆元修　郭廷賡纂兆元，鑲紅旗漢軍，進士，道光元年任峽江知縣。　　郭廷賡，字韻堂，本邑舉人，瀘溪縣教諭，揀選知縣。

清道光三年（1823）刻本　存

光緒《江西通志》藝文略：《峽江縣志》十四卷道光三年知縣兆元修。

兆元序明嘉靖五年，始置縣，又三十年臨郡別駕何公署邑篆，始即淦志匯分作《峽江志》九卷。入國朝康熙三年，佟君來宰是邑，增修十二卷。乾隆三十二年，張君纂修未竟，調任去，喬君接任補成之。迄今垂六

十年，簡編燬滅，舊本散軼，使非有以補輯之，其何以昭前徽而示來許，且此數十年中人文蔚起，科名鼎盛，以及孝子義士節婦貞女邀朝廷之旌表者亦不乏人，允宜登諸邑乘，垂諸後世，以示風屬，歲辛巳冬，予下車即有志纂修而未之逮。明年，各大憲以合省紳士之請，檄飭郡邑修志，以上省為纂修全省通志之備，予奉檄甚喜⋯⋯於是開局明倫堂，偕邑之老宿採擇事實，分類編輯，舊者仍之，新者增之，八閱月而書成。

【按】本志係道光二年知縣兆元主修，其時各郡縣奉檄修志，以為纂修省志之備。本志大體本乾隆三十三年縣志續修，所謂「舊者仍之，新者增之」。八閱月書成。有道光三年刊本，今存。

〔同治〕峽江縣志十卷首一卷

暴大儒修　廖其觀纂暴大儒，號梅村，河南滑縣人，進士，同治九年任峽江知縣。　　廖其觀，字文卿，本邑廩生，曾任廣豐教諭。

清同治十年（1871）刻本　存

《中國地方志聯合目錄》：《〔同治〕峽江縣志》十卷首一卷（清）暴大儒修，廖其觀纂。清同治十年刻本。

暴大儒序適峴莊劉中丞撫江六稔⋯⋯馳繳郡縣，各飭纂述，誠信後之真宰也。大儒祗承德意，引紳彥而諭之⋯⋯眾曰唯命，發篋削稿，捃摭軼聞，諏諮故老，展采錯事，旬歲克成⋯⋯（同治十年）

【按】同治九年，知縣暴大儒奉命重修邑志。此修「遵新頒條例分地理、建置、食貨、學校、武備、職官、選舉、人物、藝文、雜類，為十志，餘各以類相從，所謂若網在綱，有條而不紊者也。」（本志例言）記事至同治九年。有同治十年刻本，存。

〔民國〕峽江縣志十六卷

施廣德修　毛世俊纂施廣德，宜春人，民國三十三年任峽江縣長兼文獻委員會主任。　　毛世俊，邑人，峽江文獻委員會副主任。

民國三十六年（1947）稿本　存

【按】本志係民國三十六年峽江縣文獻委員會修纂。施廣德主修，毛世俊主纂事。全志十六卷，分十六門，百二十四目。志稿已成，未及刊印。原稿今存於峽江縣檔案館。

江西文庫 A0701B31

贛文化通典（方志卷） 第四冊

主　　編	鄭克強	
版權策畫	李　鋒	
責任編輯	林以邠	
發 行 人	陳滿銘	
總 經 理	梁錦興	
總 編 輯	陳滿銘	
副總編輯	張晏瑞	
編 輯 所	萬卷樓圖書股份有限公司	
排　　版	菩薩蠻數位文化有限公司	
印　　刷	維中科技有限公司	
封面設計	菩薩蠻數位文化有限公司	

出　　版　昌明文化有限公司

桃園市龜山區中原街 32 號

電話　(02)23216565

發　　行　萬卷樓圖書股份有限公司

臺北市羅斯福路二段 41 號 6 樓之 3

電話　(02)23216565

傳真　(02)23218698

電郵　SERVICE@WANJUAN.COM.TW

大陸經銷　廈門外圖臺灣書店有限公司

　　電郵　JKB188@188.COM

ISBN 978-986-496-354-6

2018 年 1 月初版

定價：新臺幣 360 元

如何購買本書：

1. 轉帳購書，請透過以下帳戶

　合作金庫銀行　古亭分行

　戶名：萬卷樓圖書股份有限公司

　帳號：0877717092596

2. 網路購書，請透過萬卷樓網站

　網址　WWW.WANJUAN.COM.TW

大量購書，請直接聯繫我們，將有專人為您

服務。客服：(02)23216565 分機 610

如有缺頁、破損或裝訂錯誤，請寄回更換

版權所有·翻印必究

Copyright©2016 by WanJuanLou Books CO., Ltd.

All Right Reserved　　　　**Printed in Taiwan**

國家圖書館出版品預行編目資料

贛文化通典. 方志卷 / 鄭克強主編. -- 初版.
-- 桃園市：昌明文化出版；臺北市：萬卷
樓發行, 2018.01

　冊；　公分

ISBN 978-986-496-354-6 (第四冊 ： 平裝). --

1.方志 2.江西省

672.408　　　　　　　　　107002013

本著作物經廈門墨客知識產權代理有限公司代理，由江西人民出版社授權萬卷樓圖書
股份有限公司出版、發行中文繁體字版版權。

本書為臺灣師範大學國文學系產學合作成果。　　　　校對：梁潔瑩